普通高等教育"十四五"金融学专业系列教材

西安交通大学"十四五"规划教材
XI'AN JIAOTONG UNIVERSITY

证券投资基金管理简明教程

主　编　王国林

副主编　马润平　戴万先　王　刚

　　　　樊五洲　薛勇科

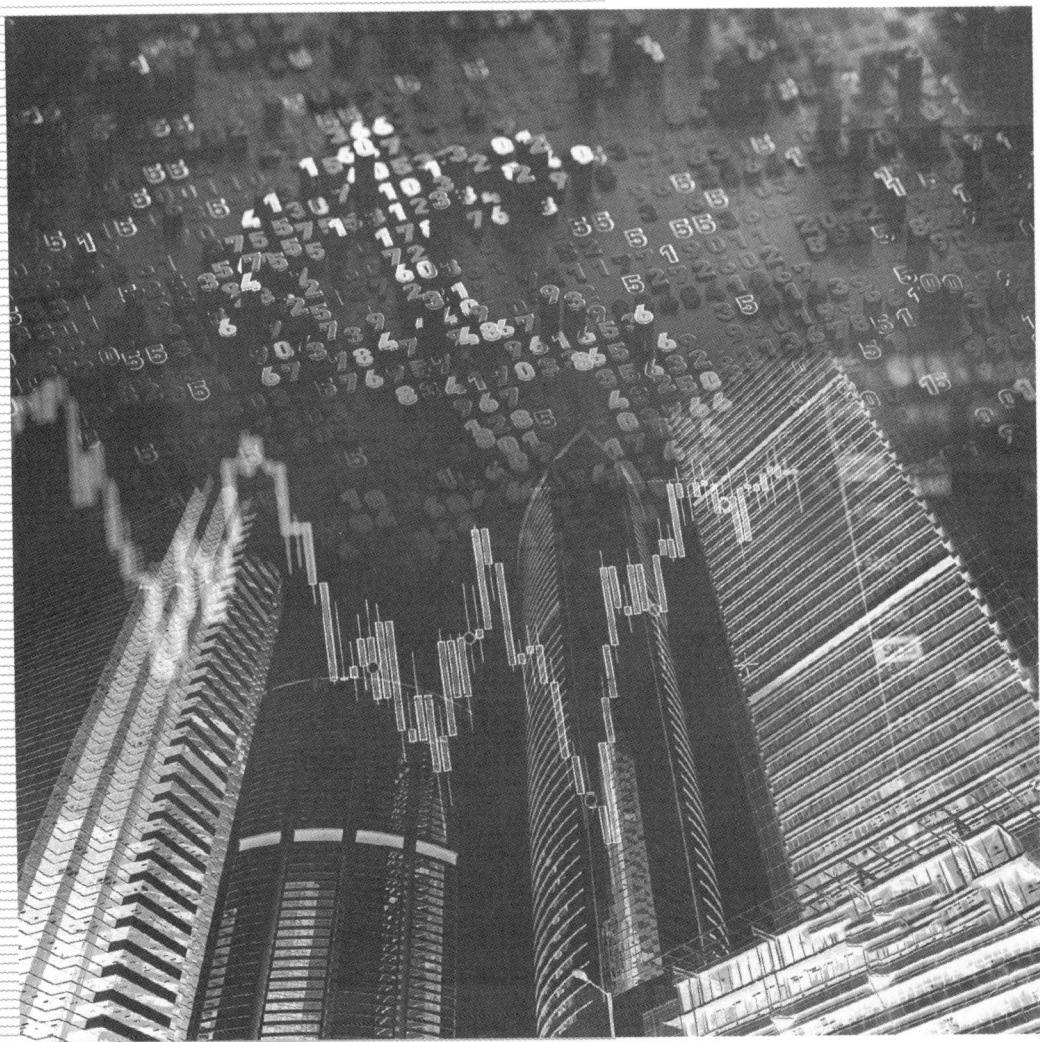

西安交通大学出版社
XI'AN JIAOTONG UNIVERSITY PRESS

内容提要

本书是根据国家"十四五"规划教材建设的新要求,从实际教学需要出发,参照基金从业资格考试大纲,精心编写的大学教材。主要内容包括证券投资基金及基金机构,证券投资基金的设立、交易与会计核算,基金投资与风险管理,基金职业道德与业务规范,基金绩效评价等。作者团队具有丰富的教学和证券基金投资实践经验,编写贯彻理论联系实际、易懂易学易用的原则。全书特色是围绕基金公司实际运作的主线,采用大量中国实际案例,突出"资产配置、风险控制、合规"等重点,系统性、实用性强。

本书适合金融学大类专业高年级本科生、金融学专业硕士研究生和基金业从业资格考试者使用,同时也可供银行与证券从业人员和基金投资者学习参考。

图书在版编目(CIP)数据

证券投资基金管理简明教程 / 王国林主编. — 西安 :西安交通大学出版社,2021.3(2023.8 重印)

普通高等教育"十四五"金融学专业系列教材　西安交通大学"十四五"规划教材

ISBN 978 - 7 - 5605 - 8831 - 5

Ⅰ.①证… Ⅱ.①王… Ⅲ.①证券投资-投资基金-高等学校-教材 Ⅳ.①F830.91

中国版本图书馆 CIP 数据核字(2020)第 223996 号

书　　名	证券投资基金管理简明教程
主　　编	王国林
责任编辑	魏照民
责任校对	史菲菲

出版发行	西安交通大学出版社
	(西安市兴庆南路 1 号　邮政编码 710048)
网　　址	http://www.xjtupress.com
电　　话	(029)82668357　82667874(市场营销中心)
	(029)82668315(总编办)
传　　真	(029)82668280
印　　刷	陕西金德佳印务有限公司

开　　本	787mm×1092mm　1/16	印张 16.75	字数 419 千字

版次印次	2021 年 3 月第 1 版　2023 年 8 月第 3 版
书　　号	ISBN 978 - 7 - 5605 - 8831 - 5
定　　价	49.80 元

如发现印装质量问题,请与本社市场营销中心联系。

订购热线:(029)82665248　(029)82667874
投稿热线:(029)82668133
读者信箱:897899804@qq.com

前　言

从 20 世纪改革开放后的 80 年代末至 90 年代初，我国证券投资基金业的萌芽时期开始，经历 30 年我国基金业飞速发展，相关法律法规更为完善，产品日益丰富，基金规模稳步扩大。截至 2020 年 7 月底，中国公募基金规模 17.69 万亿元，公募基金管理人数量 143 家，公募基金产品数量 7289 只。截至 2020 年 7 月末，私募基金总规模为 14.96 万亿元，较上月增加 6085.36 亿元。随着我国金融改革开放的进一步扩大，资本市场将迎来空前的发展，基金市场未来发展潜力巨大，孕育着巨大的投资和就业机会。

2012 年 6 月 6 日，中国证券投资基金业协会成立。历经 8 年，基金从业人员增长 54 倍，从业人员资格考试、培训和资格管理成为从业人员队伍建设的重要保证。基金从业人员注册规模由 1.3 万余人增长到 71.1 万人，其中：公募基金 2.3 万人、私募基金 14.8 万人、商业银行 34.7 万人。协会共举办 53 场基金从业资格考试，报名人数达到 465.42 万人，其中 58.8 万人取得基金从业资格证书。可以预测到投资基金业是未来金融就业去向的主要领域。

一方面，"投资基金管理"（32 学时）课程已经列入了西安交通大学 2019 版本科培养计划，迫切需要一本适应金融改革发展需要、满足新时代教学实际需要的教材。另一方面，近二十年来笔者一直给研究生开设"投资基金操作"课，近年来选课的学生越来越多，课程受到欢迎和好评，也需要一本合适的教材。在"双一流"建设过程中，从西安交通大学学校层面到经济与金融学院层面都非常重视教材建设。因此，从 2019 年开始，笔者筹划写一本适合高年级金融学本科生和金融学专业硕士学习，理论联系实际、易懂易学易用的基金管理教材。

本教材从 2019 年下半年开始拟订写作大纲，收集资料，着手编写。2020 年 5 月份完成了初稿。2020 年 6 月与西安交通大学出版社经管事业部魏照民主任多次研讨，受到不少启发。例如邀请基金公司和实际部门的专业人士、兄弟院校的教授参加编写，教材兼顾基金从业资格考试的需要等，以提高教材的广泛适用性。

从 2020 年 7 月开始，根据国家"十四五"规划教材建设的新要求，"用中国理论解读中国实践，用中国实践丰富中国理论，用中国话语阐述中国发展，建设一批体现中国立场、中国智慧、中国价值的新文科教材"，按照新的思路、大纲和分工，又进行了较大幅度的修改。

为了适应这一新的形势，编写团队努力将新的基金业法律法规、新的知识、工具、案例融入本教材，注重"基本概念、基本原理以及利用基本原理分析与解决基金实际问题能力的培养"，目标是打造受大家欢迎的投资基金课程精品教材。主要内容包括证券投资基金及基金机构，证券投资基金的设立、交易与会计核算，基金投资与风险管理，基金职业道德与业务规范，基金绩效评价等 5 篇 18 章。编写贯彻了理论联系实际、易懂易学易用的原则。全书特色是围绕基金公司实际运作的主线，逻辑清晰，深入浅出，通俗易懂，采用大量中国实际案例，定性与定量分析相结合，突出"资产配置、风险控制、合规"等重点，系统性、实用性强。

编写团队具有丰富的教学和证券基金投资实践经验，主编是有近 40 年教龄的教学名师、全国多本金融学畅销教科书的主编或作者，在团队的骨干中，有兰州财经大学金融学院院长马润平教授，西安明德理工学院金融学专业资深教师戴万先，西安江岳基金管理公司总经理王刚，深圳市麦哲伦资本管理有限公司董事长樊五洲，美国纳斯达克上市公司 FTFT 董事局主席薛勇科博士等。

本教材的使用方法如下：

本科教学建议学习第一篇至第四篇内容，结合基金运行实务，注意以风险-收益的矛盾逻辑主线展开。平均每章 2～4 学时。学生要完成章后思考与练习题。由于基金投资的务实性，应加强投资实践环节。每位学生都应参加 1 个月以上的手机模拟基金投资，老师给每个班开一个账户，虚拟资金 100 万元。每位学生按照基金的配置和风控原则建仓和管理，中间每周应做好截屏和投资小结，期末提交基金投资实验报告。实验报告计入总成绩，例如占 25％。

金融学专业硕士课的教学，建议学习第一篇至第五篇的重点内容，采用重点讲解＋课堂讨论＋点评总结的方式进行。同时每位学生都应参加 1 个月以上的手机模拟基金投资实验。内容与环节同上，期末提交基金投资实验报告。实验报告计入总成绩。

写作任务分工如下：

第一章	薛勇科	第十章	王 刚
第二章	王 昭	第十一章	王国林
第三章	薛勇科	第十二章	艾婉玉
第四章	李青峰	第十三章	戴万先
第五章	权莉文	第十四章	李青峰
第六章	李青峰	第十五章	马润平
第七章	唐 甜	第十六章	王国林
第八章	王国林	第十七章	王国林
第九章	王国林	第十八章	樊五洲

王国林负责全书框架、章节及节以下细目的设计，并负责全书的定稿。在定稿过程中，对初稿多有文字的改动、内容的增删乃至在章节间的调整，以及思路、理念、论断的统一协调和前后照应。冯守仑、杨蒙蒙在全书定稿的过程中进行了通读、审校，在此一并致谢。完稿之际深感多有缺憾。当然也定会有自己未能发现的错误和纰漏，恳请读者批评指正。

2020 年 10 月 9 日

目　录

第二篇 证券投资基金的设立、交易与会计核算

第三篇　基金投资与风险管理

第四篇　基金职业道德与业务规范

第五篇　基金绩效评价

第一篇　证券投资基金及基金机构

第一章　证券投资基金概述

本章提要

证券投资基金是一种投资工具,是指以集资的方式集合资金用于证券投资。本章第一节阐述证券投资基金的概念与特点,第二节阐述证券投资基金的功能与作用,第三节阐述基金业发展简史与中国基金业的快速发展。

第一节　证券投资基金的概念与特点

一、证券投资基金的概念

证券投资基金是一种将众多不特定投资者的小额资金汇集起来,委托专业的基金管理人进行投资管理,委托专业的基金托管人进行资产托管,基金所得的收益由投资者按出资比例分享的一种投资制度。证券投资基金是以集资的方式集合资金用于证券投资。集资的方式主要是向投资者发行基金券,将众多投资者分散的小额资金汇集成一个较大数额的基金,对股票、债券等有价证券进行投资。证券投资基金是利用信托关系进行证券投资。所谓信托,就是将本人的财产委托给信赖的管理者,让其按照本人的要求加以管理和运用的行为。投资者将财产委托专业机构进行证券投资,就是对该机构的信任,而该机构完全是按照投资者的要求进行管理和投资,并将收益分配给投资者,显然这是一种信托行为。证券投资基金是间接的证券投资方式。投资者购买基金份额后,基金以自己的财产投资于证券市场,显然,投资者的证券投资是间接的。因此,投资者不能参与发行证券的公司的决策和管理。

从证券投资基金的概念可以看出证券投资基金的内涵主要包含以下几个部分:

(一)集合投资制度

证券投资基金是一种积少成多的整体组合投资方式,它从广大的投资者那里聚集巨额资金,组建投资管理公司进行专业化管理和经营。在集合投资制度下,资金的运作受到多重监督,也可以分散投资风险,实现利益共享。

(二)信托投资方式

证券投资基金与一般金融信托关系一样,主要有委托人、受托人、受益人三个关系人,其中受托人与委托人之间订有信托契约。但证券基金作为金融信托业务的一种形式,又有自己的特点:从事有价证券投资的主要当事人中还有一个不可缺少的托管机构,它不能与受托人(基金管理公司)由同一机构担任,而且基金托管人一般是法人。

(三)金融中介机构

证券投资基金是一种金融中介机构,它存在于投资者与投资对象(有价证券)之间,起着把投资者的资金转换成金融资产,通过专门机构在金融市场上再投资,从而使货币资产得到增值的作用。证券投资基金的管理者对投资者所投入的资金负有经营、管理的职责,而且必须按照合同(或契约)的要求确定资金投向,保证投资者的资金安全和收益最大化。

(四)证券投资工具

证券投资基金发行的凭证即基金券(或受益凭证、基金单位、基金股份)与股票、债券一起构成有价证券的三大品种。投资者通过购买基金券完成投资行为,并凭之分享证券投资基金的投资收益,承担风险。

股票、债券是基本金融产品,证券投资基金是复合金融产品。它的收益-风险特性取决于股票、债券基本金融产品的特性。从收益率来看,如果说股票、债券是基本函数,那么基金收益率就是复合函数。

二、证券投资基金的特点

证券投资基金作为一种间接金融投资工具,与其他投资工具相比,具有以下特点:

(1)集中理财,专业管理。对于中小投资人而言,将资本交由基金进行运营,由此可以形成大量的资本集中,基金管理人可以使用大规模资本进行投资,能够尽可能地体现资本规模优势,实现集中理财。在专业团队的帮助下,利用网络信息,结合基金信息,基金管理人能够对市场进行准确定位和分析。在这样的情况下,中小投资人既能够享受专业管理的服务,也可以极大降低投资成本。

(2)独立托管,保障安全。基金托管人负责基金财产的保管。对于基金管理人而言,只能够进行投资,对于资产既不能使用,也不能保管。只有这样才能够起到共同监督的效果,进而确保投资人的合法权益。

(3)组合投资,分散风险。为了将投资风险进行分散,那么就决定了购买股票种类将会比较多,但是中小投资人往往受到资金规模的限制,没有办法实现。但是基金完全可以避免这一问题,在投资者相同资金的前提下,能够购买股票的数量多达几十种,甚至是上百种,在这样的情况下,投资人在使用较少资金的情况下,能够分享购买多种股票的便利,一旦某只股票亏损,还可以由其他股票收益进行弥补。"组合投资,分散风险"是基金的优势所在,除此之外,依据《中华人民共和国证券投资基金法》,基金必须要进行组合投资。

(4)风险共担,利益共享。无论是基金托管人,还是基金管理人,都不能分配收益,只能为基金工作,进而依据合同收取对应的托管费以及管理费。收益在扣除托管费以及管理费之后,会依据基金份额的占比多少进行划分,所有的投资人共同承担风险的同时也共享收益。

(5)严格监管,信息透明。基金除具有信息公开的特点之外,还具有监管严格的特点。基金的所有运作都是在证监会或行业协会依法监控下进行的,无论是何种不利于投资人的操作,都会受到严惩。基金在证监会的指导下,会将信息进行完整发布。为此,投资人权益将得到全方位的保护,极大地提升投资者信心。

第二节　证券投资基金的功能与作用

一、证券投资基金的功能

(一)直接融资

证券投资基金的直接融资功能是指将欲投资于证券市场的社会闲散资金集中起来投资于各种有价证券等直接融资工具,从而实现储蓄资金直接向产业资金的转换,满足经济运行中资金有效配置的要求和证券市场发展的要求。

(二)专业理财

基金实行专家管理制度,这些专业管理人员都经过专门训练,具有丰富的证券投资和其他项目投资经验。他们善于利用基金与金融市场的密切联系,运用先进的技术手段分析各种信息资料,能对金融市场上各种品种的价格变动趋势做出比较准确的预测,最大限度地避免投资决策的失误,提高投资成功率。

(三)分散风险

风险分散是证券投资基金理财的重要特征之一。根据组合投资理论,多个证券组合起来就可以消除非系统性风险,当证券个数足够多的时候,证券组合就可以完全消除非系统性风险。单个的投资者资金量有限,不可能持有很多的股票或证券来进行充分的分散化投资,通过持有证券投资基金份额就可以间接地持有一个分散化程度较高的组合,从而达到风险分散的目的。

二、证券投资基金的作用

(一)促进证券市场规范化

首先证券投资基金能促进机构投资者的健康成长。其次,促进上市公司的规范化建设:一方面,基金选择那些运作较规范、资产质量较高、盈利能力较强、发展潜力较好的公司股票,会促使上市公司各方面运作规范。另一方面,基金以股东身份参与上市公司的管理,有利于提高上市公司治理的规范化水平。此外,投资基金能促进证券市场的规范发展。投资基金通过提供源源不断的资金支持,为股票市场的交投活跃、规模扩展创造了必要的基础性条件。基金与其他投资者通过竞争机制促进着证券市场的规范化建设。

(二)促进金融市场稳定发展

1.促进金融结构的调整

证券投资基金的快速发展,引导金融资源(主要是资金和客户)在不同金融工具和金融机构之间重新配置,由此引起了金融结构的重新调整。

2.促进商业银行的发展

从事证券投资基金业务,是商业银行表外业务的一项重要内容。商业银行主要从四个方面介入证券投资基金业务:一是担任基金托管人,获得托管收入;二是担任基金管理人,获得管理收入;三是销售基金,获得代理收入;四是投资于基金,获得投资收益。

3.降低金融运行风险

随着证券投资基金的发展,储蓄资金会通过证券投资基金直接转变为资本,商业银行资产占金融市场的资产比例就会相应降低。而证券投资基金是专业机构,理性投资,比较善于控制风险,这样,一方面,在理性投资者占主导地位的情况下,证券市场的投机泡沫相对来说不容易过大,证券市场风险累积过高而导致股市泡沫破灭的概率就会降低;另一方面,即使股市波动较大,投资者损失较大,这种损失也不容易传导至银行体系,诱发金融危机,降低了金融危机发生的概率。因此,证券投资基金的发展壮大促进了金融体系运行的稳定,有利于一国的金融安全。

4.有利于证券市场的稳定

证券投资基金的管理人属于机构投资者,具有"长期投资、价值投资"的理念,具有专业的素质、理念、工具手段,避免一般散户"追涨杀跌"的习惯,降低市场换手率和波动性,从而有利于证券市场的稳定。从国际经验来看,机构投资者比例越高,市场的稳定性越好。

(三)促进经济发展

1.促进经济结构的合理化调整

在发行市场上,证券投资基金投资于国债、股票、公司债券及其他证券的同时,其资金直接转化为资本性资金(或准资本性资金),这与由各个投资者(尤其是个人投资者)分别投资购买证券相比,发行证券的成本较低、市场需求较清晰,因此,社会长期性闲散资金较容易转化为资本性资金;在交易市场上,证券投资基金投资于各类证券,促进了这些证券的交投活跃,为以这些证券为载体进行的资金募集提供了必要的二级市场条件。在促进经济结构调整方面,证券投资基金发挥的作用具有间接性,但这种间接作用就效能而言,却是极为重要的。

2.促进经济体制的市场化转变

证券投资基金对促进经济体制转变的作用表现在四个方面:一是促进市场经济规则的形成;二是促进投融资体制改革;三是促进国有企业改革的深化;四是促进信息管理体制的改革。

3.促进经济的可持续发展

证券投资基金在促进经济可持续发展中的作用,主要通过以下三个方面实现:一是推动国民经济再生产过程进一步资本化、证券化;二是推动社会资源配置的进一步市场化;三是推动社会分工的进一步深化。

三、证券投资基金的局限性

证券投资基金的局限性主要表现在四个方面:

1.收益相对较低

证券投资基金通过组合投资的方式,合理将投资风险分散,避免了投资单个证券带来的特殊风险,但组合型投资在规避部分风险的同时,间接性投资的特性导致其相对直接投资而言,收益较小。同时要保证流动性,更好应对赎回,规模大的基金一般多配置流动性较好的大盘股,但这样就难获取更多超额收益。

2.不能抵抗系统性风险

证券投资基金通过分散投资的方式降低风险,但这种方式只能规避非系统性风险,不能规避系统风险。系统性风险是影响所有资产的、不能通过资产组合而消除的风险,这部分风险由那些影响整个市场的风险因素所引起。这些因素包括宏观经济形势的变动、国家经济政策的变动、财税改革等。系统性风险有效的规避方式是风险对冲,当证券投资基金只做了分散投资,没有相应对冲机制时,对系统性风险的抵抗能力低。

3. 操作灵活性相对较低

受监管限制,基金管理人通常不能随意变动投资基金目标与策略,因而也不能根据市场形势快速及时地变更调整。而且如果基金规模过大,基金经理调仓换股就会比较困难,尤其是当市场风格转换的时候,规模过大的基金需要较长的时间才能完成调仓换股,操作上缺少灵活性,也就是"船大难掉头"。

4. 对一国宏观金融政策带来新的挑战

投资基金对一些指标的扩大作用,增加了宏观分析的复杂性。伴随着投资基金的发展,进行宏观经济分析、制定宏观调控政策和判断调控效果时,必须要对投资基金的影响进行剔除,否则很容易被一些已经受到影响的指标数值变化误导,使判断出现偏差,从而导致政策失灵或政策效果降低。面对投资基金的发展趋势,制定宏观调控政策和分析、评价调控效果时,必须充分考虑到投资基金这一新事物对宏观调控的综合影响。

第三节　基金业发展简史与中国基金业的快速发展

基金诞生于 18 世纪末 19 世纪初的英国。当时,产业革命的成功促使英国生产力水平迅速提高,大量的资金为追逐高额利润而涌向其他国家。可是大多数投资者缺乏海外投资经验,难以直接参加海外投资,于是众人集资、委托专人经营和管理的模式随之出现。1868 年 11 月政府出面组建了"海外和殖民地政府信托组织"(The Foreign and Colonial Government Trust),公开向社会发售受益凭证。它是公认的设立最早的投资基金机构。20 世纪初,基金传入美国后,得到了蓬勃发展。1924 年 3 月 21 日诞生于美国的"马萨诸塞投资信托基金"成为世界上第一个开放式基金,此后美国逐渐取代英国成为全球基金业发展的中心。但 1929 年的经济大危机与股市崩盘使美国基金业发展遭遇重挫,后来在美国监管部门的干预和相关法律的推行下,美国基金业曲折向前发展。1971 年货币市场基金的推出使美国基金业受到越来越多投资者的关注,随着 20 世纪 80 年代养老基金制度改革,以及随后 90 年代股票市场的持续大牛市,美国基金业迎来大发展时代。伴随全球经济一体化进程的推进,发展中国家也逐渐意识到基金的重要性,纷纷制定一系列法律、法规,支持基金业的发展。

我国证券投资基金从诞生到现在,发展历程主要分为六个阶段:

第一阶段是萌芽时期。20 世纪 80 年代末至 90 年代初是我国证券投资基金业的萌芽时期。该时期证券投资基金业主要以外资机构单独或中外机构联合在境内外设立的中国概念基金为主。在证券基金实际操作如销售、外汇承兑、投资方针上主要由外资机构负责。基金上市交易及转让也在境外进行。第一个中国概念基金是香港新鸿基信托基金管理有限公司在 1989 年 5 月推出的"新鸿基中华基金",该基金主要用于投资中国或与中国有贸易的公司。1990 年 11 月,法国东方汇理亚洲投资公司创立的"上海基金",是第一个完全投资中国的真正意义上的国家基金。

第二阶段是老基金时期。20 世纪 90 年代初至 90 年代末是我国证券投资基金的早期探索阶段。该阶段由于我国相关法律体系并不完备,基金在运作过程中存在大量不规范行为。该时期,中国人民银行是基金主管机关,设立的专业基金管理公司不足十家。在政府与人民银行的支持下,"基金热"迅速蔓延。1992 年深圳市投资基金管理公司设立的天骥基金是国内当时规模最大的封闭式基金。

第三阶段是封闭式基金发展时期。20世纪90年代末至21世纪初,国内基金业的主流是封闭式基金。老基金时期带来基金设立热潮的同时,也暴露了当时我国在基金管理法律体系的不足。因而在20世纪90年代末我国加紧对相关法律的制定完善。《证券投资基金管理暂行办法》是我国首次颁布的规范证券投资基金运作的行政法规,标志着我国基金业进入新的发展阶段。1998年由南方基金管理公司设立的"基金开元"和国泰基金管理公司设立的"基金金泰"拉开了我国证券投资基金试点序幕,新基金快速发展。

第四阶段是开放式基金起步时期。21世纪初,《开放式证券投资基金试点办法》的发布与实施拉开了我国开放式基金发展的序幕。开放式基金"华安创新"的设立标志着我国证券投资基金进入开放式基金阶段。开放式基金的发展为我国基金业注入新的活力,创新型基金产品开始陆续出现,如第一只以债券投资为主的南方宝元债券基金以及第一只具有保本特色的南方避险增值保本型基金等在该阶段纷纷发行。

第五阶段是开放式基金跨越发展阶段。2006年至2007年,受益于持续性大牛市影响,我国证券投资基金实现跨越式发展。该时期,封闭式与开放式基金规模爆炸式增长,基金收益创历史新高,基金投资主体由机构向个人转移,基金业进入散户时代。

第六阶段是平稳发展阶段。2008年至今是我国基金业平稳发展及创新探索阶段。该时期的主要特点是相关法律法规更为完善,产品日益丰富,基金规模稳步扩大。截至2020年7月底,中国公募基金规模17.69万亿元,公募基金管理人数量143家,公募基金产品数量7289只。基金市场未来发展潜力巨大。

本章小结

1.证券投资基金是一种将众多不特定投资者的小额资金汇集起来,委托专业的基金管理人进行投资管理,委托专业的基金托管人进行资产托管,基金所得的收益由投资者按出资比例分享的一种投资制度。

2.证券投资基金的特点包括:独立托管,保障安全;严格监管,信息透明;风险共担,利益共享;组合投资,分散风险;集中理财,专业管理。

3.证券投资基金的局限性主要在于:收益相对较低;不能抵抗系统性风险;操作灵活性相对较低;对一国宏观金融政策带来新的挑战。

4.我国证券投资基金的发展历程主要分为六个阶段:萌芽时期;老基金时期;封闭式基金发展时期;开放式基金起步时期;开放式基金跨越发展阶段;平稳发展阶段。随着证券投资基金在我国不断发展,其基金规模不断扩大,相关法律法规也日益完善。

思考与练习

1.什么是证券投资基金?

2.证券投资基金的特点是什么?

3.作为一种投资工具,证券投资基金的局限性主要表现在哪几个方面?

4.我国证券投资基金的发展历程主要包括几个阶段?

第二章 证券投资基金的分类

本章提要

随着我国基金业的快速发展,基金的数量、品种不断增多。本章根据不同的划分标准介绍几种主要的基金分类方法、基金类型及其对比比较,便于读者理解掌握证券投资基金的基础知识。

第一节 契约型基金与公司型基金

按照组成法律形式的不同,证券投资基金可分为契约型基金和公司型基金。

一、契约型基金

契约型基金又称合同型基金,它是基于一定的信托契约而组织起来的投资基金,一般由投资者、基金管理公司、基金托管机构三方通过订立信托投资契约而建立起来。在我国,契约型基金依据基金管理人、基金托管人之间所签署的基金合同(规定基金当事人之间权利义务的基本法律文件)设立,基金投资者自取得基金份额后即成为基金份额持有者和基金合同的当事人,依法享受权利并承担义务。

契约型基金通常是通过基金管理人发行基金份额的方式来募集资金。基金管理公司依据法律、法规和基金合同的规定负责基金的经营和管理运作;基金托管人则负责保管基金资产,执行管理人的有关指令,办理基金名下的资金往来;资金的投资者通过购买基金份额,享有基金投资收益。日本以及我国香港和台湾地区的基金产品大多属于契约型基金。

与公司型基金不同,契约型基金本身并不具备公司企业或法人的身份,因此,在组织结构上,基金的持有人不具备股东的地位,但可以通过持有人大会来行使相应的权利。

二、公司型基金

公司型基金是依据公司法而成立的投资基金。即委托人发起以投资为目的的投资公司(或称基金公司),发行出售投资公司的股份,投资者购买投资公司股份,参与共同投资。

公司型基金在法律上是具有独立法人地位的股份投资公司。公司通过发行股票或受益凭证的方式来筹集资金。投资者购买了该家公司的股票,就成为该公司的股东,凭股票领取股息或红利、分享投资所获得的收益。基金公司设有董事会,代表投资者的利益并行使职权。公司型基金在形式上类似于一般股份公司,但不同于一般股份公司的是,它是由公司法人自行或委托基金管理公司进行管理的股权型投资基金。

公司型基金与一般股份公司一样,都是由发起人通过发行股份的方式来募集资金的,只是对于公司型基金来说,在证券市场投资获利是唯一的经营目标。大家购买了基金份额后,就成为基金的股东,享有股东的权益,并成立董事会,再由董事会将基金资产委托给基金管理公司管理。在运作过程中,公司型基金的董事会对基金管理公司的投资运作有较大的监督作用,这样相对于契约型基金,更能够保障投资者的利益。在基金业最为发达的美国,公司型基金居于绝对的主导地位。中国香港互惠基金、英国投资信托均为公司型基金。

三、契约型基金与公司型基金的比较

1.法律主体资格不同

公司型基金具有法人资格,而契约型基金没有法人资格。

2.信托资产运用依据不同

公司型基金依据公司章程规定运作基金资产,而契约型基金依据契约来运作基金资产。

3.发行的筹资工具不同

公司型基金发行的是股权份额,契约型基金发行的是受益凭证(基金单位)。

4.投资者的地位不同

公司型基金的投资者作为公司的股东有权对公司的重大决策发表自己的意见,可以参加股东大会,行使股东权利。契约型基金的投资者购买受益凭证后,即成为契约关系的当事人,即受益人,对资金的运用不能直接干涉。契约型基金持有人大会赋予基金持有者的权利相对较小。

5.融资渠道不同

公司型基金具有法人资格,在一定情况下可以向银行借款。而契约型基金一般不能向银行借款。

综上可知:公司型基金的优点是法律关系明确,监管机制较为完善;契约型基金在设立上更为简单易行。两者之间的区别主要表现在法律形式的不同,并无优劣之分。

第二节　封闭式基金与开放式基金

依据运作方式的不同,证券投资基金可以分为封闭式基金与开放式基金。

一、封闭式基金

封闭式基金(closed-end funds)是指基金发行总额和发行期在设立时已确定,在发行完毕后的规定期限内发行总额固定不变的证券投资基金。封闭式基金的投资者在基金存续期间内不能向发行机构赎回基金份额,基金份额的变现必须通过证券交易场所上市交易。基金单位的流通采取在证券交易所上市的办法,投资者日后买卖基金单位,都必须通过证券经纪商在二级市场上进行竞价交易。

二、开放式基金

开放式基金(open-end funds)又称共同基金,是指基金发起人在设立基金时,基金单位或者份额总规模不固定,可视投资者的需求,随时向投资者出售基金单位或者份额,并可以应投资者的要求赎回发行在外的基金单位或者份额的一种基金运作方式。投资者既可以通过基金销售机构购买基金使得基金资产和规模由此相应增加,也可以将所持有的基金份额卖给基金管理人并收回现金使得基金资产和规模相应减少。

三、封闭式基金与开放式基金的比较

1. 规模与期限不同

封闭式基金规模不可变,且有明确存续期限,在此期限内已发行的基金份额不能被赎回,基金期满后可以通过一定的法律程序延期或者转为开放式。当然,封闭式基金也有开放的时候,一般开放时间是1周,而封闭时间是1年。在开放的时候,投资者可以进行提出和投入。

开放式基金规模可变,投资者可以随时申购和赎回基金单位,只要投资者热衷,开放式基金规模可以不断扩大。当然有的时候也可能受到监管层出于防范风险的调控,比如,2017年5月27日,天弘基金余额宝货币市场基金出现限售,个人账户持有限额由100万元降低到25万元。

2. 交易方式不同

封闭式基金发起设立时,投资者可向基金管理公司或销售机构认购,但在存续期,投资者不能进行基金份额赎回,只能委托证券公司在证券交易所按市价进行买卖,交易在投资者之间完成。

对于开放式基金,投资者可以按照基金管理人确定的时间和地点向基金管理公司或销售机构进行基金份额申购和赎回。比如我们经常通过第三方支付平台购买的基金,只要赚钱或需要资金,都可以进行基金份额赎回变现。

3. 基金单位价格形式不同

封闭式基金的份额价格主要受二级市场供求关系影响,跟股票交易一样,有人买有人卖,那么便形成了新的价格,相对应的基金份额价格就随之变化。当需求旺盛时,封闭式基金二级市场的交易价格会超过基金份额净值,出现溢价交易现象;反之,当需求低迷时,交易价格会低于基金份额净值,出现折价交易现象。

开放式基金份额价格由其净值决定,不受市场供求关系影响。比如当日基金投资股票平均收益1%,那么净值就增长1%。假如原先为1元,那么基金份额净值就增长1%为1.01元,当日下午三点之前申购或赎回则以1.01元确认基金份额。

4. 基金的投资策略不同

封闭式基金不能被随时赎回,因此封闭式基金属于信托基金,其资金全部可以进行中长期投资,取得中长期经营绩效,为投资者带来更高的收益。

开放式基金由于可以随时申购和赎回,那么就必然要保持较多的现金,以备人们随时赎回,这也必然会影响到其投资收益和基金经理的操作策略。

5. 约束激励机制不同

与封闭式基金相比,开放式基金体制较为完善,适合广大投资者,同时也比较灵活,人们可以随时对基金份额进行变现,开放程度较高。

封闭式基金适用金融制度尚不完善、开放程度较低且规模较小的金融市场,同时也适合较有投资经验的投资者进行投资。因为其不能通过基金净值直观地表现其自身价值,封闭式基金一般常存在折价现象,而普通的投资者可能无法计算并识别封闭式基金的好与劣。但封闭式基金也有其优点:管理资产稳定;投资机会广泛;交易便利,流动性较好;运作成本低。

四、上市型开放式基金(LOF)

1. LOF的特点

LOF是指在证券交易所发行、上市及交易的开放式证券投资基金。上市型开放式基金既

可通过证券交易所发行认购和集中交易,也可通过基金管理人、银行及其他代销机构认购、申购和赎回。即在保持现行开放式基金运作模式不变的基础上,增加交易所发行和交易的渠道。LOF 有以下优势:

(1)降低交易者交易成本,提高交易效率。

(2)改变传统开放式基金"一对一"的交易模式。

(3)减轻甚至消除基金的折价问题。

(4)为封闭式基金转型开放式后继续上市交易提供了模式。

(5)提高基金的运作透明度。

2. LOF 的运作架构

LOF 的运作架构如图 2-1 所示。

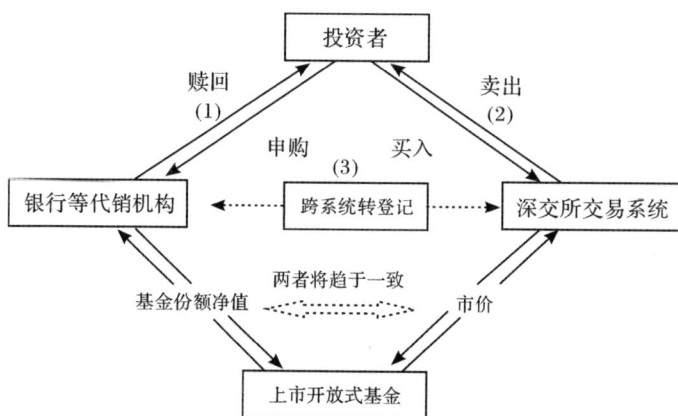

图 2-1 LOF 的运作架构

3. LOF 的套利机制

LOF 提供全新的套利模式——跨市场套利。

由于 LOF 既在交易所上市,又可以办理申购赎回,所以存在基金的二级市场交易价格与一级市场的申购赎回价格产生背离的可能,由此产生了套利的机会。

具体来讲,LOF 基金有二级市场交易价格和基金净值两种价格。LOF 基金二级市场交易价格像股票二级市场交易价格一样,是投资者之间互相买卖所产生的价格,交易价格在一天交易时间里,是连续波动的。而 LOF 基金净值是基金管理公司利用募集资金购买股票、债券和其他金融工具后所形成的实际价值,基金净值是在每天收市后,由基金管理公司根据当天股票和债券等收盘价计算出来的,净值一天只有一个。计算机的存在让投资者可通过两种方式套利:

(1)当 LOF 基金二级市场交易价格超过基金净值,并且这样的差价足够大过其中的交易费用时(一般申购费 1.5%+二级市场交易费用 0.3%=1.8%),第一类套利机会就出现了。

(2)当 LOF 基金二级市场交易价格低于基金净值(这种情况常常出现于熊市或下跌市),并且这样的差价足够大过其中的交易费用(赎回费 0.5%+二级市场交易费用 0.3%=0.8%)时,出现第二类套利机会。

第三节　股票基金、债券基金、货币市场基金、混合型基金

根据投资对象不同,证券投资基金可分为四种类型:股票基金、债券基金、货币市场基金和混合型基金。

一、股票基金

股票基金,也称股票型基金,是指主要投资于股票市场的基金类型。根据中国证监会对基金类别的分类标准,80%以上的基金资产投资于股票的为股票基金。

股票基金主要有以下特点:

(1)与其他基金相比,股票基金的投资对象具有多样性,投资目的也具有多样性。

(2)与投资者直接投资于股票市场相比,股票基金具有分散风险、费用较低等特点。对一般投资者而言,个人资金毕竟是有限的,难以通过分散投资种类而降低投资风险。但若投资于股票基金,投资者不仅可以分享各类股票的收益,而且也可以通过投资于股票基金而将风险分散于各类股票上,大大降低了投资风险。此外,投资者投资了股票基金,还可以享受基金大额投资在成本上的相对优势,降低投资成本,提高投资效益,获得规模效益的好处。

(3)从资产流动性来看,股票基金具有流动性强、变现容易的特点。股票基金的投资对象是流动性极好的股票,基金资产质量高、变现容易。

(4)对投资者来说,股票基金经营稳定、收益可观。一般来说,股票基金的风险比股票投资的风险低,因而收益较稳定。不仅如此,封闭式股票基金上市后,投资者还可以通过在交易所交易获得买卖差价,期满后投资者享有分配剩余资产的权利。

(5)股票基金还具有在国际市场上融资的功能和特点。就股票市场而言,其资本的国际化程度较外汇市场和债券市场低。一般来说,各国的股票基本上在本国市场上交易,股票投资者也只能投资于本国上市的股票或在当地上市的少数外国公司的股票。而股票基金则突破了这一限制,投资者可以通过购买股票基金投资于其他国家或地区的股票市场,从而对证券市场的国际化具有积极的推动作用。从海外股票市场的现状来看,股票基金投资对象有很大一部分是外国公司股票。

二、债券基金

债券基金,也称债券型基金,是指主要投资于债券的基金类型。根据中国证监会对基金类别的分类标准,80%以上的基金资产投资于债券的为债券基金。它通过集中众多投资者的资金,对债券进行组合投资,寻求较为稳定的收益。债券是政府、金融机构、工商企业等机构直接向社会借债筹措资金时,向投资者发行,并且承诺按一定利率支付利息并按约定条件偿还本金的债权债务凭证。

债券基金具有以下特点:

(1)可使普通投资者方便地参与银行间债券、企业债、可转债等产品的投资。这些产品对小资金有种种限制,购买债券型基金可以突破这种限制。

(2)在股市低迷的时候,债券基金的收益仍然很稳定,不受市场波动的影响。因为债券基金投资的产品收益都很稳定,相应的基金收益也很稳定,当然这也决定了其收益受制于债券的利率,不会太高。企业债券的年利率在4.5%左右,扣除了基金的运营费用,可保证年收益率在3.3%～3.5%之间。

三、货币市场基金

(一)货币市场基金的概念

货币市场基金是伴随货币市场与投资基金制度的发展而产生,并逐渐兴盛起来的一种基金类型。与股权类和债权类投资基金不同,货币市场基金的投资对象主要是短期国库券、政府机构债券、中央银行票据、金融债券、债券回购、同业拆借、银行承兑票据、银行定期存款单和商业票据等流动性强的货币市场品种,故称为货币市场基金。货币市场基金具体有以下几种投资对象:

(1)现金;

(2)1年以内(含1年)的银行定期存款、大额存单;

(3)剩余期限在397天以内(含397天)的债券;

(4)期限在1年以内的债券回购;

(5)期限在1年以内的中央银行票据;

(6)剩余期限在397天的资产支持证券。

(二)货币市场基金的特点

货币市场基金具有以下特点:

(1)货币市场基金与其他投资于股票的基金最主要的不同在于基金单位的资产净值是固定不变的,通常是每个基金单位1元。投资该基金后,投资者可利用收益再投资,投资收益就不断累积,增加投资者所拥有的基金份额。比如某投资者以100元投资于某货币市场基金,可拥有100个基金单位,1年后,若投资报酬是8%,那么该投资者就多8个基金单位,总共108个基金单位,价值108元。

(2)衡量货币市场基金表现好坏的标准是收益率,这与其他基金以净资产价值增值获利不同。

(3)流动性好、资本安全性高。这些特点主要源于货币市场是一个低风险、流动性高的市场。同时,投资者可以不受到期日限制,可根据需要随时转让基金单位。

(4)风险性低。货币市场工具的到期日通常很短,货币市场基金投资组合的平均期限一般为4~6个月,因此风险较低,其价格通常只受市场利率的影响。

(5)投资成本低。货币市场基金通常不收取赎回费用,并且其管理费用也较低,货币市场基金的年管理费用大约为基金资产净值的0.25%~1%,比传统的基金年管理费率1%~2.5%低。

(6)货币市场基金均为开放式基金。货币市场基金通常被视为无风险或低风险投资工具,适合资本短期投资生息以备不时之需,特别是在利率高、通货膨胀率高、证券流动性下降、可信度降低时,可使本金免遭损失。

(三)货币市场基金的收益率

基金收益采用日每万份基金净收益和最近7日年化收益率表示。日每万份基金净收益是把货币市场基金每天运作的净收益平均分摊到每一基金份额上,然后以一万份为标准进行衡量。最近7日年化收益率是以最近7个自然日日平均收益率折算的年化收益率。这两个收益指标都是短期指标。

(四)货币市场基金面临的风险

1.利率风险

不同于其他投资于股票的基金,货币市场基金单位的资产净值是固定不变的,衡量其表现好坏的标准是收益率,通常只受市场利率影响,收益风险也因此产生。

2.流动性风险

资产价格下跌、机构投资者流动性紧张以及基金收益率的相对下降都可能导致投资者的集中赎回。巨额赎回一旦发生,往往具有自我实现的特性,形成"资产价格下跌→集中赎回→基金资产抛售"的恶性循环,最终引发全面的流动性危机。

3.跨市场投资的资金分流风险

由于货币市场基金的流动性非常接近银行存款,而收益率一般会超过银行存款,设立货币市场基金,银行存款的搬家可能就会出现。这就关涉到政策如何定位商业银行在货币市场基金中的地位的问题。此外,资金转移的另外一种风险是,证券市场和货币市场的相对走势将导致资金的流动,对于货币市场基金来说,这是一种系统性的风险,难以有效规避,这有赖于相关法律法规对货币市场基金投资领域的明确界定。

4.信用风险

在经济降速的大环境下,已出现多起债券违约事件,基金公司必须有一套完整严格的信用评级制度和风控流程,才能在货币基金投资中尽可能规避风险。

5.违规风险

基金业在追求收益率最大化时所可能出现的违规风险,也会出现在货币市场基金中,因此,行业自律的提高和监管的强化都是货币市场基金健康发展所必不可少的。

四、混合型基金

混合型基金是指同时以股票、债券、货币市场工具为投资对象的基金。

混合基金根据资产投资比例及其投资策略再分为偏股型基金(股票配置比例为 50％～70％,债券比例为 20％～40％)、偏债型基金(与偏股型基金正好相反)、平衡型基金(股票、债券比例比较平均,大致在 40％～60％左右)和配置型基金(股债比例按市场状况进行调整)等。

配置型基金,又可称为资产灵活配置型基金,属于混合型基金的一种。它可以投资于股票、债券及货币市场工具以获取高额投资回报,可进行积极主动的择时交易。

第四节 成长型基金、收入型基金、平衡型基金和价值型基金

根据投资目标不同,证券投资基金可分为成长型基金、收入型基金、平衡型基金和价值型基金。

一、成长型基金

成长型基金是指追求资本长期增值的基金,其投资对象主要是市场中有较大升值潜力的小公司股票,一些新兴行业公司股票,或者目前经营比较困难但可能会有困境反转的公司股票。一些成长型基金投资范围很广,包括很多行业;一些成长型基金投资范围相对集中,比如集中投资于某一类行业的股票或价值被认为低估的股票。

成长型基金价格波动一般要比保守的收益型基金或货币市场基金要大,但收益一般也要高。一些成长型基金也衍生出新的类型,例如资金成长型基金,其主要目标是争取资金的快速增长,有时甚至是短期内的最大增值,一般投资于新兴产业公司等。这类基金往往有很强的投

机性,因此波动也比较大。

二、收入型基金

收入型基金注重当期收入最大化,因而其投资对象主要是那些绩优股以及派息较高的债券、可转让大额定期存单等现金收入较高而且比较稳定的有价证券。

三、平衡型基金

平衡型基金是既追求长期资本增值,又追求当期收入的基金。这类基金主要投资于债券、优先股和部分普通股,这些有价证券在投资组合中有比较稳定的比例,一般是把资产总额的25%~50%用于优先股和债券,其余的用于普通股投资。其风险和收益状况介于成长型基金和收入型基金之间。

平衡型基金可以粗略分为两种:一种是股债平衡型基金,即基金经理会根据行情变化及时调整股债配置比例。当基金经理看好股市的时候,增加股票的仓位,而当其认为股票市场有可能出现调整时,会相应增加债券配置。另一种平衡型基金在股债平衡的同时,比较强调到点分红,更多地考虑落袋为安,也是规避风险的方法之一。以上投摩根双息平衡基金为例,该基金契约规定:当已实现收益超过银行一年定期存款利率(税前)1.5倍时,必须分红。偏好分红的投资者可考虑此类基金。

四、价值型基金

价值型基金是指以追求稳定的经常性收入为基本目标的基金,主要以大盘蓝筹股、公司债券、政府债券等稳定收益的证券为投资对象。

第五节 公募基金与私募基金

根据资金募集方式不同,证券投资基金可分为公募基金与私募基金。

一、公募基金

公募基金是指经基金监管部门批准,面向社会公众公开发售的一类基金,基金募集对象不固定,投资金额要求低,投资风险相对较小,适宜中小投资者参与,必须遵守基金法律和法规的约束,进行公开信息披露,并接受监管部门的严格监管。

我国公募投资基金行业诞生于1991年,伴随着金融体制的持续改革,公募投资基金依次经历了萌芽阶段(1991—1997年)、规范化发展阶段(1997—2012年)和市场化发展阶段(2013年至今)。公募投资基金行业逐渐走向正规化、法制化和市场化。

截至2020年7月底,中国公募基金规模17.69万亿元,公募基金管理人数量143家,公募基金产品数量7289只。其中,封闭式基金净值为21057.73亿元,开放式基金净值为155837.41亿元。在开放式基金净值中,股票型基金净值为17545.20亿元,混合型基金净值为32130.99亿元,货币型基金净值为76138.55亿元,债券型基金净值为28811.70亿元,而QDII基金净值为1210.98亿元。

为了便于分析,除了特别指明之外,本书中的"证券投资基金"特指"开放式公募投资基金"。

二、私募基金

私募基金(privately offered fund)只能采取非公开方式发行,面向特定投资者募集发售。私募基金不能进行公开宣传推广,投资金额要求高,投资者的资格和人数常常受到严格限制。

但基金运作相对宽松，所受到的限制和约束相对较少，具有较大的灵活性，因此适合具有较强风险承受能力的特定投资者。其方式基本有两种：一是基于签订委托投资合同的契约型集合投资基金；二是基于共同出资入股成立股份公司的公司型集合投资基金。

根据证监会对私募基金的分类，私募基金主要分为私募证券投资基金、私募股权投资基金、私募资产配置类基金。私募证券投资基金主要投资于公开交易的股份有限公司股票、债券、期货、期权、基金份额以及中国证监会规定的其他资产；私募股权投资基金主要投向未上市企业股权、上市公司非公开发行或交易的股票以及中国证监会规定的其他资产；私募资产配置类基金，主要采用基金中基金的投资方式，主要对私募证券投资基金和私募股权投资基金进行跨类投资。

私募基金从萌芽阶段（1999—2000 年）、初步发展阶段（2001—2003 年）、增速发展阶段（2004—2012 年）到合法化发展阶段（2013 年至今），经过资本市场的重重历练，已经告别野蛮式生长并走向规范化，逐渐成为备受高净值客户青睐的一种理财方式。

根据中国证券投资基金业协会发布的数据，截至 2020 年 7 月末，私募基金总规模为14.96万亿元，较上月增加 6085.36 亿元。其中，私募证券投资基金贡献最多，环比增加 4416.21 亿元。而作为市场风向标的证券类百亿私募，总数突破了 50 家，7 月新增 7 家。

本章小结

1. 契约型投资基金又称合同型基金，它是基于一定的信托契约而组织起来的信托投资制度，一般由投资者、基金管理公司、基金托管机构三方通过订立信托投资契约而建立起来。公司型基金是依据公司法而成立的投资基金。即委托人发起以投资为目的的投资公司（或称基金公司），发行出售投资公司的股份，投资者购买投资公司股份，参与共同投资。

2. 上市型开放式基金（LOF）的优势有：降低交易者交易成本，提高交易效率；改变传统开放式基金"一对一"的交易模式；减轻甚至消除基金的折价问题；为封闭式基金转型开放式后继续上市交易提供了模式；提高基金的运作透明度。

3. 根据中国证监会对基金类别的分类标准，80％以上的基金资产投资于股票的为股票基金，80％以上的基金资产投资于债券的为债券基金。混合型基金是指同时以股票、债券、货币市场工具为投资对象的基金。

4. 货币市场基金是伴随货币市场与投资基金制度的发展而产生，并逐渐兴盛起来的一种基金类型。与股权类和债权类投资基金不同，货币市场基金的投资对象主要是短期国库券、政府机构债券、中央银行票据、金融债券、债券回购、同业拆借、银行承兑票据、银行定期存款单和商业票据等流动性强的货币市场品种，故称为货币市场基金。

思考与练习

1. 契约型基金和公司型基金的区别是什么？

2. 货币市场基金的风险控制有哪些？

3. 什么是成长型基金、收入型基金、平衡型基金？找出三者之间的区别与联系。

4. 公募基金和私募基金的主要区别是什么？

第三章　证券投资基金机构与内部控制

本章提要

　　证券投资基金的机构与内部控制是保证基金公司安全、高效运行的基础。本章第一节分析证券投资基金系统运行的主要参与者,以及参与者之间的关系;第二节阐述证券投资基金的组织结构与公司治理;第三节阐述证券投资基金的内部控制。

第一节　证券投资基金的参与者

　　基金市场上有许多不同的参与主体。根据所承担的职责与作用的不同,可以将基金市场的参与主体分为基金当事人、基金市场服务机构、基金监管机构和自律组织三大类。

一、基金当事人

　　我国的证券投资基金是依据基金合同设立的,基金份额持有人、基金管理人与基金托管人是基金合同的当事人,简称基金当事人。

(一)基金份额持有人

　　基金份额持有人即基金投资者,他们是基金的出资人、基金资产的所有者和基金投资回报的受益人。基金份额持有人享有基金资产的一切权益,但也要承担基金资产的投资风险。我国的基金份额持有人主要是机构投资者和个人投资者。

　　按照《中华人民共和国证券投资基金法》的规定,我国基金份额持有人享有以下权利:

　　(1)分享基金财产收益;

　　(2)参与分配清算后的剩余基金财产;

　　(3)依法转让或者申请赎回其持有的基金份额;

　　(4)按照规定要求召开基金份额持有人大会或者召集基金份额持有人大会;

　　(5)对基金份额持有人大会审议事项行使表决权;

　　(6)对基金管理人、基金托管人、基金销售机构损害其合法权益的行为依法提出诉讼;

　　(7)基金合同约定的其他权利。

　　公开募集基金的基金份额持有人有权查阅或复制公开披露的基金信息资料;非公开募集基金的基金份额持有人对涉及自身利益的情况,有权查阅基金的财务会计账簿等财务资料。

　　基金份额持有人的权利主要通过基金份额持有人大会的表决权行使。基金份额持有人大会是基金的最高权力机构。公司型基金中基金股东大会相当于基金份额持有人大会,与基金份额持有人有关的条款可参照公司法等在基金公司章程中做出的规定。对于契约型基金,应该在基金契约中加以明确。

（二）基金管理人

基金管理人是基金产品的募集者和管理者，其最主要的职责就是按照基金合同的约定，负责基金资产的投资运作，在有效控制风险的基础上为基金投资者争取最大的投资收益。基金管理人在基金运作中具有核心作用，基金产品的设计、基金份额的销售与注册登记、基金资产的管理等重要职能多半由基金管理人或基金管理人选定的其他服务机构承担。《中华人民共和国证券投资基金法》第十二条规定："基金管理人由依法设立的公司或者合伙企业担任。公开募集基金的基金管理人，由基金管理公司或者经国务院证券监督管理机构按照规定核准的其他机构担任。"

同时《中华人民共和国证券投资基金法》规定设立管理公开募集基金的基金管理公司，应当具备下列条件，并经国务院证券监督管理机构批准：

（1）有符合该法和《中华人民共和国公司法》规定的章程；

（2）注册资本不低于1亿元人民币，且必须为实缴货币资本；

（3）主要股东应当具有经营金融业务或者管理金融机构的良好业绩、良好的财务状况和社会信誉，资产规模达到国务院规定的标准，最近3年没有违法记录；

（4）取得基金从业资格的人员达到法定人数；

（5）董事、监事、高级管理人员具备相应的任职条件；

（6）有符合要求的营业场所、安全防范设施和与基金管理业务有关的其他设施；

（7）有良好的内部治理结构、完善的内部稽核监控制度、风险控制制度；

（8）法律、行政法规规定的和经国务院批准的国务院证券监督管理机构规定的其他条件。

我国基金管理公司的职责主要有以下几方面：

（1）依法募集资金，办理基金份额的发售和登记事宜；

（2）办理基金备案手续；

（3）对所管理的不同基金财产分别管理、分别记账，进行证券投资；

（4）按照基金合同的约定确定基金收益分配方案，及时向基金份额持有人分配收益；

（5）进行基金会计核算并编制基金财务会计报告；

（6）编制中期和年度基金报告；

（7）计算并公告基金资产净值，确定基金份额申购、赎回价格；

（8）办理与基金财产管理业务活动有关的信息披露事项；

（9）按照规定召集基金份额持有人大会；

（10）保存基金财产管理业务活动的记录、账册、报表和其他相关资料；

（11）以基金管理人名义代表基金份额持有人利益行使诉讼权利或实施其他法律行为；

（12）国务院证券监督管理机构规定的其他职责。

（三）基金托管人

基金托管人是基金资产的保管人和名义持有人。为了保证基金资产的安全，保护基金持有人的利益，防止基金资产被挪用，按照资产管理和资产保管分开运作的原则运作基金，资产管理由基金管理公司负责，而资产的托管则由基金托管人负责。基金托管人一般由具有一定资产规模和实力的商业银行或证券公司等其他金融机构担任，确保基金资产安全和内部监管机制得到有效执行。

《中华人民共和国证券投资基金法》规定,基金托管人必须经中国证监会和有关金融监督管理机构核准,基金托管人必须符合以下条件:

(1)净资产和风险控制指标符合有关规定;

(2)设有专门的基金托管部门;

(3)取得基金从业资格的专职人员达到法定人数;

(4)有安全保管基金财产的条件;

(5)有安全高效的清算、交割系统;

(6)有符合要求的营业场所、安全防范设施和与基金托管业务有关的其他设施;

(7)有完善的内部稽核监控制度和风险控制制度;

(8)法律、行政法规规定的和经国务院批准的国务院证券监督管理机构、国务院银行业监督管理机构规定的其他条件。

商业银行作为基金托管人,必须经过中国证监会和中国银保监会的核准;其他金融机构担任基金托管人的,由中国证监会核准。截至2020年3月,我国符合条件的基金托管人有中国工商银行、中国农业银行、中国建设银行、中国银行、交通银行等27家商业银行和广发证券、国泰君安证券、银河证券等18家其他金融机构。

基金托管人的职责主要体现在基金资产保管、基金资金清算、会计复核以及对基金投资运作的监督等方面。其具体的职责主要有以下几方面:

(1)安全保管基金财产;

(2)按照规定开设基金财产的资金账户和证券账户;

(3)对所托管的不同基金财产分别设置账户,确保基金财产的完整与独立;

(4)保存基金托管业务活动的记录、账册、报表和其他相关资料;

(5)按照基金合同的约定,根据基金管理人的投资指令,及时办理清算、交割事宜;

(6)办理与基金托管业务活动有关的信息披露事项;

(7)对基金财务会计报告、中期和年度基金报告出具意见;

(8)复核、审查基金管理人计算的基金资产净值和基金份额申购、赎回价格;

(9)按照规定召集基金份额持有人大会;

(10)按照规定监督基金管理人的投资运作;

(11)国务院证券监督管理机构规定的其他职责。

二、基金市场服务机构

基金管理人、托管人既是基金的当事人,又是基金的主要服务机构。除基金管理人与基金托管人外,基金市场还有许多面向基金提供各类服务的其他机构。这些机构主要包括基金销售机构、基金销售支付机构、基金份额登记机构、基金估值核算机构、基金投资顾问机构、基金评价机构、基金信息技术系统服务机构、律师事务所和会计师事务所等。

(一)基金销售机构

基金销售包括基金宣传推介、基金份额发售或者基金份额的申购、赎回,并收取以基金交易为基础的相关佣金。基金销售机构是指从事基金销售业务活动的机构,包括基金管理人以及经中国证监会认定的可以从事基金销售的其他机构。目前可申请从事基金代理销售的机构主要包括商业银行、证券公司、保险公司、证券投资咨询机构、独立基金销售机构。

（二）基金销售支付机构

基金销售支付是指基金销售活动中基金销售机构、基金投资人之间的货币资金转移活动，从事该类活动的主要为商业银行或者支付机构。从事销售支付活动的机构，应当取得中国人民银行颁发的"支付业务许可证"（商业银行除外），并制定了完善的资金清算和管理制度，能够确保基金销售结算资金的安全、独立和及时划付。基金销售支付机构从事公开募集基金销售支付业务的，应当按照中国证监会的规定进行备案。

（三）基金份额登记机构

基金份额登记是指基金份额的登记过户、存管和结算等业务活动。基金份额登记机构是指从事基金份额登记业务活动的机构。基金管理人可以办理其募集基金的份额登记业务，也可以委托基金份额登记机构代为办理基金份额登记业务。公开募集基金份额登记机构由基金管理人和中国证监会认定的其他机构担任。基金份额登记机构的主要职责包括：建立并管理投资人的基金账户，负责基金份额的登记，确认基金交易，代理发放红利，建立并保管基金份额持有人名册，以及法律法规或份额登记服务协议规定的其他职责。

（四）基金估值核算机构

基金估值核算是指基金会计核算、估值及相关信息披露等业务活动。基金估值核算机构是指从事基金估值核算业务活动的机构。基金管理人可以自行办理基金估值核算业务，也可以委托基金估值核算机构代为办理基金估值核算业务。基金估值核算机构拟从事公开募集基金估值核算业务的，应当向中国证监会申请注册。

（五）基金投资顾问机构

基金投资顾问是指按照约定向基金管理人、基金投资人等服务对象提供基金以及其他中国证监会认可的投资产品的投资建议，辅助客户做出投资决策，并直接或者间接获取经济利益的业务活动。基金投资顾问机构是指从事基金投资顾问业务活动的机构。基金投资顾问机构提供公开募集基金投资顾问业务的，应当向工商登记注册地中国证监会派出机构申请注册。基金投资顾问机构及其从业人员提供投资顾问服务，应当具有合理的依据，对其服务能力和经营业务进行如实陈述，不得以任何方式承诺或者保证投资收益，不得损害服务对象的合法权益。

（六）基金评价机构

基金评价是指对基金投资收益和风险或者基金管理人管理能力进行的评级、评奖、单一指标排名或者中国证监会认定的其他评价活动。基金评价机构是指从事基金评价业务活动的机构。从事公开募集基金评价业务并以公开形式发布基金评价结果的基金评价机构，应当向中国证券投资基金业协会申请注册。基金评价机构及其从业人员应当客观公正，依法开展基金评价业务，禁止误导投资人，防范可能发生的利益冲突。

（七）基金信息技术系统服务机构

基金信息技术系统服务是指为基金管理人、基金托管人和基金服务机构提供基金业务核心应用软件开发、信息系统运营维护、信息系统安全保障和基金交易电子商务平台等的业务活动。从事基金信息技术系统服务的机构应当具备国家有关部门规定的资质条件或者取得相关资质认证，具有开展业务所需要的人员、设备、技术、知识产权等条件，其信息技术系统服务应当符合法律法规、中国证监会以及行业自律组织等的业务规范要求。

(八)律师事务所和会计师事务所

律师事务所和会计师事务所作为专业、独立的中介服务机构,为基金提供法律、会计服务。

三、基金监管机构和自律组织

(一)基金监管机构

为了保护基金投资者的利益,世界上不同国家和地区都对基金活动进行严格的监督管理。基金监管机构通过依法行使审批或核准权,依法办理基金备案,对基金管理人、基金托管人以及其他从事基金活动的服务机构进行监督管理,对违法违规行为进行查处,因此其在基金的运作过程中起着重要的作用。证监会是政府的基金监管机构。

(二)基金自律组织

基金自律组织是由基金管理人、基金托管人及基金市场服务机构共同成立的同业协会。我国的基金自律组织是 2012 年 6 月 6 日成立的中国证券投资基金业协会。该协会是基金行业相关机构自愿结成的全国性、行业性、非营利性社会组织,属于证监会的会管单位,接受证监会的业务指导。

证券交易所是证券市场基金的自律管理机构之一。我国的证券交易所是依法设立的,不以营利为目的,为证券的集中和有组织的交易提供场所和设施,履行国家有关法律法规、规章、政策规定的职责,实行自律性管理的法人。一方面,封闭式基金、上市开放式基金和交易型开放式指数基金等需要通过证券交易所募集和交易,必须遵守证券交易所的规则;另一方面,经中国证监会授权,证券交易所对基金的投资交易行为还承担着重要的一线监控职责。

四、证券投资基金参与者的关系

在基金的运作中,基金投资者、基金管理人与基金托管人是基金的当事人。基金市场上的各类中介服务机构通过自己的专业服务参与基金市场,监管机构对基金市场上的各种参与主体实施全面监管。各参与者之间的关系是一种既相互合作,又相互制衡的关系,如图 3-1 所示。

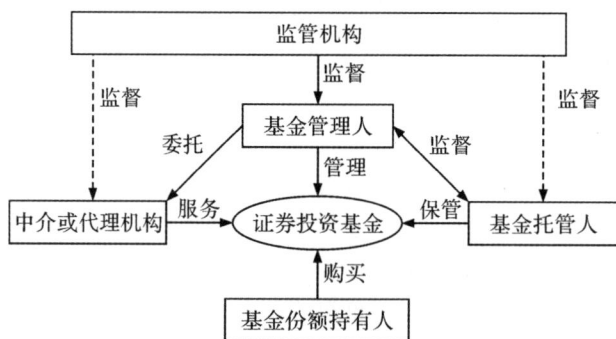

图 3-1　基金参与者之间的关系

(一)基金管理人与基金份额持有人之间的关系

基金份额持有人与基金管理人的关系是通过信托关系而形成的委托人与受托人之间的关系。基金份额持有人是基金投资者和基金的受益人,而基金管理人是负责基金的具体投资操作和日常管理的基金管理机构,他们之间实际上是所有者和经营者之间的关系。在契约型基金中,基金管理人依据有关信托契约的规定文件,获得基金份额持有人所赋予的委托权,对基金资产进行运营,他们之间的关系又是委托人、受益人与受托人之间的关系。

(二)基金管理人与基金托管人之间的关系

基金管理人由投资专家组成,负责基金资产的经营,本身不拥有和接触基金资产,而基金资产的保管和清算则由基金托管人完成。两个当事人严格分开,由不具有任何关联的不同机构或公司担任,这符合资产管理和资产保管分开的原则,也能对基金资产实行有效的监管,保证基金资产的安全和资金运用的高效。因此,基金管理人与基金托管人的关系是经营和监管的关系。在契约型基金中,基金托管人依据有关信托契约的文件规定与基金管理人签订托管协议,因此他们之间的关系又是委托人与受托人之间的关系。

(三)基金份额持有人与基金托管人之间的关系

基金份额持有人是基金资产的实际所有人,而基金托管人是基金资产的名义所有人。在契约型基金中,基金管理人将基金资产委托给基金托管人,基金托管人必须按证券投资基金法和基金合同的约定履行受托职责,负责基金财产的保管,为基金份额持有人的利益服务,而基金资产的实际受益人是基金持有人,因此基金份额持有人与基金托管人之间的关系是受益人和受托人之间的关系。

(四)基金管理人与其他参与者之间的关系

证监会与基金业协会并不是完全意义上的证券投资基金参与者,严格来说属于"裁判员",即规则的制定者。基金管理人、托管人,以及基金各服务机构,都受到其监管,是监督与被监督的关系。

基金管理人与基金各服务机构依然是委托与受托的关系。《中华人民共和国证券投资基金法》第一百零一条规定:"基金管理人可以委托基金服务机构代为办理基金的份额登记、核算、估值、投资顾问等事项,基金托管人可以委托基金服务机构代为办理基金的核算、估值、复核等事项,但基金管理人、基金托管人依法应当承担的责任不因委托而免除。"第一百零六条规定,律师事务所、会计师事务所可接受基金管理人、基金托管人的委托,为有关基金业务活动出具法律意见书、审计报告、内部控制评价报告等文件。

现阶段,证券投资基金治理结构基本以基金管理公司为核心。在实践中,基金管理公司无一例外地成为所发起基金的基金管理人,负责基金资产的运作,包括托管人和各服务机构的选择。与此同时,由于基金份额持有人大会又是由基金管理人召集的,所以,基金管理人和托管人的更换权实际上都掌握在基金管理公司手中。

第二节 证券投资基金运营的组织结构与公司治理

一、机构设置原则与公司组织架构

(一)相互制约和不相容职责分离原则

基金公司应对不相容的岗位、公司资产与客户资产执行严格的分离机制。研究、投资决策、交易执行、交易清算及基金核算、公募基金和专户投资等相分离。

　　为防止运作上的交叉失误以及保密信息和对不同业务区域敏感信息的泄露,公司应设立有效的隔离系统,主要业务必须相对独立运作。

(二)授权清晰原则

　　基金公司应该实行逐级授权制度,总经理的权限由董事会授予,部门经理的权限由总经理授予,部门内人员的权限由部门经理授予。公司权限的授予均需采取书面形式,重要的临时性授权也应采取书面形式。各部门在授权范围内行使相应的经营管理职能,部门和个人不得越级越权办理业务。基金经理或者专户投资经理对其所管理的投资组合的权限由相应基金或者专户的法律文件授予。

(三)适时性原则

　　基金公司制度的制定应具有前瞻性并且必须随着公司经营战略、经营方针、经营管理、组织结构的变化等内部环境的变化和国家法律法规、政策制度等外部环境的改变及时进行相应的修改和完善。

　　基金管理公司一般采取股东会、董事会、监事会的组织结构。董事会下设公司管理层,直接负责公司的具体营运。公司组织管理实行董事会领导下的总经理负责制。公司董事会可以成立专业委员会,如审计、合规和风险控制、公司战略、提名和薪酬委员会等。公司设督察长,负责公司的监察稽核工作。督察长是合规审核委员会的执行机构。公司管理层也下设专业委员会,不同公司设立情况不一,一般包括产品审批委员会、风险控制委员会、投资决策委员会、运营估值委员会等,其中投资决策委员会是必设机构。基金管理公司根据自身规模、经营模式的不同设置职能部门,一般包括投资管理、市场营销、基金运营、风险管理和后台支持五大职能部门,基金的投资则由基金经理执行。基金管理公司具体的组织结构如图3-2所示。

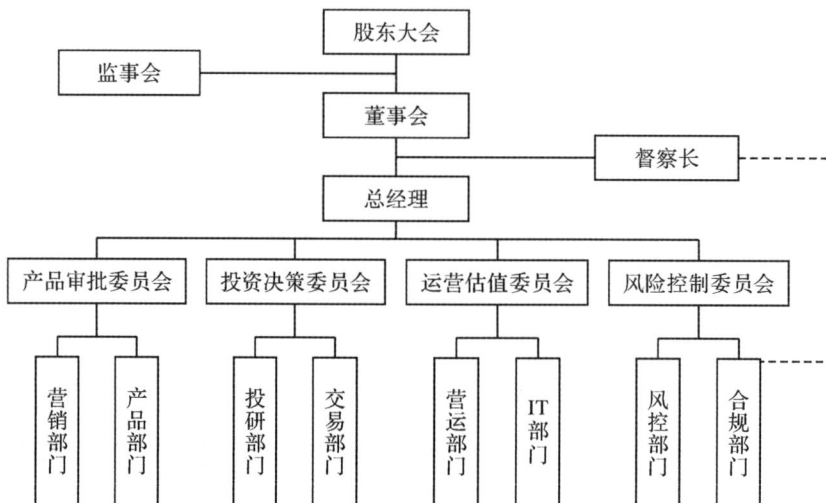

图3-2　基金管理公司的组织结构

二、基金管理公司的专业委员会

(一)产品审批委员会

　　产品审批委员会负责公司所有产品的审核、决策和监督执行。产品审批委员会由公司总经理、主管产品开发的高管、副总经理/投资总监、督察长、副总经理/运营总监、产品开发部负责人等组成。

(二)投资决策委员会

投资决策委员会是基金管理公司管理基金投资的最高决策机构,在遵守国家有关法律法规、条例的前提下,拥有对所管理基金的投资事务的最高决策权。投资决策委员会一般由基金管理公司的总经理、研究部经理、投资部经理及其他相关人员组成,督察长可列席会议。总经理为投资决策委员会主任委员,分管投资的副总经理为执行委员,会议由主任委员主持,或由主任委员授权执行委员主持。投资决策委员会的职能是:

(1)决定公司的投资决策程序及权限设置原则;

(2)决定基金的投资理念、投资原则和投资目标;

(3)决定基金的资产分配比例,制订并定期调整投资总体方案;

(4)审批基金经理提出的行业配置及超过基金净值某一比例重仓个股的投资方案;

(5)审批基金经理的年度投资计划并考核其执行情况;

(6)定期检讨并调整投资限制指标。

(三)运营估值委员会

运营估值委员会包括IT治理委员会和估值委员会。

IT治理委员会负责制定公司IT规划,一般由负责IT的高管人员、IT部门负责人、相关业务负责人、财务负责人、内部控制负责人及部分技术骨干人员组成,其中IT人员的比例应在30%以上。

估值委员会负责公司资产估值相关决策及执行,保证资产估值的公平、合理,一般由主管基金运营的副总经理、督察长、投资/研究总监、合规风控部门、基金运营部等相关人员组成。

(四)风险控制委员会

风险控制委员会是非常设议事机构,一般由副总经理、监察稽核部经理及其他相关人员组成。其负责对公司经营和管理中的所有风险,包括市场风险、信用风险、流动性风险、操作风险、法律合规风险等进行全面控制,确保公司风险控制战略与公司经营目标保持一致。风险控制委员会的工作对于基金财产的安全提供了较好的保障。它的主要职责包括:

(1)负责对公司运作的整体风险进行控制;

(2)审定公司内部控制制度并监督执行的有效性;

(3)听取基金投资运作报告和评估基金资产运作风险并做出决定;

(4)对公司运作中存在的风险问题和隐患进行研究并做出控制决策;

(5)审阅监察稽核报告及绩效与风险评估报告。

风险控制委员会下设组合风险评估小组,组合风险评估小组的职能是:基于一套数量化的风险管理系统,对基金资产进行日常性的和详细的技术性风险测量和监控,并在此基础上做进一步的分析研究,提出规避市场风险的投资策略建议。

三、基金管理公司的职能部门

(一)投资管理部门

1.投资部

投资部负责根据投资决策委员会制订的投资原则和计划进行股票选择和组合管理,向交易部下达投资指令。同时,投资部还担负投资计划反馈的职能,及时向投资决策委员会提供市场动态信息。

2.研究部

研究部是基金投资运作的支撑部门,主要从事宏观经济分析、行业发展状况分析和上市公司投资价值分析。其主要职责是通过对宏观经济、行业状况、市场行情和上市公司价值变化的详细分析和研究,向基金投资决策部门提供研究报告及投资计划建议,为投资提供决策依据;对行业内的重点上市公司进行调研,为基金经理制订和调整投资组合方案提供依据;及时完成基金经理委托的专题研究项目等。基金公司的规模不同,研究部的细分程度也不同,一般分为宏观策略部、行业和个股研究部等子部门,分别负责宏观经济、市场策略研究、行业和上市公司研究。

3.交易部

交易部是基金投资运作的具体执行部门,负责组织、制订和执行交易计划。交易部的主要职能有:执行投资部的交易指令,记录并保存每日投资交易情况;保持与各证券交易商的联系并控制相应的交易额度;负责基金交易席位的安排、交易量管理等。

(二)风险管理部门

1.监察稽核部

监察稽核部独立于公司各业务部门和各分支机构,对内部控制制度的执行情况独立地履行检查、评价、报告、建议职能,向总经理报告工作,并对董事会负责。监察稽核部负责监督检查基金和公司运作的合法、合规情况及公司内部风险控制情况,定期向董事会提交分析报告,直接对总经理负责。监察稽核部主要工作包括:基金管理稽核,财务管理稽核,业务稽核(包括研究、资产管理、综合业务等),定期或不定期执行、协调公司对外信息披露等工作。监察稽核部在规范公司运作、保护基金持有人合法权益、完善公司内部控制制度、查错防弊、堵塞漏洞方面起到了相当重要的作用。

2.风险管理部

风险管理部负责对公司运营过程中产生的或潜在的风险进行有效管理。该部门的工作主要对公司高级管理层负责,对基金投资、研究、交易、基金业务管理、基金营销、基金会计、IT 系统、人力资源、财务管理等各业务部门及运作流程中的各项环节进行监控,提供有关风险评估、测算、日常风险点检查、风险控制措施等方面的报告及针对性的建议。

(三)市场营销部门

1.市场部

市场部负责基金产品的设计、募集和客户服务及持续营销等工作。市场部的主要职能有:根据基金市场的现状和未来发展趋势以及基金公司内部状况设计基金产品,并完成相应的法律文件;负责基金营销工作,包括策划、推广、组织、实施等;对客户提出的申购、赎回要求提供服务,负责公司的形象设计以及公共关系的建立、往来与联系等。

2.机构理财部

机构理财部是基金管理公司为适应业务向受托资产管理方向发展的需要而设立的独立部门,它专门服务于提供该类型资金的机构。之所以单独设立该部门也是相关法律法规的要求,即为了更好地处理好基金与受托资产管理业务间的利益冲突问题。两块业务必须在组织上、业务上进行适当隔离。

(四)基金运营部门

基金运营部负责基金的注册与过户登记和基金会计与结算,其工作职责包括基金清算和基金会计两部分。

基金清算工作包括:开立投资者基金账户;确认基金认购、申购、赎回、转换以及非交易过户等交易类申请,完成基金份额清算;管理基金销售机构的资金交收情况,负责相关账户的资金划转,完成销售资金清算;设立并管理资金清算相关账户,负责账户的会计核算工作并保管会计记录;复核并监督基金份额清算与资金清算结果。

基金会计工作包括:记录基金资产运作过程,当日完成所发生基金投资业务的账务核算工作;核算当日基金资产净值;完成与托管银行的账务核对,复核基金净值计算结果;按日计提基金管理费和托管费;填写基金资产运作过程中产生的投资交易资金划转指令,传送至托管行;根据基金份额清算结果,填写基金赎回资金划转指令,传送至托管行;完成资金划转指令产生的基金资产资金清算凭证与托管行每日资金流量表间的核对;建立基金资产会计档案,定期装订并编号归档管理相关凭证账册。

(五)后台支持部门

1.行政管理部

行政管理部是基金公司的后勤部门,为基金公司的日常运作提供文件管理、文字秘书、劳动保障、员工聘用、人力资源培训等行政事务的后台支持。

2.信息技术部

信息技术部负责基金公司业务和管理发展所需要的电脑软、硬件的支持,确保各信息技术系统软件业务功能运转正确。

3.财务部

财务部是负责处理基金公司自身财务事务的部门,包括有关费用支付、管理费收缴、公司员工的薪酬发放、公司年度财务预算和决算等。

四、基金管理公司治理结构

(一)股东和股东会

股东是公司的所有者。根据公司法,股东享有收益分配权、表决和监督权、知情权、信息和资料查阅权。

股东会由公司全体股东组成,为公司的最高权力机构,有权决定公司的大政方针。例如:①决定公司的经营方针和投资计划;②选举和更换董事、监事,批准报酬事项;③审议批准公司的年度财务预算方案和经审计的决算方案,审议批准公司的利润分配和弥补亏损方案;④修改公司章程等。

(二)董事和董事会

1.董事

基金公司董事对基金公司合规运作负有勤勉尽责义务。

董事应当及时阅读公司的财务报告、监察稽核报告等,发现公司治理和内部控制方面的缺陷、公司存在可能损害基金份额持有人及其他资产委托人利益的行为或者违规嫌疑时,应及时提示管理层。

董事应对董事会决议承担责任。董事会决议违反法律法规或公司章程致使公司遭受损失的,参与决议的董事应对公司负赔偿责任。

目前基金公司的产品都为契约型,相关法律法规在基金公司治理结构上建立了独立董事制度。独立董事制度有两方面重要内容:一是规定独立董事的人数及在董事会的人数比例;二是在议事规则、表决机制的安排上合理发挥独立董事的作用。

根据相关法律法规,独立董事人数不得少于 3 人,且不得少于董事会人数的 1/3。董事会审议下列事项,应当经过 2/3 以上的独立董事通过:

(1)公司及基金投资运作中的重大关联交易。

(2)公司和基金审计事务,聘请或者更换会计师事务所。

(3)公司管理的基金的半年度报告和年度报告。

(4)法律、行政法规和公司章程规定的其他事项。

2.董事会

董事会是对股东负责的决策机构,其成员由股东会决定。

公司章程应该明确董事会的职权范围,制定议事规则,包括董事会会议的通知程序、议事方式、表决形式和会议程序等。对董事参与表决时的弃权次数应该予以限制。

董事会可以成立专业委员会,如审计、合规和风险控制、公司战略、提名和薪酬等委员会,作为董事会下设的非常设机构,向董事会负责并报告工作。

(三)监事和监事会

根据法律法规,基金公司可以根据实际情况设立监事会或者执行监事。监事会向股东会负责。法规要求监事会成员中应该包括职工监事,由全体员工民主选举和罢免。公司章程应该明确监事会的职权范围、人员组成,制定议事规则,包括监事会议的通知程序、议事方式、表决形式和会议程序。根据法律法规规定,基金公司监事会行使以下职权:

(1)监督、检查公司的财务状况。

(2)监督公司董事、总经理执行公司职务时是否存在违反相关法律或公司章程的行为,是否存在损害公司利益的行为。

(四)管理层与督察长制度

1.管理层

基金公司总经理对董事会负责,根据公司章程和董事会授权行使职权,领导和主持公司的管理工作,负责公司的日常经营,并由若干名副总经理等管理层成员提供协助。

公司管理层要按照法律法规要求,完善公司的内部控制制度,加强自律,严防不当关联交易和利益输送行为,保证公司的独立运作,依法合规、勤勉、审慎地行使职权,促进基金资产的高效运作,为基金份额持有人和其他资产委托人谋求最大利益,保证资产安全。

董事会监督总经理和管理层成员经营业绩情况以及执行股东会、董事会、监事会决议情况,遵守法律法规、公司章程和各项规章制度等情况,并根据评估情况和结果决定管理层人员的聘任、解聘和薪酬等条件。

2.督察长制度

督察长在履行职责时应该坚持原则、独立客观,以保护持有人利益为根本出发点,公平对待投资者。督察长应享有充分的知情权和独立的调查权。督察长有权参加或者列席公司董事会会议、经营决策会议,有权查阅、复制公司相关文件、档案,有权要求相关员工对相关事项做出说明,并向为公司提供审计、法律服务的中介机构了解情况。如果需要,督察长可以以公司的名义直接聘请外部专业机构或者人员协助工作,费用由公司承担。

公司应保证督察长工作的独立性,不得安排或者要求督察长从事基金销售、投资等与其履行职责相冲突的职务和工作。同时公司应该为合规管理提供保障,包括为合规部门配备足够的、具备履职能力的专业人员,建立合规独立性的考核方式和相应的薪酬管理制度。

董事会决定督察长的聘任、解聘和考核,决定其薪酬待遇。董事会应当建立和完善督察长考核和薪酬管理制度,应以合规运作为主要标准,促进提高公司合规管理的有效性。

第三节　证券投资基金的内部控制

一、内部控制概述

内部控制是指经济单位和各个组织在经济活动中建立的一种相互制约的业务组织形式和职责分工制度。内部控制是指一个单位为了实现其经营目标,保护资产的安全完整,保证会计信息资料的正确可靠,确保经营方针的贯彻执行,保证经营活动的经济性、效率性和效果性而在单位内部采取的自我调整、约束、规划、评价和控制的一系列方法、手续与措施的总称。证券投资基金内部控制(即基金管理公司的内部控制)主要指公司为防范和化解风险,保证经营运作符合公司的发展规划,在充分考虑内、外部环境的基础上,通过建立组织机制、运用管理方法、实施操作程序与控制措施而形成的系统。

为了加强基金管理公司内部控制,促进公司诚信、合法、有效经营,保障基金持有人利益,2002 年 12 月,中国证监会制定了《证券投资基金管理公司内部控制指导意见》,具体规定了基金管理公司内部控制的目标、原则、基本要素和主要内容,要求国内各基金管理公司结合自身的具体情况,建立科学合理、控制严密、运行高效的内部控制体系,并制定科学、完善的内部控制制度。

(一)内部控制制度组成部分

基金管理公司内部控制制度由内部控制大纲、基本管理制度、部门业务规章等部分组成。

基金管理公司内部控制大纲是对公司章程规定的内控原则的细化和展开,是各项基本管理制度的纲要和总揽,内部控制大纲应当明确内控目标、内控原则、控制环境、内控措施等内容。

基本管理制度应当至少包括风险控制制度、投资管理制度、基金会计制度、信息披露制度、监察稽核制度、信息技术管理制度、公司财务制度、资料档案管理制度、业绩评估考核制度和紧急应变制度。

部门业务规章是在基本管理制度的基础上,对各部门的主要职责、岗位设置、岗位责任、操作守则等的具体说明,通过制定具体岗位职责、工作流程等实施细则,把内部控制落实到每个岗位、每个员工和每道程序。

(二)内部控制的目标和原则

基金管理公司进行内部控制的目的首先就是保证公司经营运作严格遵守国家有关法律法规和行业监管规则,自觉形成守法经营、规范运作的经营思想和经营理念;其次要防范和化解经营风险,提高经营管理效益,确保经营业务的稳健运行和受托资产的安全完整,实现公司的持续、稳定、健康发展;最后还要确保对外公布的财务和其他信息真实、准确、完整、及时,维护公司良好的市场形象和社会形象。

公司内部控制工作应当遵循以下原则:

(1)健全性原则。内部控制应当包括公司的各项业务、各个部门或机构和各级人员,并涵盖到决策、执行、监督、反馈等各个环节。

(2)有效性原则。内部控制科学、合理、有效,公司全体职员必须竭力维护内部控制制度的有效执行,任何职员不得拥有超越制度约束的权力。

(3)独立性原则。公司各机构、部门和岗位职责应当保持相对独立,公司基金资产、自有资产、其他资产的运作应当分离。公司要设立专门的监察稽核部对内部控制工作进行监督和检查。

(4)相互制约原则。公司内部部门和岗位的设置应当权责分明、相互制衡,并通过切实可行的相互制衡措施来消除内部控制中的盲点。

(5)成本效益原则。公司运用科学化的经营管理方法降低运作成本,提高经济效益,以合理的控制成本达到最佳的内部控制效果。

(6)防火墙原则。公司基金投资、研究策划、市场开发等相关部门,应当在空间上和制度上适当分离,以达到风险防范的目的。对因业务需要知悉内幕信息的人员,应制定严格的批准程序和监管措施。

在制定内部控制制度时,基金管理公司要遵循以下原则:

(1)合法与合规性原则。公司内控制度应当符合国家法律、法规、规章和各项规定,必须把国家的法律、法规、规章和各项政策体现到内控制度中。

(2)全面性原则。内部控制制度应当涵盖公司经营管理的各个环节,并普遍适用于公司每一位职员,不得留有制度上的空白或漏洞。

(3)审慎性原则。公司内部控制的核心是风险控制,制定内部控制制度应当以审慎经营、防范和化解风险为出发点。

(4)适时性原则。内部控制制度的制定应当随着有关法律法规的调整和公司经营战略、经营方针、经营理念等内外部环境的变化进行及时的修改或完善。

二、内部控制制度基本框架

目前,在发达国家证券投资基金管理人的基金管理业务中,管理投资风险的技术和防范操作风险的制度已经共同构成了内部控制制度的基本框架。这一框架的主要内容包括内部控制的法律法规、投资风险管理制度、内部会计控制、内部管理控制和违规行为的监察和控制。

(一)内部控制的法律、法规指引

我国关于基金管理公司内部治理的法律法规主要有《中华人民共和国公司法》《中华人民共和国证券投资基金法》等一般性法规,以及《证券投资基金管理公司管理办法》《证券投资基金管理公司高级管理人员任职管理办法》《证券投资基金销售机构内部控制指导意见》《基金经理注册登记规则》等。

(二)投资风险管理制度

投资风险管理制度是投资基金运作中风险控制的核心,主要是利用风险量化技术来计算风险值,然后通过风险限额对其进行控制。

(1)风险量化技术。它通过建立风险量化模型,对投资组合数据进行返回式测试、敏感性分析和压力测试,测量投资风险,计算风险暴露值。

(2)风险限额控制。在对风险进行量化的基础上,风险控制部门对每只基金的投资风险设定最大的风险临界值,对超过投资风险限额的基金及时地提出警告,并建议基金调整投资组合,控制风险暴露。

以江岳基金为例,该公司在基金投资运作中的投资风险管理方法主要是通过定性分析和定量分析的方法去估测各种风险,从而进行投资风险管理。其从定性分析的角度,判断风险损失的严重程度和出现同类风险损失的频度。从定量分析的角度,通过特定的风险指标、模型,确定风险损失的限度,并通过相应决策,将风险控制在可承受的范围内。

(三)内部会计控制

内部会计控制是指能够保证交易的记录正确以及会计信息真实、完整、及时反映的系统与制度,主要是为了避免人为篡改或大意疏漏造成的记账不真实或定价不合理而导致的会计信息不准确。由于准确计算基金资产净值是基金会计乃至基金运作的关键,因此基金管理中的内部会计除了包括会计控制措施外,还包括合理的估值方法与科学的估值程序。

(四)内部管理控制

内部管理控制是指内部会计控制以外的所有内部控制,包括组织结构控制、操作控制和报告制度。

(1)组织结构控制指通过组织结构的合理设置,来加强部门之间的合作和制衡,充分体现职责分工、相互牵制的原则。

(2)操作控制的主要手段:一是投资限额控制,各基金都在招募说明书中公开披露其投资范围、投资策略和投资限制,据此,公司风险控制部门设定基金的投资限额。二是操作的标准化控制。主要手段有操作书面化、程序标准化、岗位职责明晰化等。三是业务隔离控制,主要是指各资产管理公司应将基金资产管理和机构投资者资产管理、个人客户保证金、自有资金等进行独立隔离运作。

(3)报告制度。在日常交易中,前、后台都必须分别编制每日交易情况的明细报告,分别向风险控制部门和上级部门报告。风险控制部门对于日常操作中发现的或认为具有潜在可能的问题应编制风险报告向上级汇报。

(五)违规行为的监察和控制

严格说来,违规行为的监察和控制属于内部管理控制的内容,然而由于其在内控制度中具有很重要的地位,我们将其单独列为一部分,它主要包括:

(1)对于操纵市场行为的实时防范。利用联网的电脑系统,在线实时监控基金的投资、交易活动,防止利用基金资产对敲作价等操纵市场的行为。

(2)股票投资限制表。为了防止基金介入内幕交易,或陷入不必要的关联交易调查,各证券投资基金管理公司内部都要有明确的股票投资限制表,所管理的基金不得购买限制表中的股票,从而避免可能的违规行为。

(3)对员工行为的监察。这是为了防止员工涉及操纵市场、偷跑获利、购买可能与基金资产存在利益冲突的证券等违规行为的出现而进行的监控。

三、内部控制的基本要素

基金管理人内部控制的基本要素包括控制环境、风险评估、控制活动、信息沟通和内部监控五个方面。

（一）控制环境

控制环境构成公司内部控制的基础，包括经营理念和内控文化、公司治理结构、组织结构、员工道德素质等内容。

基金管理人应当依据自身经营特点设立顺序递进、权责统一、严密有效内控防线：

（1）各岗位职责明确，有详细的岗位说明书和业务流程，各岗位人员在上岗前均应知悉并以书面方式承诺遵守，在授权范围内承担责任。

（2）建立重要业务处理凭据传递和信息沟通制度，相关部门和岗位之间相互监督制衡。

（3）公司督察长和内部监察稽核部门独立于其他部门，对内部控制制度的执行情况实行严格检查和反馈。

（二）风险评估

基金管理人应当建立科学严密的风险评估体系，对公司内外部风险进行识别、评估和分析，及时防范和化解风险。基金管理人风险评估系统可以对基金运作情况发出预警和报警信号；独立的风险业绩评估小组对基金管理中的风险指标提供每日、每周及月度评估报告，作为决策参考依据。基金管理人应大力运用现代信息科技，促进风险管理的数量化和自动化。

（三）控制活动

基金管理人可以通过授权控制来控制业务活动的运作。授权控制应当贯穿于公司经营活动的始终。

公司应当建立完善的资产分离制度，基金资产与公司资产、不同基金的资产和其他委托资产要实行独立运作，分别核算。公司应当建立科学、严格的岗位分离制度，明确划分各岗位职责，投资和交易、交易和清算、基金会计和公司会计等重要岗位不得有人员的重叠，实行重要业务部门和岗位应当进行物理隔离。

此外，公司应当制订切实有效的应急应变措施，建立危机处理机制和程序，其中，包括信息泄密、交易程序故障等紧急事件发生后的应变措施。

（四）信息沟通

基金管理人应当维护信息沟通渠道的畅通，建立清晰的报告系统。公司管理层有责任保证所有员工得到充分、最新的公司规章制度以及应该得知的信息。公司应定期与员工沟通，以保证他们及时知悉公司的战略方向、经营方针、近期和长期目标等。在公司管理和基金运作中各部门应保持各自独立向管理层的报告渠道。

（五）内部监控

基金管理人应当建立有效的内部监控制度，设置督察长和独立的监察稽核部门，对公司内部控制制度的执行情况进行持续的监督，保证内部控制制度的落实。公司应当定期评价内部控制的有效性，根据市场环境、新的金融工具、新的技术应用和新的法律法规等情况，适时改进。

四、内部控制的主要内容

基金管理公司内部控制的主要内容包括投资管理业务控制、信息披露控制、会计系统控制、信息技术系统控制以及监察稽核控制五个部分。

（一）投资管理业务控制

投资管理业务控制主要包括研究业务、投资决策业务、交易业务三方面的内容。

（1）研究业务控制的主要内容：研究工作应保持独立、客观；建立严密的研究工作业务流程，形成科学、有效的研究方法，建立投资对象备选库制度，研究部门根据基金契约要求，在充分研究的基础上建立和维护备选库；建立研究与投资的业务交流制度，保持通畅的交流渠道；建立研究报告质量评价体系。

（2）投资决策业务控制的主要内容：投资决策应当严格遵守法律法规的有关规定，符合基金契约所规定的投资目标、投资范围、投资策略、投资组合和投资限制等要求；健全投资决策授权制度，明确界定投资权限，严格遵守投资限制，防止越权决策；投资决策应当有充分的投资依据，重要投资要有详细的研究报告和风险分析支持，并有决策记录，建立投资风险评估与管理制度，在设定的风险权限额度内进行投资决策；建立科学的投资管理业绩评价体系，包括投资组合情况、是否符合基金产品特征和决策程序、基金绩效归属分析等内容。

（3）交易业务控制的主要内容：基金交易应实行集中交易制度，基金经理不得直接向交易员下达投资指令或者直接进行交易；公司应当建立交易监测系统、预警系统和交易反馈系统，完善相关的安全设施；投资指令应当进行审核，确认其合法、合规与完整后方可执行，如出现指令违法违规或者其他异常情况，应当及时报告相应部门与人员；公司应当执行公平的交易分配制度，确保不同投资者的利益能够得到公平对待；建立完善的交易记录制度，每日投资组合列表等应当及时核对并存档保管；建立科学的交易绩效评价体系。

（二）信息披露控制

投资基金的信息披露是指基金管理人必须按有关规定，定期或不定期地公布基金的经营情况、投资组合以及各类财务报表等资料，以便提示基金的投资风险，引导投资者做出相应的决策，同时也能使监管当局更好地实施基金监管。信息披露可能对证券市场价格和投资者行为产生重大影响，加强基金管理人信息披露的控制，是保障证券市场公开、公平和公正三原则的重要支持。信息披露的原则体现在内容和形式两方面。信息披露内容应遵循真实性、准确性、及时性、完整性和公平性的原则；信息披露的形式应遵循规范性、易解性和易得性的原则。

（三）会计系统控制

基金管理公司的财务核算必须独立于基金会计核算系统。对所管理的基金，核算机制必须以基金为会计核算主体，单独建账、独立核算，不同基金在名册登记、账户设置、资金划拨、账簿记录等方面相互独立。公司必须依据会计法、会计准则等有关法律、法规制定公司的财务会计制度、操作流程和岗位工作手册，针对各个风险控制点建立严密的控制系统，建立严格的成本控制和业绩考核制度，强化会计的事前、事中和事后监督；制定完善的会计档案保管和财务交接制度，财会部门必须妥善保管密押、业务用章、空白支票等重要凭据和会计档案，严格实行会计资料的调阅手续，防止会计数据的损毁、散失和泄密。此外，基金管理公司必须按照有关法规所规定的要求，采取合理的估值方法和科学的估值程序，公允地反映基金在估值时点的净值。

（四）信息技术系统控制

基金管理公司应遵循安全性、实用性、可操作性原则，在内部建立完整的信息管理体系。

(五)监察稽核控制

基金管理公司监察稽核控制主要由监察稽核部门来执行。公司应保证监察稽核部门的独立性和权威性。基金管理人应当设立督察长,对董事会负责,经董事会聘任报证券监督管理机构核准。根据公司监察稽核工作的需要和董事会授权,督察长可以列席公司相关会议,调阅公司相关档案,就内部控制制度的执行情况独立地履行检查、评价、报告、建议职能。

基金管理人应当强化内部检查制度,通过定期或不定期检查内部控制制度的执行情况,确保公司各项经营管理活动的有效运行。基金管理人董事会和管理层应当重视和支持监察稽核工作,对违反法律、法规和公司内部控制制度的,应当追究有关部门和人员的责任。

本章小结

证券投资基金参与者主要包括基金当事人、基金市场服务机构和基金监管机构与自律组织。基金投资者、基金管理人与基金托管人是基金的当事人。基金市场上的各类中介服务机构通过自己的专业服务参与基金市场,监管机构则对基金市场上的各种参与主体实施全面监管。各参与者之间的关系是一种既相互合作,又相互制衡的关系。基金份额持有人与基金管理人之间是所有者和经营者之间的关系,也是委托人、受益人与受托人之间的关系。基金管理人与基金托管人之间是经营和监管的关系,也是委托人与受托人之间的关系。基金份额持有人与基金托管人之间的关系是受益人和受托人之间的关系。基金管理人、托管人,以及基金各服务机构都受到证监会与基金业协会监管,是监督与被监督的关系。

基金投资管理是证券投资基金运营的核心业务,其投资管理的主体是基金管理人。基金管理公司的组织结构一般包括产品审批委员会、投资决策委员会、运营估值委员会和风险控制委员会四个专业委员会。基金管理公司根据自身规模、经营模式的不同设置职能部门,一般包括投资管理、市场营销、基金运营、风险管理和后台支持五大职能部门。

证券投资基金内部控制主要指基金管理公司的内部控制。内部控制的主要内容包括投资管理业务控制、信息披露控制、会计系统控制、信息技术系统控制以及监察稽核控制五个部分。

思考与练习

1. 论述证券投资基金的参与者及其相互关系。

2. 简述基金管理公司的组织结构,并与一般的公司进行比较。

3. 什么是内部控制? 为什么在基金管理中要进行内部控制?

4. 简述证券投资基金内控制度的基本框架。

第二篇　证券投资基金的设立、交易与会计核算

第四章　证券投资基金的募集、设立与交易

本章提要

本章介绍证券投资基金的募集设立、交易环节和流程程序等内容。第一节介绍投资基金的募集设立过程中的基金募集程序、基金合同、招募说明书、基金的认购;第二节介绍交易开放式基金与封闭式基金的交易;第三节介绍基金的注册登记与过户清算。

第一节　基金的募集与设立

一、基金募集

基金的募集与设立是基金运作的第一步,基金募集是指基金管理公司根据有关规定向中国证监会提交募集申请文件、发售基金份额、募集基金的行为。世界上各个国家和地区对基金的发起设立都有一定的资格要求和限制,只有符合一定资格条件的法人才能作为发起人,向监管当局申请设立基金。不同的国家和地区对发起人的要求也不一样。如在英国,由于基金发展历史较长、法规完善、行业自律组织比较发达,因此对发起人的要求相对宽松,只要求发起人是基金行业协会的会员。目前,我国公募基金的募集设立采取注册制。

(一)基金发起人

基金发起人是指为设立基金采取必要的行为和措施,完成发起、募集和设立基金的法定程序的机构。发起人在发起设立基金过程中的行为称为"发起行为",其职责包括起草设立报告、设计基金的具体方案、拟订基金合同等有关文件,还要为基金的募集和设立承担法律责任。

1998—2002 年,在我国早期封闭式基金发展的历史时期,我国基金普遍采取发起设立方式,并以基金管理公司和基金管理公司的关联单位,如基金管理公司的股东等作为发起人,要求基金发起人有义务必须认购和持有一定的封闭式基金单位。2003 年以后,在开放式基金时期,基金设立取消了基金发起人的概念,在资金募集成立之前的工作,均由基金管理人承担,也即实际上的基金发起人。基金管理人并不必须在基金初次募集时认购基金份额。2012 年 6 月,随着证券投资基金法的修订,中国证监会对其重要配套政策《证券投资基金运作管理办法》

进行了修改,其中一项重要的新增规定是:允许基金管理公司的股东、公司高级管理人员或基金经理等在基金募集时认购基金份额,并将上述关联人认购基金规模、承诺持有期限等作为基金成立的条件之一,这实际上恢复了基金发起人的说法。2014年出台的《公开募集证券投资基金运作管理办法》中将使用公司股东资金、公司固有资金、公司高级管理人员或者基金经理等人员资金认购,且金额不少于1000万元人民币,持有期限不少于3年的基金称为发起式基金。

(二)基金募集的程序

基金募集一般要经过基金募集的申请、基金募集的注册、基金份额的发售、基金合同的生效四个步骤。

1.基金募集的申请

申请募集基金,拟任基金管理人、基金托管人应当具备一定条件,《公开募集证券投资基金运作管理办法》的规定主要包括:

(1)拟任基金管理人为依法设立的基金管理公司或者经中国证监会核准的其他机构,拟任基金托管人为具有基金托管资格的商业银行或经中国证监会核准的其他金融机构。

(2)有符合中国证监会规定的、与管理和托管拟募集基金相适应的基金经理等业务人员。

(3)最近一年内没有因重大违法违规行为、重大失信行为受到行政处罚或者刑事处罚。

(4)没有因违法违规行为、失信行为正在被监管机构立案调查、司法机关立案侦查,或者正处于整改期间。

(5)最近一年内向中国证监会提交的注册基金申请材料不存在虚假记载、误导性陈述或者重大遗漏。

(6)不存在对基金运作已经造成或可能造成不良影响的重大变更事项,或者诉讼、仲裁等其他重大事项。

(7)不存在治理结构不健全、经营管理混乱、内部控制和风险管理制度无法得到有效执行、财务状况恶化等重大经营风险。

(8)中国证监会根据审慎监管原则规定的其他条件。

我国基金管理人进行基金的募集,必须依据证券投资基金法的有关规定,向中国证监会提交相关文件。申请募集基金应提交的主要文件包括:基金募集申请报告、基金合同草案、基金托管协议草案、招募说明书草案、律师事务所出具的法律意见书、中国证监会规定提交的其他文件等。其中,基金合同草案、基金托管协议草案、招募说明书草案等文件是基金管理人向中国证监会提交设立基金的申请注册文本,还未正式生效,因此被称为草案。对于复杂或者创新产品,中国证监会将根据基金的特征与风险,要求基金管理人补充递交证券交易所和证券登记结算机构的授权函、投资者适当性安排、技术准备情况和主要业务环节的制度安排等文件。

2.基金募集的注册

根据证券投资基金法的要求,中国证监会应当自受理基金募集申请之日起6个月内做出注册或者不予注册的决定。

中国证监会在基金注册审查过程中,可以委托基金业协会进行初步审查并就基金信息披露文件合规性提出意见,或者组织专家评审会对创新基金募集申请进行评审,也可就特定基金的投资管理、销售安排、交易结算、登记托管及技术系统准备情况等征求证券交易所、证券登记结算机构等的意见,供注册审查时参考。基金募集申请经中国证监会注册后方可发售基金份额。

3. 基金份额的发售

基金管理人应当自收到核准文件之日起 6 个月内进行基金份额的发售。超过 6 个月开始募集，原核准的事项未发生实质性变化的，应当报国务院证券监督管理机构备案；发生实质性变化的，应当向国务院证券监督管理机构重新提交注册申请。基金的募集不得超过中国证监会核准的基金募集期限。基金的募集期限自基金份额发售之日起计算，募集期限一般不得超过 3 个月。

基金份额的发售，由基金管理人负责办理。基金管理人应当在基金份额发售的 3 日前公布招募说明书、基金合同及其他有关文件。

4. 基金合同的生效

(1)基金合同生效的条件。

基金募集期限届满，封闭式基金需满足募集的基金份额总额达到核准规模的 80% 以上，并且基金份额持有人人数达到 200 人以上；开放式基金需满足募集份额总额不少于 2 亿份，基金募集金额不少于 2 亿元人民币，基金份额持有人的人数不少于 200 人。基金管理人应当自募集期限届满之日起 10 日内聘请法定验资机构验资，自收到验资报告之日起 10 日内，向中国证监会提交备案申请和验资报告，办理基金备案手续。

中国证监会自收到基金管理人验资报告和基金备案材料之日起 3 个工作日内予以书面确认；自中国证监会书面确认之日起，基金备案手续办理完毕，基金合同生效。基金管理人应当在收到中国证监会确认文件的次日予以公告。

发起式基金的基金合同生效不受上述条件的限制。发起式基金的基金管理人在募集基金时，使用公司股东资金、公司固有资金、公司高级管理人员或者基金经理等人员资金认购基金的金额不少于 1000 万元人民币，且持有期限不少于 3 年。发起式基金的基金合同生效 3 年后，若基金资产净值低于 2 亿元，基金合同自动终止。发起资金的持有期限自该基金公开发售之日或者合同生效之日孰晚日起计算。

(2)基金募集失败的责任。

基金募集期限届满，基金不满足有关募集要求的，基金募集失败，基金管理人应承担下列责任：①以其固有财产承担因募集行为而产生的债务和费用；②在基金募集期限届满后 30 日内返还投资者已交纳的款项，并加计银行同期存款利息。

二、募集申请文件

(一)基金合同

基金合同是指基金管理人、基金托管人为设立投资基金而订立的用以明确基金当事人各方权利和义务关系的书面文件。管理人对基金财产具有经营管理权，托管人对基金财产具有保管权，投资人则对基金运营收益享有收益权。

基金合同不但规范了管理人与托管人的行为准则，还规范了基金其他利益当事人如基金持有人、律师、会计师等的地位和责任。同时，基金合同也为制定投资基金其他有关文件提供了依据，包括招募说明书、基金募集方案及发行计划等。基金合同是基金正常运作的基础性文件，基金合同对投资基金的经营活动规范化有着重要的意义，主要体现在以下两个方面：

(1)确立了各当事人的权利和义务，有利于保护投资者的利益。

(2)有利于加强基金管理人和基金托管人的自律性监管和相互监督。因为基金合同是经过法律程序订立的，它通常是在基金正式成立时，基金管理人与基金托管人签订并经过公证的协议,要报主管机关批准。因此,基金合同构成了投资基金各当事人合作的基础,对基金管理机构与基金托管机构的行为具有约束力,是基金管理机构与基金托管机构加强自身管理和互相监督的准则。

基金合同作为基金正常运作的基本文件,内容非常广泛,囊括了基金从设立、运作到终止的全过程中当事人的行为、权利和义务。具体来说,它应该载明以下主要内容。

1. 基金概况

(1)基金名称、类型和注册地。

(2)基金发行概况。其包括发起人的名称、地址、法人代表,发行日期及期限,发行规模与方式,存续时间,逾期未募足款项的处理办法等。

(3)基金的上市安排或赎回安排。封闭型基金应在发行期满三个月后安排上市,开放型基金应在初次发行期满后允许投资者赎回或申购(可以有一个短暂的封闭期)。因此应载明拟申请上市的地点。

(4)基金有关费用的规定。其包括首次认购费、年管理费率、年托管费率、申购费、赎回费的计算标准及方法等。

(5)基金收益分配的方式、方法。

(6)基金单位的估值方法和基金单位净值的计算方法。

2. 有关当事人的权利与义务

(1)基金管理人、托管人、投资顾问、律师、会计师、审计师的名称、地址、法人代表等。

(2)基金管理人、托管人的职责、权利以及退任的条件。

(3)投资者的权利与义务。

3. 基金的运作方式

(1)投资目标。投资目标通常有三种:一是追求资产的长期增值;二是追求比较稳定的收益;三是同时追求资产增值及稳定收益。不同的投资目标伴随着不同的风险,因此投资目标的不同实际上意味着该基金对收益及风险的态度。

(2)投资范围。投资范围包括投资区域和投资对象。投资对象主要包括上市公司的股票、政府公债、地方政府债、公司债、认股权证、可转换债券、货币市场工具、期货、期权等。

(3)投资政策。投资政策是根据投资目标与投资范围而采取的投资策略。投资政策主要体现在投资组合的选择和资产分散化程度上。投资组合的选择必须要在投资范围内体现投资目标,如投资目标是追求长期资产增值,而投资范围是股票、债券的话,则投资组合中的股票比例应比较大,且应多投资于升值潜力较大的小型公司股票、高科技股票等。

(4)投资限制。基金合同应载明投资限制,应该在不违反有关法规规定的前提下,根据基金的具体投资目标、投资范围、投资政策而制订出更明确、具体的限制措施。

4. 基金的变更、终止与清盘

基金的变更、终止与清盘属于基金的重大事项,须经基金持有人大会通过并经主管机关核准。

(1)基金的变更。基金的变更主要包括基金的运作方式的改变,投资范围的改变,停业与复业,解散与合并,更换托管人或管理人,改变基金份额的认购办法、交易方式及净资产值的计算方法等。

（2）基金的提前终止。基金的提前终止通常出现在以下情况发生时：①由于现行法规的变更或新法规的实施使基金不能继续合法存在或运行时；②管理人、托管人因故退任或撤换，而在6个月内无新的管理人、托管人继任时；③管理人、托管人无法履行其职责（如破产）时；④因不可抗力使本基金不能正常运作达2～4个月时；⑤持有人大会中，占基金份额总数75％以上的基金持有人通过提前结业决议时。

（3）基金的清盘。封闭式基金提前终止或期限届满而未获延长时将进行清盘，开放式基金在出现管理人、托管人因解散、破产、撤销等情形而在6个月内无继承人时，或者持有人大会通过决定的情况下，可以清盘。

清盘时管理人、托管人须聘请公众会计师事务机构和公证法律机构进行基金的清产核资和公证，并将基金结存或剩余资产在扣除清算费用后按各受益人持有份额比例退还给受益人。最后，应载明信托合同制定的法律依据、争议的解决程序与方式、合同修改或增补及终止的有关规定。

（二）招募说明书

招募说明书是基金的自我介绍文件，目的在于提供基金详情，以便投资者做出是否选择投资该基金的决策。一般基金合同制订的依据是该国或地区的有关投资基金的法律、法规，招募说明书制订的依据则是基金合同。基金合同是基金管理人、托管人与投资人之间签订的负有法律责任的纲领性文件，因此措辞严谨，有关条款是原则性的。而招募说明书是写给投资大众看的，所以措辞通俗，有关条款详细、具体。由于招募说明书的重要条款均来源于基金合同，因此本部分着重于介绍招募说明书的制订与基金合同有关条款的不同之处。

1.基金概况

招募说明书关于基金的概况应在基金合同的基础上更详细、更具体。如发行时间的规定，在合同上只能规定出一个大概的时限，而说明书中则必须具体到日期；基金合同关于首次认购费会有一个明确的比例规定，但招募说明书可以根据基金发行时的实际情况而更具体地制订认购费率以及优惠条件等。

招募说明书必须说明该基金设立及发行的依据和经有关部门批准的文件号，而基金合同制订时，该基金还没有获得监管部门的核准。

招募说明书中必须将该基金的风险提示给投资者。说明书中应该做出类似于如下的声明：虽然基金管理人将尽量分散投资风险，但因受证券市场涨跌及其他因素的影响，本基金投资目的是否一定达到是无法保证的（各国法律均严禁基金管理人在招募说明书承诺或暗示其管理的基金能达到某一收益率，以免误导投资者）。

案例4-1　基金风险提示——华夏大盘精选基金招募说明书（节选）

（一）投资于本基金的主要风险

1.市场风险

证券市场价格因受各种因素的影响而引起的波动，将对本基金财产产生潜在风险，主要包括以下内容：

（1）政策风险。货币政策、财政政策、产业政策等国家政策的变化对证券市场产生一定的影响，导致市场价格波动，影响基金收益而产生风险。

（2）经济周期风险。证券市场是国民经济的晴雨表，而经济运行具有周期性的特点。宏观经济运行状况将对证券市场的收益水平产生影响，从而产生风险。

(3)利率风险。金融市场利率波动会导致股票市场及债券市场的价格和收益率变动,同时直接影响企业的融资成本和利润水平。基金投资于股票和债券,收益水平会受到利率变化的影响。

(4)上市公司经营风险。上市公司的运营状况受多种因素影响,如市场、技术、竞争、管理、财务等都会导致公司盈利发生变化,从而导致基金投资收益变化。

(5)购买力风险。本基金投资的目的是使基金资产保值增值,如果发生通货膨胀,基金投资于证券所获得的收益可能会被通货膨胀抵消,从而影响基金资产的保值增值。

2.信用风险

信用风险指基金在交易过程发生交收违约,或者基金所投资债券之发行人出现违约、拒绝支付到期本息,导致基金财产损失。

3.流动性风险

流动性风险指基金资产不能迅速转变成现金,或者不能应付可能出现的投资者大额赎回的风险。在开放式基金交易过程中,可能会发生巨额赎回的情形。巨额赎回可能会产生基金仓位调整的困难,导致流动性风险,甚至影响基金份额净值。

4.管理风险

管理风险指在基金管理运作过程中,可能因基金管理人对经济形势和证券市场等判断有误、获取的信息不全等影响基金的收益水平。基金管理人和基金托管人的管理水平、管理手段和管理技术等对基金收益水平存在影响。

5.操作或技术风险

操作或技术风险指相关当事人在业务各环节操作过程中,因内部控制存在缺陷或者人为因素造成操作失误或违反操作规程等引致的风险,例如,越权违规交易、会计部门欺诈、交易错误、IT 系统故障等风险。

在开放式基金的各种交易行为或者后台运作中,可能因为技术系统的故障或者差错而影响交易的正常进行或者导致投资者的利益受到影响。这种技术风险可能会来自基金管理公司、注册登记机构、销售机构、证券交易所、证券登记结算机构等。

6.合规性风险

合规性风险指基金管理或运作过程中,违反国家法律、法规的规定,或者基金投资违反法规或基金合同有关规定的风险。

7.其他风险

战争、自然灾害等不可抗力因素的出现,将会严重影响证券市场的运行,可能导致基金资产的损失。

金融市场危机、行业竞争、代理商违约、托管行违约等超出基金管理人自身直接控制能力之外的风险,可能导致基金或基金持有人利益受损。

(二)声明

(1)本基金未经任何一级政府、机构及部门担保。投资人自愿投资于本基金,须自行承担投资风险。

(2)除基金管理人直接办理本基金的销售外,本基金还通过本招募说明书"五、相关服务机构"中所列代销机构代理销售,但是,基金并不是代销机构的存款或负债,也没有经代销机构担保或者背书,代销机构并不能保证其收益或本金安全。

2.有关当事人的权利与义务

除了基金合同所载明的有关当事人的权利与义务外,在招募说明书中必须较详细地介绍管理人、托管人的股东、董事及监事的有关情况,还必须对管理人从事投资基金业的经历做出简要描述。

3.基金的运作方式

招募说明书是基金经营的行动纲领,因此应在基金合同的原则性规定的基础上,更详细地说明证券投资组合的确定与调整依据以及资产分散化的程度,并应对证券市场做简单的回顾与展望。

4.基金的变更、终止与清盘

上述条款的有关规定必须与基金合同相符。

5.基金合同条款

最后应该说明招募说明书所依据的基金合同是依据什么法律、由哪些法人订立的,其主要内容是什么,基金份额持有人到何处查阅或购买基金合同副本。

第二节　基金的交易

基金交易是以基金为买卖对象,自我承担风险收益而进行的流通转让活动,其中买入包括认购、申购、定投等形式,卖出包括赎回、清算等。

根据基金单位是否可增加或赎回,基金可分为开放式基金和封闭式基金。开放式基金不上市交易,通过银行、券商、基金公司申购和赎回,基金规模不固定;封闭式基金有固定的存续期,一般在证券交易场所上市交易,投资者通过二级市场买卖基金单位。

一、开放式基金交易

开放式基金报价一般有两种方法。一种是只有一个价格,即基金的单位资产净值。基金公司在投资者申购基金单位时另外收取申购费用,在投资者赎回时扣除赎回费。我国目前开放式基金的申购赎回中采用的是这种定价方式。

第二种是报两种价格,即基金的卖出价和买入价。卖出价是基金管理公司卖出基金单位的价格,就是投资者的买入(申购)价。买入价是基金管理公司买入基金单位的价格,就是投资者的赎回价。

$$卖出价(申购价)＝基金单位资产净值＋申购费$$
$$买入价(赎回价)＝基金单位资产净值－赎回费$$

无论哪一种报价,销售机构都要收取佣金。这里佣金是指投资者申购基金产生的费用。赎回费不属于佣金概念,是对投资者较早退出投资的一种惩罚。佣金在投资者申购基金单位时收取,称为"前收费",在投资者赎回时收取,称为"后收费"。目前国内基金采取前收费或后收费,只能收取一次。

(一)账户开立

1.基金账户的开立

基金账户是基金注册登记人为基金投资者开立的用于记录其持有的基金份额、余额和变动情况的账户。投资者进行开放式基金的认购,必须拥有基金注册登记人为投资者开立的基金账户。基金账户可通过基金代理销售机构办理。

目前,我国开放式基金主要通过基金管理公司的直销中心(包括基金管理公司的网上交易平台)、商业银行以及证券公司等三个渠道进行销售,另外还有投资咨询公司和专业的基金销售机构(它们一般被称为基金第三方代销机构)。基金投资者主要分为个人投资者和机构投资者。基金账户的开户手续会因投资者身份以及认购地点的不同而有所不同,见表 4 - 1。

表 4 - 1　基金账号的开立

投资者身份	申请开立基金账户需提供的资料
个人投资者	本人法定身份证件(身份证、军官证、士兵证、武警证、护照等)
	委托他人代为开户的,代办人须携带授权委托书、代办人的有效身份证件
	在基金代销银行或证券公司开设的资金账户
	开户申请表
机构投资者 (需指定经办人办理)	法人营业执照副本或民政部门、其他主管部门颁发的注册登记证书原件及复印件(加盖机构公章)
	加盖机构公章、法定代表人私章的对基金业务经办人的授权委托书
	机构代码证
	经办人身份证件
	开户申请表
	银行或证券公司资金账户
	预留印鉴

2.资金账户的开立

资金账户是投资者在代销银行、证券公司开立的用于基金业务的结算账户,投资者认购、申购、赎回基金份额以及分红、无效认(申)购的资金退款等资金结算均通过该账户进行。

(二)认购、申购与赎回

开放式基金的基金合同生效后,可有一段短暂的封闭期。根据《公开募集证券投资基金运作管理办法》规定,开放式基金合同生效后,可以在基金合同和招募说明书规定的期限内不办理赎回,但该期限最长不超过 3 个月。封闭期结束后,开放式基金将进入日常申购、赎回期。基金管理人应当在每个工作日办理基金份额的申购、赎回业务。基金合同另有约定的,按照其约定。投资者在开放式基金合同生效后,申请购买基金份额的行为通常被称为基金的申购。

基金认购与基金申购略有不同,一般区别在于:

(1)认购费一般低于申购费,在基金募集期内认购基金份额,一般会享受到一定的费率优惠。

(2)认购是按每只 1 元进行,而申购通常是按未知价确认。

(3)认购份额要在基金合同生效时确认,并且有封闭期;而申购份额通常在 T+2 日之内确认,确认后的下一工作日就可以赎回。

个人投资者办理开放式基金认购/申购申请时,需在资金账户中存入足够的现金,填写基金认购/申购申请表进行基金的购买。个人投资者除可亲自到基金销售网点购买基金外,还可以通过电话、网上交易、传真等方式提交申请。机构投资者办理开放式基金认购/申购申请时,需先在资金账户中存入足够的现金,填写加盖机构公章和法定代表人章的购买申请表进行基金的认购/申购。

投资者 T 日提交购买申请后,一般可于 T+2 日后到办理认购的网点查询申请的受理情况。投资者在提交购买申请后,应及时到原认购网点打印购买成交确认情况和购买的基金份额。销售网点(包括代销网点和直销网点)对认购/申购申请的受理并不表示对购买申请的成功确认,而仅代表销售网点确实接受了申请,申请的成功确认应以基金注册登记人的确认登记为准。对认购来说,基金成立后,基金注册登记人将向基金投资者邮寄基金认购确认单。认购申请被确认无效的,认购资金将会退还给投资者。对申购来说,基金注册登记人将向投资者出具申购确认单据,若未能申购成功,资金将退还投资者。

赎回是指投资者把手中持有的基金份额,按规定的价格卖给基金管理人并收回现金的过程,是与申购相对应的反向操作过程。

(三)开放式基金申购与赎回的原则、场所及时间

开放式基金申购与赎回的原则、场所及时间如表 4-2 所示。

表 4-2 开放式基金申购与赎回的原则、场所及时间

申购与赎回	相关内容
原则	(1)股票基金、债券基金的申购和赎回原则 ①未知价交易原则:投资者在申购和赎回股票基金、债券基金时并不能即时获知买卖的成交价格 ②金额申购、份额赎回原则:股票基金、债券基金申购以金额申请,赎回以份额申请 (2)货币市场基金的申购和赎回原则 ①确定价原则:货币市场基金申购和赎回基金份额价格以 1 元人民币为基准进行计算 ②金额申购、份额赎回原则:货币市场基金申购以金额申请,赎回以份额申请
场所	(1)可通过基金管理人的直销中心与基金销售代理网点进行 (2)可通过基金管理人或其指定的基金销售代理人以电话、传真或互联网等形式进行申购和赎回
时间	(1)基金管理人应在申购和赎回开放日前 3 个工作日在至少一种中国证监会指定的媒体上刊登公告 (2)申购和赎回的工作日为证券交易所交易日,具体业务办理时间为上海证券交易所、深圳证券交易所的交易时间。目前,上海证券交易所、深圳证券交易所的交易时间为 9:30—11:30 和 13:00—15:00

（四）认购份额、申购份额与赎回金额的计算

1. 当前国内基金认购和申购份额的计算

$$净申购金额＝申购金额÷（1＋申购费率）$$
$$申购费用＝申购金额－净申购金额＝申购金额×申购费率÷（1＋申购费率）$$
$$申购份数＝净申购金额÷T日基金份额净值$$

申购费用以人民币元为单位，采用四舍五入法，保留小数点后两位；基金单位净值以人民币元为单位，四舍五入保留小数点后四位；申购份数四舍五入保留小数点后两位，产生的误差通常计入基金资产。

2. 赎回金额的计算

基金持有人赎回基金单位时，采用未知价法，先以份额赎回，然后换算成金额。基金的赎回支付金额等于赎回金额减去赎回费用，计算公式如下：

$$赎回金额＝赎回份数×T日基金份额净值$$
$$赎回费用＝赎回金额×赎回费率$$
$$赎回支付金额＝赎回金额－赎回费用$$

赎回费用与赎回支付金额以人民币元为单位，四舍五入保留小数点后两位。

（五）基金开放日和申购赎回的限制条件

开放式基金的开放日，是指基金对外接受投资者申购赎回的日期。每月较多的开放日代表较高的交易频率，可以减少套利可能，并增加开放式基金的流动性，有利于促进基金对投资者的服务，对投资者较为有利。而每月较少的开放日代表较低的交易频率，在技术上延长了投资者赎回的时间间隔，有利于基金管理人更好地管理流动性，同时可以减少交易成本。目前我国开放式基金在募集成立后，可经过一段时间的建仓期（不超过三个月），在建仓期内可以不接受申购和赎回（因此建仓期也被称为闭锁期）。此后基金进行正常开放，每个证券交易日均为基金的开放日。

1. 基金认购限制

在基金募集时，基金管理公司可以在两方面对认购做出限制：

（1）基金总规模限制。总规模限制可以分为上限与下限。上限为基金的设计规模，如我国2001年开放式基金发展早期，华安创新基金首发募集上限为50亿份、南方稳健成长基金的募集上限为80亿份等。根据《公开募集证券投资基金运作管理办法》，基金募集期限届满，且基金募集份额总额不少于2亿份，募集金额不少于2亿元人民币，基金份额持有人的人数不少于200人的，基金管理人应当按照规定办理验资和基金备案手续。

（2）单户认购额度限制。单户认购额度限制也分为上限与下限。基金管理公司会对首次募集基金规定单户申购上限，同时要求：若最后一天的认购份额加上此前的认购份额超过募集总规模上限时，则只能按规定进行公平分摊（即比例认购）或最后一次认购申请做无效处理。对最低认购额的规定，各基金管理公司可以自行规定，如1000元或者其他。

2. 基金申购限制

（1）对最低申购金额的限制。目前的规定一般是投资者每次最低申购金额为100元或者1000元，各基金公司的不同基金的规定不同。

（2）对账户保留份额的限制。要求基金持有人在申请赎回时，至少保留1000份的基金单位或其他，不足最低账户保留份额的，基金公司有权要求投资人全部赎回该品种的基金单位余额。

（3）对基金规模下限的限制。我国《公开募集证券投资基金运作管理办法》规定：基金合同生效后，连续 20 个工作日出现基金份额持有人数量不满 200 人或者基金资产净值低于 5000 万元情形的，基金管理人应当在定期报告中予以披露；连续 60 个工作日出现前述情形的，基金管理人应当向中国证监会报告并提出解决方案，如转换运作方式、与其他基金合并或者终止基金合同等，并召开基金份额持有人大会进行表决。

（4）对基金规模上限的限制。当基金规模达到基金管理公司预先设定的上限时，就只能赎回，不能申购。如上投摩根基金管理公司在 2007 年对旗下股票型基金资产规模上限定为 150 亿元，当投资者申购时的基金规模达到此上限时，基金就暂时封闭了，不再接受投资者的申购。

另外，单一投资者持有基金总额达到一定数量时，或者单笔基金的申购规模过大，也会受到申购限制。这在货币市场基金和短债基金中常常会出现类似限制。

3. 基金赎回限制

开放式基金的其他限制包括对赎回指令的更改时间限制、计算方式的限制和委托方式的限制。

二、封闭式基金交易

（一）上市交易条件

申请封闭式基金份额上市交易，应当经由基金管理人向证券交易所提出申请，证券交易所依法审核同意的，双方应当签订上市协议。

封闭式基金份额上市交易，应当符合下列条件：

（1）基金的募集符合《中华人民共和国证券投资基金法》的规定。

（2）基金合同期限为 5 年以上。

（3）基金募集金额不低于 2 亿元人民币。

（4）基金份额持有人不少于 1000 人。

（5）基金份额上市交易规则规定的其他条件。

（二）交易账户的开立

投资者买卖封闭式基金必须开立沪、深证券账户或沪、深基金账户及资金账户。基金账户只能用于基金、国债及其他债券的认购及交易。

个人投资者开立基金账户需持本人身份证到证券登记机构办理开户手续。办理资金账户需持本人身份证和已经办理的股票账户卡或基金账户卡，到证券经营机构办理。根据当前中国证券登记结算有限责任公司账户业务规则，每个有效证件在同一市场可以开立三个封闭式基金账户。每位投资者只能开设和使用一个资金账户。

（三）交易规则

封闭式基金发行结束后，不能按基金净值买卖，投资者可委托券商（证券公司）在证券交易所按市价在二级市场上买卖，直到到期日。

1. 交易时间

封闭式基金的交易时间为每周一至周五（法定公众节假日除外），每天 9：30—11：30，13：00—15：00。

2. 交易原则

封闭式基金的交易遵从"价格优先、时间优先"的原则。价格优先是指较高价格买进申报优先于较低价格买进申报，较低价格卖出申报优先于较高价格卖出申报。时间优先是指买卖方向、价格相同的,先申报者优先于后申报者。先后顺序按交易主机接受申报的时间确定。

3.报价单位

封闭式基金的报价单位为每份基金价格。基金的申报价格最小变动单位为0.001元人民币。买入与卖出封闭式基金份额,申报数量应当为100份或其整数倍。基金单笔最大数量应当低于100万份。

目前,沪、深证券交易所对封闭式基金的交易与股票交易一样实行价格涨跌幅限制,涨跌幅比例为10%(基金上市首日除外)。同时,我国封闭式基金在达成交易后,二级市场交易份额和股份的交割是在T+0日,资金交割是在T+1日完成。

(四)交易费用

按照沪、深证券交易所公布的收费标准,我国基金交易佣金不得高于成交金额的0.5%(深圳证券交易所特别规定该佣金水平不得低于代收的证券交易监管费和证券交易经手费,上海证券交易所无此规定),起点5元,不足5元的按5元收取,由证券公司向投资者收取。该项费用由证券登记公司与证券公司平分。目前,在沪、深证券交易所上市的封闭式基金交易不收取印花税。

(五)折(溢)价率

投资者常常使用折(溢)价率反映封闭式基金份额净值与其二级市场价格之间的关系。折(溢)价率的计算公式如下:

$$折(溢)价率=(二级市场价格-基金份额净值)÷基金份额净值×100\%$$
$$=(二级市场价格÷基金份额净值-1)×100\%$$

(1)当二级市场价格高于基金份额净值时,为溢价交易,对应的是溢价率。

(2)当二级市场价格低于基金份额净值时,为折价交易,对应的是折价率。当折价率较高时常常被认为是购买封闭式基金的好时机,但实际上并不尽然。有时折价率会继续攀升,在弱市时更有可能出现价格与净值同步下降的情形。

(六)封闭式基金折价之谜与我国封闭式基金折价原因分析

封闭式基金折价交易现象,是基金领域的一个重要研究问题。国外的实证研究表明封闭式基金会出现折价现象。国际学术界总结上述封闭式价格交易的特征为"封闭式基金折价交易之谜"。

我国封闭式基金为什么折价交易呢? 由于我国证券市场具有与其他国家市场不同的特点,我国封闭式基金的折价交易还有一些特殊的原因。

1.基金净值"失真"情况下投资者对基金资产变现成本的预期

资产净值失真的缺陷及其导致的资产变现成本在我国基金市场更为突出。比如2003年以来,价值投资理念得到市场的广泛认同,基金的交叉持股现象也越加严重。2003年在机械制造、金融保险、交通运输、金属非金属生产和电力五大板块上,基金持仓占到了基金股票市值总额的60%以上。过高的集中持股使持仓过多,基金市值量过大,在卖出时可能存在无人接盘、对接盘较少的情况,会增大流动性风险;同时重仓抛出带来价格下降导致收益降低,潜在的变现成本提高。

2.封闭式基金的变现价值小于资产净值

证券资产的市值并不等于现金价值,所以按照基金所持股票市场价格为基础计算出来的基金净值,并不能反映基金的真实价值,如果封闭式基金清盘变现资产,资产的变现价值一般低于账面价值。而投资者最终得到的是基金的清盘价值(变现价值),而不是公布的资产净值。因此,资产净值只能是一个参考指标,投资者按照变现价交易,基金的市价相对于资产净值必然发生折价。

3.交易费用

投资者买卖封闭式基金的时候会发生一定的交易费用,造成投资收益的下降,而封闭式基金卖出股票资产时也要产生一定的交易费用,因此封闭式基金折价中的一部分是为了抵偿这些市场交易成本。

4.封闭式基金的治理机制相比开放式基金较弱

对封闭式基金管理人而言,由于封闭期是事先确定的,在此期间无论基金业绩如何,均可以每年获得可观的固定收益。封闭式基金管理人没有赎回压力和流动性压力,同时也没有扩大基金规模的激励,相比开放式基金而言缺乏监督管理。在这样的机制下,基金管理者缺乏积极性,封闭式基金业绩往往不如开放式基金。而且,基金公司为了保住开放式基金的业绩很可能牺牲封闭式基金的利益,存在封闭式基金为开放式基金高位接盘的可能性,甚至有投资者担心封闭式基金会成为基金公司培养新基金经理的"试验田"。

另外,封闭式基金的信息披露不够充分及时,透明度较低。绝大多数封闭式基金的分红采取一年一次的做法,使得封闭式基金的利润不能及时返回投资者,无法通过及时分红降低折价率。

5.封闭式基金投机性较差,交易不活跃

我国证券市场投机氛围浓厚,投资者追逐市场热点的心态使他们对封闭式基金兴趣不大。当股市不景气时,投资封闭式基金的可能性更低,参与者稀少,市场交易冷清,由此出现高折价。

案例 4 - 2　首只封闭式债券基金——富国天丰

随着国内债券市场逐步走强,基金产品创新的焦点也转移到了债券基金领域。2008 年 10 月 24 日,国内首只创新债券基金——富国天丰强化收益债券型证券投资基金(以下简称"富国天丰基金")的成立格外引人注目。

富国天丰基金为国内债券基金市场的首例创新品种,也是第一只带有封闭期的债券型基金。之前国内的封闭式基金全部为股票型。富国天丰基金在合同生效后 3 年内封闭运作,并在深圳证券交易所上市交易,基金合同生效满 3 年后转为上市开放式基金(LOF)。富国天丰基金的封闭运作,是考虑国内市场实际情况,并汲取成熟市场经验而设计的:

(1)国内债券市场处于大发展前期,西方封闭式基金以债券基金为主。

(2)封闭式债券基金有利于提高收益。

(3)通过上市来提供流动性,并降低折价。

(4)每月定期分红,以降低折价率。

第三节　基金的注册登记与过户清算

一、基金的注册登记

基金的注册登记,是指基金持有人初次认购基金单位后,由注册登记机构为基金持有人建立基金账户,在基金账户中进行登记持有人信息和持有人所持有的基金单位。以后基金持有人申购或赎回基金,也由注册登记机构为基金持有人在其基金账户中登记所持有基金单位的增加或减少。封闭式基金的注册登记,采用的是证券交易所的中央证券登记结算系统,和股票的账户登记、托管、清算没有区别,因此,本节介绍的是开放式基金的登记和清算。

注册登记机构是开放式基金销售体系的重要组成部分,注册登记机构管理和维护基金投资者名册,并监督申购与赎回资金的流向。注册登记机构有以下几种类型:内置型(由基金管理公司担任)、外置型(由与基金管理公司无关联的外部机构担任)、混合型(兼有内置型和外置型),但他们的职能是相通的,主要有投资者服务、过户登记、提供销售报告、红利分配、管理申购与赎回资金等。

目前,我国的基金管理公司都建立了自己的注册登记机构。不过随着我国开放式基金的发展,基金注册登记机构目前已经出现多元化趋势。比如,我国沪深两个证券交易所的后台清算机构——中国证券登记结算有限责任公司——成为越来越多基金的注册登记机构。

二、基金的过户清算

(一)基金登记过户模式

开放式基金的登记过户代理系统,目前主要有三种成熟的模式,即基金管理公司模式、商业银行模式、登记结算公司模式。

在基金管理公司模式中,由基金管理公司直接掌握基金持有人的本名账户,无论基金份额是在银行网点还是在基金管理公司直销网点或证券公司营业部销售,其客户资料最终都要通过各种渠道反馈到基金管理公司并由其加以管理和服务。

在商业银行模式中,商业银行行使过户代理人的职能,所有该银行的网点、其他代销银行的网点、基金管理公司直销网点、代销证券公司的营业部都要与该过户代理银行相连接,由这家银行建立客户的本名账户并进行客户管理。

在登记结算公司模式里,基金客户通过基金管理公司直销网点、代销银行网点和证券公司营业部网点以本名账户连接上证券登记结算公司,由证券登记结算公司担当基金过户代理人的角色。

另外,还有一种"二级登记模式"的方案,兼具上述三种模式的优点,将来可能更有市场生命力。它的简单构架是,基金持有人客户不但能够通过基金管理公司直销网点或其他代销网点,以本名账户方式与作为一级过户代理人的基金管理公司直接建立信托关系,也可以通过银行网点或证券公司营业部,由银行总行或中国证券登记结算有限责任公司承担二级过户代理人的义务,在他们建立二级代理账户后,再与一级过户代理人——基金管理公司——发生关系。这样,有实力的银行也可以担负起对基金客户的管理和服务职责。这种登记过户模式,既方便了投资人的选择,平衡了银行、中国证券登记结算有限责任公司、基金管理公司各方的利益,有助于发挥各自在网点、清算、登记过户等方面的优势,也便于基金管理公司的产品开发符合国际基金业以客户为中心进行多元化竞争的发展趋势。

(二)基金的清算交割时间

我国开放式基金的清算交割一般在交易后的 7 个工作日内完成。我国基金投资者申购基金单位时,必须全额交付申购款项。款项一经交付,申购申请即为有效。除有基金招募说明书载明的不接受投资人申购申请的情形发生外,基金管理人不得拒绝基金投资人的申购申请。

申购份额的确认到账,一般为申请日后两天,即 T+2 日。

当投资者提出赎回申请,除特殊情况外,基金管理人不得拒绝接受投资者的赎回申请:

(1)不可抗力;

(2)证券交易所交易时间非正常停市,导致基金管理人无法计算当日基金资产净值;

(3)其他在基金契约、基金招募说明书中已载明并获准的特殊情况。

发生上述情形之一的,基金管理人应当在当日立即向中国证监会备案,已接受的赎回申请,基金管理人应当足额兑付,如暂时不能足额兑付,在发生巨额赎回时,可按单个账户占申请总量的比例分配给赎回申请人,其余部分按基金契约及招募说明书载明的规定,在后续开放日予以兑付。因此,投资者提出的赎回申请,除不可抗力、交易所非正常停市、发生巨额赎回等特殊情形外,赎回有效。

本章小结

1.基金的募集与设立是基金运作的第一步,世界各国对基金的发起设立都有一定的资格要求和限制。基金发起人一般是基金管理公司及其股东单位。基金的募集主要包括基金募集的申请、基金募集的注册、基金份额的发售和基金合同的生效等程序。

2.基金合同是基金正常运作的基础性文件,对投资基金的经营活动规范化有着重要的意义;招募说明书是基金的自我介绍文件,其目的在于提供基金详情,以便投资者做出是否投资该基金的决策,其条款相比基金合同更加细致准确。

3.基金交易是以基金为买卖对象,自我承担风险收益而进行的流通转让活动,其中买入包括认购、申购、定投等形式,卖出包括赎回、清算等。

4.封闭式基金交易中经常会出现折价交易,折价交易现象是基金领域的一个重要研究问题。我国封闭式基金折价交易有其特殊性,主要是因为:基金净值并不能反映基金的真实价值,基金变现价值小于资产净值;基金投资标的集中流动性弱导致变现成本升高;存在较高交易费用;封闭式基金的治理机制相比开放式基金较弱;封闭式基金投机性较差,交易不活跃等。

5.开放式基金的登记过户代理系统,目前主要有三种成熟的模式,即基金管理公司模式、商业银行模式、登记结算公司模式。

思考与练习

1.申请募集设立基金需具备哪些条件?

2.基金合同、基金招募说明书通常包括哪些主要内容?

3.基金发行方式有哪些?

4.简要叙述封闭式基金和开放式基金的认购流程。

5.开放式基金是如何报价的? 当前国内基金认购和申购份额的计算方法是什么?

6.基金的认购、申购和赎回的可能限制条件有哪些?

7.我国封闭式基金折价交易现象产生的原因有哪些?

8.说明我国开放式基金的注册登记机构和过户清算模式。

第五章　证券投资基金的净值与估值、费用与会计核算

本章提要

　　本章介绍关于基金的财务类基础知识：证券投资基金净值、资产估值、费用计算方法与会计核算、报告等。第一节介绍投资基金资产净值的计算、估值程序与应用，第二节介绍各项基金费用，第三节介绍基金会计核算，第四节介绍基金财务会计报告。

第一节　基金的资产净值与估值

一、资产净值

　　基金资产净值（net asset value，NAV），是指在某一时点一个基金单位份额所实际代表的价值。基金资产净值的计算公式为

$$NAV＝（基金总资产－基金总负债）÷基金份额总数$$

　　其中，基金总资产是指基金拥有的所有资产的价值，包括现金、股票、债券、银行存款和其他有价证券；基金总负债是指基金应付给基金管理人的管理费和基金托管人的托管费等应付费用和其他负债（如债券回购、同业拆借等）。基金资产净值有已知价和未知价两种计价方法。

　　1.已知价计算法

　　已知价又称事前价，或称历史计价，是基金管理公司根据上一个证券市场交易日的证券收盘价来计算基金所拥有的金融资产，包括现金、股票、债券、期货、期权等资产的总值，减去其对外负债总值，然后再除以已售出的基金单位总数，得出每个基金份额的资产净值。

　　2.未知价计算法

　　未知价又称事后价，或称预约计价，是根据当日证券市场上各种金融资产的市场收盘价格计算出的基金资产净值。投资者在收盘前买卖基金，是无法确切知道当日证券收盘价的，也无法知晓基金资产净值。因此，称其为未知价计算法。

　　在实行未知价计算方法时，投资者当天并不知道其申赎的基金价格是多少，要在第二天才知道单位基金的价格。而在已知价计算法下，投资者当时就可以知道单位基金的买卖价格，可以及时办理交割手续，容易给基金内部人造成可乘之机，谋取套利机会。

　　《公开募集证券投资基金运作管理办法》规定，开放式基金份额的申购赎回价格，依据申购、赎回日基金份额净值加、减有关费用计算，即采取未知价法。

二、基金资产估值

(一)基金资产估值的法律依据

基金资产估值是指通过对基金所拥有的全部资产及全部负债按一定的原则和方法进行估算,进而确定基金资产公允价值的过程。

《中华人民共和国证券投资基金法》和中国证监会关于基金合同的格式要求、基金估值业务规定等都明确规定了基金管理人就是基金估值的第一责任主体。

根据《中华人民共和国证券投资基金法》规定,基金管理公司应履行计算并公告基金资产净值的责任,确定基金份额申购、赎回价格,托管人应履行复核、审查基金管理公司计算的基金资产净值和基金份额申购、赎回价格的责任。根据基金合同的内容与格式要求,基金合同应列明基金资产估值事项,包括估值日、估值方法、估值对象、估值程序、估值错误的处理、暂停估值的情形、基金净值的确认和特殊情况的处理。

广义上讲,投资者申购一份基金所付出的金额应该相当于在基金市场上按当前价格购买对应的资产的金额,而投资者赎回时从基金中获取的金额也应是基金在市场上按当前价格出售相应资产所能获得的金额。这就是在估值过程中一般均采用资产最新价格的原因。否则,申购或赎回的价格错误将会引起基金资产价值的稀释或浓缩。

(二)基金资产估值需考虑的因素

1.估值频率

一般按照固定的时间间隔对基金资产进行估值,通常监管法规会规定一个最小的估值频率。基金估值的频率是由基金组织形式、投资对象的特点等因素决定的,并在相关的发行法律文件中明确列示。

对开放式基金来说,估值的时间通常与开放申购、赎回的时间一致;而封闭式基金会每周披露一次基金份额净值,但每个交易日也都进行估值;海外的基金多数是每个交易日估值,但也有一部分基金是每周估值一次,有的甚至每半个月、每月估值一次。

目前,我国的开放式基金于每个交易日估值,并于次日公告基金份额净值。

2.交易价格及其公允性

当基金只投资于交易活跃的证券时,直接采用市场交易价格就可以对基金资产估值。

当基金投资于交易不活跃的证券时,对基金资产进行估值时要非常慎重,其中投资资产的流动性是非常关键的考虑因素。

如果证券的公允价值是由基金管理人通过估值技术获得的,基金托管人应对管理人所采用的估值技术的科学性、合理性、合法性等方面进行审查,以保证通过估值技术获得的估值结果是公允的。

3.估值方法的一致性及公开性

估值方法的一致性是指基金在进行资产估值时均应采取同样的估值方法、遵守同样的估值规则,基金管理人对投资品种进行估值时应保持程序和技术的一致性,同一基金管理人对管理的不同基金持有的具有相同特征的同一投资品种的估值原则、程序及技术应当一致。

估值方法的公开性是指:基金管理人应履行与基金估值相关的披露义务,在半年度和年度报告中披露估值程序、估值技术及重大变化、假设、输入值、对基金资产净值及当期损益的影响等对基金估值有重大影响的信息;当基金管理人改变估值技术时,应本着最大限度保护基金份额持有人利益的原则及时进行临时公告。

会计师事务所在对基金年度财务报告出具审计报告时,应对报告期间基金的估值技术及其重大变化,特别是对估值的适用性,采用外部信息进行估值的客观性和可靠性程度,以及相关披露的充分性和及时性等发表意见。

(三)基金资产的估值程序、基本原则与方法

1. 估值程序

(1)基金份额净值是按照每个开放日闭市后,基金资产净值除以当日基金份额的余额来计算的。

(2)基金日常估值由基金管理人进行。基金管理人在每个交易日对基金资产估值后,将基金份额净值结果发给基金托管人。

(3)基金托管人按基金合同规定的估值方法、时间、程序对基金管理人的计算结果进行复核,复核无误后签章返回给基金管理人,由基金管理人对外公布,并由基金注册登记机构根据确认的基金份额净值计算申购、赎回数额。月末、年中和年末估值复核与基金会计账目的核对同时进行。

2. 估值的基本原则

(1)对存在活跃市场的投资品种,如估值日有市价的,采用市价确定公允价值。估值日无市价,但最近交易日后经济环境未发生重大变化的,采用最近交易市价确定公允价值。估值日无市价,且最近交易日后经济环境发生了重大变化的,应参考类似投资品种的现行市价及重大变化因素,调整最近交易市价,确定公允价值。

(2)对不存在活跃市场的投资品种,应采用市场参与者普遍认同且被以往市场实际交易价格验证具有可靠性的估值技术来确定公允价值。

(3)有充足理由表明按以上估值原则仍不能客观反映相关投资品种的公允价值的,基金管理公司应根据具体情况与托管人进行商定,按最能恰当反映公允价值的价格估值。

3. 不同投资品种的估值方法

(1)交易所发行未上市品种的估值。

首次发行未上市的股票和权证,采用估值技术确定公允价值,在估值技术难以可靠计量公允价值的情况下按成本计量。

送股、转增股、配股和公开增发新股等发行未上市股票,按交易所上市的同一股票的市价估值。

交易所发行未上市或未挂牌转让的债券,在存在活跃市场的情况下,应以活跃市场上未经调整的报价作为计量日的公允价值;活跃市场报价未能代表计量日公允价值的情况下,应对市场报价进行调整以确认计量日的公允价值;对于不存在市场活动或市场活动很少的情况下,则应采用估值技术确定其公允价值。

(2)交易所上市交易的非流通受限品种的估值。

交易所上市交易的非流通受限股票和权证以其估值日在证券交易所挂牌的市价进行估值。

交易所上市交易或挂牌转让的不含权固定收益品种,按照第三方估值机构提供的相应品种当日的估值净价估值,含权固定收益品种按照第三方估值机构提供的相应品种当日的唯一估值净价或推荐估值净价估值,第三方估值机构提供的估值价格与交易所收盘价存在差异的,

若基金管理人认定交易所收盘价更能体现公允价值,应采用收盘价。

交易所上市交易的可转换债券按当日收盘价作为估值全价。

交易所上市的股指期货合约以估值当日结算价进行估值。

交易所上市的不存在活跃市场的有价证券,采用估值技术确定公允价值。对交易所上市的资产支持证券品种和私募债券,鉴于其交易不活跃,各产品的未来现金流也较难确认,按成本估值。

(3)交易所上市交易的流通受限品种的估值。

在发行时明确一定期限限售期的股票,包括但不限于非公开发行的股票,首次公开发行股票时公司股东公开发售的股份、通过大宗交易取得的带限售期的股票等,需参考该流通受限股票的估值指引进行估值。

三、基金估值中特殊问题的处理

(一)股改停牌等特殊事件带来的基金净值偏差

根据基金会计的估值规定,上市流通的股票以其估值日在证券交易所挂牌的市价估值;估值日无交易的,以最近交易日的市价估值。如果股票本身及市场行情没有大的变化,对于停牌时间较短的股票,停牌前的市场价格仍然可以适用基金资产估值。但是对于一些暂停时间较长,以及上市公司经营状况发生重大变化的证券,停牌前的市场价格可能与股票的实际价值发生较大偏离。

(二)"问题股"带来的估值偏差

"问题证券"的特别定价程序可以包括以下几个方面的内容。

1.特别定价程序的适用范围

(1)被意外停牌的股票。

(2)ST股票。

(3)突发事件造成债券或股票市场休市、停市。

(4)其他情况。

2.定价原则

按照最能反映出该证券预期变现价格或真实价值的价格估值,即按照公允价值估值。参照中国证券业协会基金估值工作小组提供的《关于停牌股票估值的参考方法》进行合理估值。

3.定价程序

(1)确定需采用特别定价程序的证券。

(2)成立特别定价小组。

(3)特别定价小组初步决定当日的估值价格,并将该意见通知基金托管人。

(4)基金托管人反馈意见。

(5)经过双方协商若能达成一致意见,则按照该价格进行估值;若无法达成一致,为保证基金净值能够及时计算出来,则按照托管协议中的约定进行处理。

(6)特别定价小组出具书面定价报告。

(7)基金核算人员制作当日的净值公告。

(8)在有证据表明对某证券的特别定价不合理时,特别定价小组应重新召集会议,按照上述步骤重新定价。

第二节 基金费用

一、不参与基金会计核算的费用

基金销售过程中发生的由基金投资者自己承担的费用，主要包括认购费、申购费、赎回费和基金转换费。这些费用一般直接在投资人认购、申购、赎回或转换时收取。

销售手续费，又称认购/申购费，指投资者购买基金时需要向基金销售机构支付的手续费。国内基金的销售手续费费率一般在基金金额的 1%～1.5%之间。在基金发行期的销售手续费叫认购费用，目前我国封闭式基金的认购费用为面值的 1%，即每基金份额收取 0.01 元的认购费用；发行期结束后的日常销售费用叫申购费用，申购费可在投资人购买基金时收取，即前端申购费，也可在投资人卖出基金时收取，即后端申购费，其费率一般按持有期限递减。

一般来讲，基金公司为了吸引投资者在基金发行时买基金，认购费率比申购费率要便宜一些。

赎回费指基金持有人赎回基金单位时需缴纳的费用。赎回费是一种用于抑制基金短期交易的费用。为鼓励投资者长期持有基金，一些基金公司推出了赎回费随持有时间增加而递减的收费方式，即持有基金的时间越长，赎回时付的赎回费越少，持有时间长到一定程度，赎回时就可不收赎回费。根据最新的基金法规，25%的赎回费是要计入基金资产的，以补偿没有赎回的投资者可能受到的损失。

红利再投资费指基金持有人将从开放式基金所得到的分配收益继续投资于该基金时所要支付的申购费用。为鼓励投资者将现金红利继续投资，目前我国所有的开放式基金都不收取红利再投资费。

基金转换费指基金持有人在同一家基金管理公司所管理的不同基金品种之间，由一只基金转换为另一只基金时，所要支付的费用。目前绝大多数基金公司都可以提供旗下管理基金之间的相互转换，一般基金之间转换费用主要由赎回费和申购费补差的费用两部分构成。

二、需直接从基金资产中列支的费用

下列与基金有关的费用可以从基金财产中列支：①基金管理人的管理费；②基金托管人的托管费；③销售服务费；④基金合同生效后的信息披露费用；⑤基金合同生效后的会计师费和律师费；⑥基金份额持有人大会费用；⑦基金的证券交易费用；⑧证券账户的开户费和账户服务费；⑨按照国家有关规定和基金合同约定，可以在基金财产中列支的其他费用。

（一）基金管理费、基金托管费和基金销售费

基金管理费是指因基金管理人管理基金资产而向基金收取的费用。基金管理人可按固定费率，或者固定费率加业绩报酬的方式收取管理费。业绩报酬是指固定管理费之外的支付给基金管理人的与基金业绩挂钩的费用。固定费率制的管理费，是按基金资产净值的一定比例逐日计算，定期提取。

$$每日计提的管理费＝计算日基金资产净值×管理费率÷当年天数$$

基金托管费是指基金托管人为基金提供托管服务而向基金收取的费用。与基金管理费收取方式相同，通常按基金资产净值的一定比例逐日计算，定期提取。

$$每日计提的托管费＝计算日基金资产净值×托管费率÷当年天数$$

基金销售服务费是指从基金资产中扣除的用于支付销售机构佣金以及基金管理人的基金营销广告费、促销活动费、持有人服务费等方面的费用。对于不收取申购费（认购费）、赎回费的货币市场基金，基金管理人可以依照相关规定从基金财产中持续计提一定比例的销售服务费，专门用于基金的销售和对基金持有人的服务。

每日计提的销售服务费＝计算日基金资产净值×销售服务费率÷当年天数

目前，我国的基金管理费、基金托管费及基金销售服务费均是按前一日基金资产净值的一定比例逐日计提，按月支付，在基金利润分配前直接从基金资产中扣除。

（二）基金交易费

基金交易费指基金在进行证券买卖交易时所发生的相关交易费用。目前，我国证券投资基金的交易费用主要包括印花税、交易佣金、过户费、经手费、证管费。交易佣金由证券公司按成交金额的一定比例向基金收取，印花税、过户费、经手费、证管费等则由登记公司或交易所按有关规定收取。

参与银行间债券市场交易的，还需向中央国债登记结算有限责任公司或银行间市场清算所股份有限公司支付银行间账户服务费，向全国银行间同业拆借中心支付交易手续费等服务费用。

（三）基金运作费

基金运作费指为保证基金正常运作而发生的应由基金承担的费用，包括审计费、律师费、上市年费、分红手续费、持有人大会费、开户费、银行汇划手续费等。

按照有关规定，发生的上述费用如果影响基金份额净值小数点后第 4 位的，应采用预提或待摊的方法计入基金损益。发生的费用如果不影响基金份额净值小数点后第 4 位的，应于发生时直接计入基金损益。

这些费用与基金资产净值不相关。所以随着基金规模的扩大，每单位份额基金所分摊的这部分费用会越来越少。目前，我国封闭式基金的主要费用如表 5-1 所示。

表 5-1　封闭式基金的主要费用

费用类别	项目	费率
持有人费用	基金发行费	基金面值的 1%
	交易佣金	不超过交易金额的 0.25%
	过户登记费	上交所收取 0.05% 过户费，深交所收取 0.0025% 名册服务月费
	分红手续费	0.3%
	其他费用	转托管费、非交易过户费等
运营费用	基金管理费	固定费率 1.5%
	基金托管费	固定费率 0.25%
	其他费用	会计师费用、律师费用、上市费用、信息披露费用等

我国开放式基金持有人费用的费率结构目前已经比较稳定,对于股票型、偏股型、配置型基金以及可转债基金等,认购费率一般为1%,申购费率一般为1.5%。债券型基金、指数型基金的申购费率一般为0.8%~1.0%,另外所有基金均采取根据申购金额分区间递减的费率结构。

三、基金费率设计

费率问题是基金产品设计的一个非常重要的方面,它包括费率的总体水平和费率的结构两个部分。费率的总体水平受行业竞争的限制,一般来说各基金间相差不会很大;费率的结构会受投资者偏好的制约,应根据投资者的需求决定。

封闭式基金由于受其自身特点的影响,基金费率结构没有太多的变化。下面以开放式基金为例,探讨基金费率的变化与发展趋势。

(一)认购/申购费率设计

认购/申购费率设计指基金管理公司为了促进基金单位的销售,鼓励投资者多购买基金,根据不同的购买金额设计不同的费率。以2012年7月发行的广发纳斯达克100指数基金为例说明,见表5-2。

表5-2 广发纳斯达克100指数基金费率

费率名称	金额			
	0≤M<100万元	100万元≤M<500万元	500万元≤M<1000万元	M≥1000万元
认购费率	1.1%	0.60%	0.2%	1000元/笔
申购费率	1.3%	0.7%	0.2%	1000元/笔
管理费率	0.8%			
托管费率	0.25%			
赎回费率	持有1年以内	持有1年以上(含1年)不满2年	持有2年以上(含2年)	
	0.50%	0.3%	0	

因此不难发现,基金管理公司在销售费率安排上的目的是最大限度地鼓励投资者大量购买。这表明开放式基金销售费率的设计是其销售工作的重要一环,合理的销售费率是保证发行顺利完成的重要因素。

另外,在基金销售费的收取时间上,可采取前端收费和后端收费两种方法。以2004年7月首次发行的华夏大盘精选基金的销售费率表为例说明,见表5-3。

表5-3 华夏大盘精选基金的销售费率表

前端收费模式			
购买金额	认购费率	申购费率	赎回费率
100万元以下	1.0%	1.5%	不超过0.5%
100万元以上(含100万元)500万元以下	不超过1.0%	1.2%	
500万元以上(含500万元)		不超过1.0%	

后端收费模式			
持有时间	认购费率	申购费率	赎回费率
1 年以内	1.2%	1.8%	
满 1 年不满 2 年	0.9%	1.5%	
满 2 年不满 3 年	0.7%	1.2%	
满 3 年不满 4 年	0.6%	1.0%	不超过 0.5%
满 4 年不满 8 年	0.5%	0.5%	
满 8 年以后	0	0	

(二)其他费率的设计

赎回费率的设计应采取按持有时间累退方式。即在基金持有人赎回基金份额时,根据基金持有人持有时间的长短不同设计不同的赎回费率。基金持有人持有基金的时间越长,费率越低,持有时间越短,费率越高。

基金的管理费率、托管费率的设计应当采取按照规模进行累退的方式。

另外,有必要进行基金分级,针对不同的投资者灵活调整基金的各种费率。不同投资者的投资行为是不同的。对于短期投资者来说,会频繁地申购赎回,他们对基金的销售费用更为重视,但对于年度运营费用的关注度则较低。对于中长期投资者来说,基金持有期长,销售费用对投资者影响低,因而他们对销售费用的敏感度相对较低,但受年度运营费用的影响较大。大额投资者则对降低成本的要求更高,同时他们的赎回行为对开放式基金的流动性管理影响也大。

基于上述分析,我国开放式基金可在费率方面推出基金分级体制,如在同一只开放式基金内,对申购费设立三种收费方式:A 级、B 级和 C 级。其中 A 级只收取较高的前收费;B 级不收取前收费和后收费,但将管理费的费率提高;C 级设立后收费,且 1 年内赎回的赎回费率高于 A 级的前收费。

四、我国基金管理费制度的创新

(一)业绩报酬制度

自 1998 年我国证券投资基金金泰、开元推出之后,基金管理费均是按固定的 2.5% 年费率逐日计提。2000 年初各基金管理公司调整了基金管理人的报酬。一是调低基金管理费,按基金资产净值的 1.5% 的年费率逐日计提。二是当基金的可分配净收益率高于同期银行年储蓄存款利率的 20% 以上,且当年基金资产净值增长率高于同期证券市场平均收益增长率时,按一定比例计提业绩报酬。

在 2001 年年报中,我国部分证券投资基金根据上述做法计提业绩报酬,然而绝大部分都放弃了提取业绩报酬。这是因为当年基金业整体亏损,而且基金黑幕等基金治理问题暴露,使得提取业绩报酬的做法被监管机构明文取消。

根据中国证监会的规定,2002 年以后设立的基金在基金契约中不再有计提业绩报酬的内容,已设立的基金若契约允许计提业绩报酬,也只能执行到 2001 年年末,然后修改相关基金契约。基金管理人的业绩报酬计提制度在执行了不到 2 年的时间后即被取消了。原因主要有：一是基金净值"虚增"现象比较严重,增大了基金投资者的风险;二是国内基金在成长过程中得到了一些政策优惠,使得在基金净值增长中,有部分业绩并不是基金管理人真实才能的反映;三是业绩报酬的激励机制实际上无法进行有效激励。

2007 年我国基金业获得巨大发展后,业绩报酬制度重新被提起,在一只创新型封闭式基金中设计了业绩报酬制度。

(二)价值增长线

为保证投资者的利益,我国个别基金管理公司于 2003 年创新了"价值增长线"的概念,所谓价值增长线即基金净值只有在高于预先设定的某个价值增长线的数值时,基金管理人才能提取管理费,否则不得提取管理费。

第三节 基金会计核算

一、会计核算特点

基金会计核算是收集、整理、加工有关基金投资运作的会计信息,准确记录基金资产变化情况,及时向相关各方提供财务数据以及会计报表的过程。

基金管理公司是证券投资基金会计核算的责任主体,对所管理的基金应当以每只基金为会计核算主体,独立建账、独立核算,保证不同基金在名册登记、账户设置、资金划拨、账簿记录等方面相互独立。同时,基金托管人也需要对所托管的证券投资基金进行会计核算,并将有关结果同基金管理公司相核对。

二、会计核算内容

基金的会计核算对象包括资产类、负债类、资产负债共同类、所有者权益类和损益类的核算,涉及基金的投资交易、申购和赎回,基金持有证券的上市公司行为、基金资产估值、基金费用计提和支付、基金利润分配等基金经营活动(见表 5-4)。

表 5-4 基金的会计核算内容

核算内容	内容
证券和衍生工具交易核算	(1)证券投资基金主要投资于政策允许范围内的有价证券和衍生金融工具交易核算 (2)包括股票、债券、资产支持证券、权证等有价证券和衍生金融工具的买卖及回购交易等
权益核算	(1)权益核算是指与基金持有证券的上市公司有关的、所有涉及该证券权益变动并进而影响基金权益变动的事项 (2)包括发行新股、发放股息和红利、配股等公司行为的核算
利息和溢价核算	(1)包括债券的利息、银行存款利息、清算备付金利息、回购利息等 (2)各类资产利息均应按日计提,并于当日确认为利息收入

续表

核算内容	内容
费用核算	(1)包括计提基金管理费、托管费、预提费用、摊销费用、交易费用等 (2)这些费用一般按日计提,并于当日确认为费用
基金申购与赎回核算	开放式基金还需对基金份额的申购与赎回情况、转入与转出情况以及基金份额拆分进行会计核算
估值核算	基金逐日对其资产按规定进行估值,并于当日将投资估值增(减)值确认为公允价值变动损益
利润核算	(1)利润核算是指会计期末结转基金损益,并按照规定对基金分红、除权、红利再投资等进行核算 (2)证券投资基金一般在月末结转当期损益,按固定价格报价的货币市场基金一般逐日结转损益
基金财务会计报告	(1)根据有关规定,基金管理公司应及时编制并对外提供真实、完整的基金财务会计报告 (2)财务会计报告分为年度、半年度、季度和月度财务会计报告。半年度、年度财务会计报告至少应披露会计报表和会计报表附注的内容。基金会计报表包括资产负债表、利润表及净值变动表等报表
基金会计核算的复核	(1)对于国内证券投资基金的会计核算,基金管理人与基金托管人按照有关规定分别复核,独立进行账簿设置、账套管理、账务处理及基金净值计算 (2)基金托管人按照规定对基金管理人的会计核算进行复核并出具复核意见

第四节 基金财务会计报告

基金财务会计报告是指基金对外提供的反映基金某一特定日期的财务状况和某一会计期间的经营成果、现金流量等会计信息的文件。基金财务会计报告包括资产负债表、利润表和净值变动表等。基金财务会计报告分析可以达到以下目的:评价基金过去的经营业绩及投资管理能力;通过分析基金现时的资产配置及投资组合现状来了解基金的投资状况;预测未来的发展趋势,为基金投资者的投资决策提供依据。

1.资产负债表

通过资产负债表,可以提供某一日期资产的总额及其结构,表明基金拥有或控制的经济资源及其分布情况;可以反映某一日期负债的总额及其结构,表明基金未来需要用多少资产清偿债务;可以反映某一日期所有者权益的情况,表明基金持有人在基金资产中所占的份额,了解所有者权益的构成情况。

投资基金的资产几乎全部为货币性资产,其中主要分为各种类型的对外投资和往来款项中的债权款,一般不存在存货和固定资产。

较强的流动性是投资基金资产的主要特点,因而在报表的资产排列中,流动性并非主要的标准,主要以各种资产对投资基金的重要性来排顺序。一般情况下,排序如下:有价证券投资、长期投资、货币资金、应收款项、其他资产。

我国投资基金不允许用债券形式募集资金,也不能从事银行借贷,因此,投资基金的负债全部是往来性质的应付款项。

在净资产方面,如果投资基金为封闭型,资本规模相对固定,在报表上揭示资本结构有助于投资者分析基金动用资产的能力,从而预测未来的红利收入。净资产的项目可以分为投入资本、超面值缴入资本、股价变动准备、未实现资本利得的损失、未分配利润。

2. 利润表

利润基本公式为:利润＝收入－费用。利润表反映一定期间内基金实现的利润情况,可用来评价投资者的投资价值和报酬。利润表的主要项目有:收益、费用、净收益、因买卖基金单位自资本账户转入额/转至资本账户额、本期可分配利润、年初余额、本期分配额、期末余额。其中,收益可以分为现金股利和利息收入两个部分;费用可以分为管理费、托管费和销售服务费等。特定期间一般为 1、6、12 个月。

利润表通常以特定期间的利润或亏损数额来分析基金的盈利能力、基金各利润来源占利润总额的比重,以及基金利润增长或亏损加剧的原因。

3. 所有者权益(基金净值)变动表

所有者权益是指企业资产扣除负债后由所有者享有的剩余权益。该表反映一定时期基金所有者权益增减变动的情况。根据《企业会计准则》和有关规定,基金净值变动表应披露下列项目产生的基金净值变动:经营活动产生的、基金单位交易产生的、向基金持有人分配收益产生的基金净值变动。

所有者权益变动表的项目应该区分投资活动引起的变动的类型分别列示。变动按成因可分为以下三类:

(1)因投资基金经营活动引起的变动。这种变动主要分为投资活动产生的净收益或损失以及投资活动未实现资本利得和损失的增减变动。收益、未实现资本利得的增加或未实现资本损失的减少引起净资产增加;反之,则使净资产减少。

(2)因资本交易引起的变动。开放型投资基金因卖出基金单位使净资产增加,因买回基金单位使净资产减少。

(3)因红利分配引起的变动。投资基金在会计期间内向投资者分发红利,必然引起投资基金净资产的减少。

4. 基金资产净值周报表

(1)引起基金净值变化的主要有经营活动、投资者申购和赎回、基金分配收益。

(2)期末基金净值＝期初基金净值＋基金净收益＋未实现利得＋基金申购款－基金赎回款－收益分配数。

(3)期末基金单位净值＝期末基金净值/期末基金单位数。

(4)封闭式基金每周六公告本周五单位资产净值。

(5)升贴水率＝(基金单位市场价格－NAV)/NAV。

本章小结

1.基金资产净值是指在某一时点一个基金单位份额所实际代表的价值,计算公式为:(基金总资产－基金总负债)/基金份额总数。我国开放式基金的申购赎回价格采取未知价法(市值法),即根据当日证券市场上各种金融资产的市场收盘价格计算出的基金资产净值。

2.基金资产估值是指通过对基金所拥有的全部资产及全部负债按一定的原则和方法进行估算,进而确定基金资产公允价值的过程。一般按照固定的时间间隔对基金资产进行估值,开放式基金的估值频率通常与开放申购、赎回的时间一致,封闭式基金每周披露一次基金份额净值,但每个交易日也都进行估值。

3.基金的费用包括不参与基金会计核算的费用,即由基金投资者自己承担的费用,主要包括认购费、申购费、赎回费和基金转换费,这些费用一般直接在投资人认购、申购、赎回或转换时收取;参与基金会计核算的费用,即由基金管理人从基金财产中按一定比例抽取的费用,专门用于基金的管理、销售和对基金持有人的服务。

4.我国基金管理费制度有业绩报酬、价值增长线等制度。

5.基金会计核算是指收集、整理、加工有关基金投资运作的会计信息,准确记录基金资产变化情况,及时向相关各方提供财务数据以及会计报表的过程。其主要涉及基金的投资交易、申购和赎回,以及基金持有证券的挂牌情况、基金资产估值、基金费用计提和支付、基金利润分配等基金经营活动。

思考与练习

1.什么是基金的资产净值?如何计算?

2.基金的资产净值为什么会"失真"?如何看待这一现象?

3.什么是基金的费用?主要包括哪些项目?

4.我国基金管理费制度有哪些?

5.简述基金会计报告的主要项目。

第六章　证券投资基金的利润分配和税收

本章提要

　　基金利润分配是投资者获取收益的途径之一,在进行利润分配时,不可避免地涉及税收的问题。第一节包括封闭式基金、开放式基金以及货币市场基金的利润分配原则与方法;第二节介绍机构投资者、个人投资者、基金管理者的税收政策,并与世界其他国家税收政策进行对比。

第一节　基金利润分配

一、基金利润

　　基金利润是在一定会计期间内基金管理公司通过运作基金产生的经营成果。其主要来源于基金资产运作中的利息收入、股利收入、资本利得、资本增值等。这些收益在扣除了基金运作费用(包括管理费、托管费和销售服务费等)后,剩余的部分可用于基金的分配。

　　利润主要包括收入减去费用后的净额、直接计入当期利润的利得和损失等。

　　1. 利息收入

　　利息收入指基金经营活动中因债券投资、资产支持证券的投资、银行存款、结算备付金、存取保证金、按买入返售协议融出资金等而实现的利息收入。利息收入具体包括债券利息收入、资产支持证券利息收入、存款利息收入、买入返售金融资产利息收入等。

　　2. 投资收益:买卖价差

　　投资收益是指基金经营活动中因买卖股票、债券、资产支持证券、基金等实现的差价收益,因股票、基金投资等获得的股利收入,以及衍生工具投资产生的相关损益,如卖出或放弃权证、权证行权等实现的损益。投资收益具体包括股票投资收益、债券投资收益、资产支持证券投资收益、基金投资收益、衍生工具收益、股利收益等。

　　3. 其他收入

　　其他收入是指除上述收入以外的其他各项收入,包括赎回费扣除基本手续费后的余额、手续费返还、ETF替代损益,以及基金管理人等机构为弥补基金财产损失而支付给基金的赔偿款项等。这些收入项目一般根据发生的实际金额确认。

　　4. 公允价值变动损益

　　公允价值变动损益是指基金持有的采用公允价值模式计量的交易性金融资产、交易性金融负债等公允价值变动形成的应计入当期损益的利得或损失,并于估值日对基金资产按公允价值估值时予以确认。

　　5.基金费用:基金运营费用

　　基金费用是指基金在日常投资经营活动中发生的、会导致所有者权益减少的、与向基金持有人分配利润无关的经济利益的总流出。基金费用具体包括管理费、托管费、销售服务费、交易费用、利息支出和其他费用等。

二、基金的利润分配

　　基金利润中的一部分会用于利润分配,期末可供分配利润是指期末可供基金进行利润分配的金额,为期末资产负债表中未分配利润与未分配利润中已实现部分的孰低数。

　　由于基金本期利润包括已实现和未实现两部分,如果期末未分配利润的未实现部分为正数,则期末可供分配利润的金额为期末未分配利润的已实现部分;如果期末未分配利润的未实现部分为负数,则期末可供分配利润的金额为期末未分配利润(已实现部分扣减未实现部分)。分配后剩余的未分配利润将转入下期分配。

　　基金利润一般应做如下分配:

　　(1)确定利润分配的内容。确切地说,基金分配的客体是净收益,即基金收益扣除按照有关规定应扣除的费用后的余额。这里所说的费用一般包括:支付给基金管理公司的管理费、支付给托管人的托管费、支付给注册会计师和律师的费用、基金设立时发生的开办费及其他费用等。一般而言,基金当年净收益应先弥补上一年亏损后,才可进行当年利润分配;基金投资当年净亏损,则不应进行利润分配。特别需要指出的是,上述收益和费用数据都须经过具备从事证券相关业务资格的会计师事务所和注册会计师审计确认后,方可实施分配。

　　(2)确定利润分配的比例和时间。一般而言,每个基金的分配比例和时间都各不相同,通常是在不违反国家有关法律、法规的前提下,在基金契约或基金公司章程中事先载明。在分配比例上,美国有关法律规定基金必须将净收益的 95% 分配给投资者。而我国的《公开募集证券投资基金运作管理办法》则规定,封闭式基金年度收益分配比例不得低于基金年度可供分配利润的 90%。在分配时间上,基金每年应至少进行一次利润分配。开放式基金的收益分配,由基金合同约定。

　　基金利润分配时点的选取有两种方式:一种是到点分红,即当基金满足基金合同约定的利润分配条件时进行利润分配,例如每份基金份额的可供分配利润大于一定金额,基金份额净值增长率超过某一指标或一定比率,基金份额净值超过一定金额等。另一种是定期分红,是基金在基金合同约定时点进行利润分配,例如每半年末、每季度末或每月末等。

　　(3)确定利润分配的对象。无论是封闭式基金还是开放式基金,其利润分配的对象均为在特定日持有基金单位的投资者。基金管理公司通常会规定获得利润分配权的最后权益登记日,凡在这一天交易结束后列于基金持有人名册上的投资者,方有权享受此次利润分配。

　　(4)确定分配的方式。一般有三种方式:①分配现金。这是基金利润分配的最普遍的形式。②分配基金单位。即将应分配的净利润折为等额的新的基金单位送给投资者。这种分配形式类似于通常所言的"送股",实际上是增加了基金的资本总额和规模。③不分配。既不送基金单位,也不分配现金,而是将净利润列入本金进行再投资,体现为基金单位净资产值的增加。我国大陆地区一般采用①种形式,我国台湾地区则采用①和③相结合的分配方式,而美国用得最多的方式是①和②。

(5)确定利润分配的支付方式。通常而言,支付现金时,由托管人通知基金持有人亲自来领取,或汇至持有人的银行账户里;在分配基金单位的情况下,指定的证券公司将会把分配的基金单位份额打印在投资者的基金单位持有证明上。

基金进行利润分配会导致基金份额净值的下降。进行基金分配以后,只是一部分价值转换为现金或者其他的基金份额,投资者的总价值不变。例如,一只基金在分配前的份额净值是1.5元,假设每份基金分配0.1元,在进行分配后基金的净值将会下降到1.4元。尽管基金的份额净值下降了,并不意味着投资者有投资损失。假设一个基金投资者在该基金中拥有1000份的基金投资,分配前该投资者在该基金中的投资价值为1500元(1000×1.5),分配后该投资者获得了100元(1000×0.1)的现金分红,其在该基金上的投资价值为1400元(1000×1.4),与现金分红合计仍为1500元,因此分配前后的价值不变。

三、不同基金种类的利润分配

(一)封闭式基金的利润分配

根据《公开募集证券投资基金运作管理办法》规定:封闭式基金的利润分配,每年不得少于一次,且封闭式基金只能采用现金分红;封闭式基金年度收益分配比例不得低于基金年度可供分配利润的90%。基金收益分配后基金份额净值不得低于面值。

(二)开放式基金的利润分配

开放式基金分红是指基金管理人根据基金利润情况,按投资者持有基金份额数量的多少进行利润分配。

我国开放式基金按规定需在基金合同中约定每年基金利润分配的最多次数和基金利润分配的最低比例。同时要求基金收益分配后基金净值不能低于面值,即基金收益分配基准日的基金净值减去每单位基金收益分配金额后不能低于面值。每一基金份额享有同等分配权。

开放式基金的利润分配比例一般以期末可供分配利润为基准计算。开放式基金分红的登记、过户由登记机构的 TA 系统来处理。基金分红公告中应当包含的内容主要有收益分配方案、时间和发放办法等。开放式基金的分红方式有两种:

(1)现金分红方式。根据基金利润情况,基金管理人以投资者持有基金单位数量的多少,将利润分配给投资者。这是基金利润分配最普遍的形式。

(2)分红再投资转换为基金份额。分红再投资转换为基金份额是指将应分配的净利润按除息后的份额净值折算为等值的新的基金份额进行基金分配。

开放式基金的基金份额持有人可以事先选择将所获分配的现金利润,按照基金合同有关基金份额申购的约定转为基金份额。基金份额持有人事先未做出选择的,基金管理人应当支付现金。

(三)基金份额的分拆与分红

基金分拆是指在保证投资者的投资总额不发生改变的前提下,将一份基金按照一定的比例分拆成若干份,每一基金份额的单位净值也按相同比例降低,是对基金的资产进行重新计算的一种方式,详见表 6-1。

表 6 - 1　基金分拆与分红

项目	内容
目的	基金份额分拆通过直接调整基金份额数量达到降低基金份额净值的目的,但并不影响基金的已实现收益、未实现利得等
分类	分拆比例大于 1 的分拆定义为基金份额的分拆 分拆比例小于 1 的分拆定义为基金份额的合并
规律	基金分拆行为是相对的: 当基金的净值过高时,通过基金份额的分拆可以降低其净值 当基金的净值过低时,通过基金份额的合并可以提高其净值,这种行为通常称为逆向分拆
作用	可以降低投资者对价格的敏感性 有利于基金持续营销 有利于改善基金份额持有人结构 有利于基金经理更为有效地运作资金,从而贯彻基金运作的投资理念与投资哲学 有效解决"被迫分红"的问题 有效降低交易成本,减少频繁买卖对证券市场的冲击
基金分拆和基金分红的区别	基金投资者可以根据个人的具体情况以及基金行情的变化自主更改分红的方式;基金的分拆中基金投资者并没有类似的权利 在基金投资者选择现金分红的方式时,基金分拆和基金分红的区别在于以下三点: (1)选择现金分红方式的投资者在获得现金分红的同时,其所拥有的基金份额并不发生改变 (2)在这样的情况下,基金分红有大量的现金流出,基金的资产规模也会发生改变 (3)基金分红时机的选择与基金分拆时机的选择有所不同: 基金所持有的资产的价格处于股票价格的持续上升期,进行基金分红必将要求基金管理者卖出价格持续上涨的部分资产,这种行为将会影响基金未来收益的提高或者基金收益的持续性增长 基金的分拆不需要卖出基金资产,只是对原有的结构进行形式上的分解,对时机的要求没有那么严格

(四)货币市场基金的利润分配

《货币市场基金监督管理办法》第十条规定:"对于每日按照面值进行报价的货币市场基金,可以在基金合同中将收益分配的方式约定为红利再投资,并应当每日进行收益分配。"第十五条规定:"当日申购的基金份额自下一个交易日起享有基金的分配权益;当日赎回的基金份额自下一个交易日起不享有基金的分配权益,但中国证监会认定的特殊货币市场基金品种除外。"

具体而言,货币市场基金每周五进行分配时,将同时分配周六和周日的利润;每周一至周四进行分配时,则仅对当日利润进行分配。对于普通的货币市场基金品种,投资者于周五申购或转换转入的基金份额不享有周五和周六、周日的利润,投资者于周五赎回或转换转出的基金份额享有周五和周六、周日的利润。节假日的利润计算基本与在周五申购或赎回的情况相同。

货币市场基金采取"每日计算收益、按月结转份额"的方式对投资者分配收益,通常用"万份收益""七日年化收益率"来衡量货币基金利润分配的多少。

第二节　基金税收

一、基金税收项目

基金税收是指基金运作过程中有关当事人向国家所交纳的各种税金的总称。广义的基金税收包括基金本身的税收、基金投资者的税收、基金管理公司的税收和基金托管人的税收;狭义的基金税收仅包括基金本身的税收和基金投资者的税收。

由于基金公司仅仅是投资者资产的集合,以企业法人名义存在,如果既向基金公司征收企业所得税,又对基金公司的投资者征税,势必造成重复征税,因此大多数国家都对基金公司实行免税政策,只对投资者征税,投资者在取得基金分配收益后应缴纳所得税;基金管理公司作为企业,其经营收入应依法纳税。由于信托财产归投资者所有,基金管理者是委托代理机构,运用信托财产所创造的收益扣除费用后,应该按投资者投资的比例进行分配。一般情况下基金投资活动主要涉及以下几种税收项目:

(一)增值税

增值税是以商品(含应税劳务)在流转过程中产生的增值额作为计税依据而征收的一种流转税。从计税原理上说,增值税是对商品生产、流通、劳务服务中多个环节的新增价值或商品的附加值征收的一种流转税。增值税为价外税,也就是由消费者负担,有增值才征收,未增值不征收。

2016 年 5 月 1 日起,全国范围内全面推开营业税改征增值税(简称营改增)试点,金融业纳入试点范围,由缴纳营业税改为缴纳增值税,增值税税率为 6%。2016 年 12 月财政部、国家税务总局发布的《关于明确金融、房地产开发、教育辅助服务等增值税政策的通知》规定:"资管产品运营过程中发生的增值税应税行为,以资管产品管理人为增值税纳税人。"

根据《营业税改征增值税试点有关事项的规定》,存款利息不征收增值税。根据《营业税改征增值税试点过渡政策的规定》,对下列金融商品转让收入免征增值税:香港市场投资者(包括单位和个人)通过基金互认买卖内地基金份额,证券投资基金(封闭式证券投资基金、开放式证券投资基金)管理人运用基金买卖股票、债券。根据《关于进一步明确全面推开营改增试点金融业有关政策的通知》,证券投资基金开展质押式买入返售金融商品取得的金融同业往来利息收入免征增值税。

(二)交易印花税

投资于股票基金与债券基金在转让时或投资者在转让基金时,一般须交纳交易印花税。根据财政部、国家税务总局的规定,从 2008 年 9 月 19 日起,基金卖出股票时按照千分之一的税率征收证券(股票)交易印花税,而对买入交易不再征收印花税,即对印花税实行单向征收。

(三)所得税

投资者所分配到的股息、利息、红利收入,一般要缴纳个人所得税。

对证券投资基金从证券市场中取得的收入,包括买卖股票、债券的差价收入,股权的股息、红利收入,债券的利息收入及其他收入,暂不征收企业所得税。对基金取得的股利收入、债券的利息收入、储蓄存款利息收入，由上市公司、发行债券的企业和银行在向基金支付上述收入时代扣代缴 20％的个人所得税。

对证券投资基金从上市公司取得的股息红利所得，根据财政部、国家税务总局和中国证监会 2015 年 9 月联合发布的《关于上市公司股息红利差别化个人所得税政策有关问题的通知》，自 2015 年 9 月 8 日起，实行上市公司股息红利差别化个人所得税政策。个人从公开发行和转让市场取得的上市公司股票，持股期限在 1 个月以内（含 1 个月）的，其股息红利所得全额计入应纳税所得额；持股期限在 1 个月以上至 1 年（含 1 年）的，按 50％计入应纳税所得额；上述所得统一适用 20％税率计征个人所得税。持股期限超过 1 年的，股息红利所得暂免征收个人所得税。

股息红利差别化个人所得税政策实施前，上市公司股息红利个人所得税的税负为 10％。该政策实施后，股息红利所得按持股时间长短确定实际税负。因此，个人投资者持股时间越长，其股息红利所得个人所得税的税负就越低。

二、各国基金税收政策

各国对基金投资者的征税途径并不统一，有的由基金管理公司代缴，有的由投资者自缴；征税税种和税率不完全一样；对基金征税的情况也略有不同，有的国家和地区为了鼓励投资基金发展，对基金免征税金。特别是离岸基金，一般都在有"避税天堂"之称的地区登记。

（一）美国基金税收

对基金的股息、利息收入和资本利得免税，以避免重复征税。多数基金在年末分配收益，为了避税应避免在 11、12 月大量购买基金股份，推迟到 1 月购买。美国的基金税收政策概括来说主要有以下两个方面：

（1）共同基金的纳税依据。根据美国《联邦所得税法》和《税务法总则》的有关规定，作为标准投资公司的共同基金向其股东分配利益时，只要满足一定条件就可以被视为类似合伙企业的纳税实体，免征公司所得税，只对其未分配所得征收 4％的消费税。这些条件包括：基金资产多样化且易于变现，基金必须每年将其全部收益的 90％以上分配给股东，基金的毛收入必须有 90％以上来源于股利、股息、证券或股票的销售利得等，其中来自持有期限不超过 3 个月的股票或证券的处置利得不能超过总所得的 30％。

（2）投资者的纳税在共同基金免税的同时，基金股东必须履行纳税的义务。根据 1986 年修订的美国税法规定，基金收益人的所有利息、股利收入和资本利得都被视为普通收入，报税时允许并入综合所得税项，基金股东的股息收入均需纳税，而资本利得收入只有在以现金的形式交付时才需纳税。

（二）英国的基金税收

经认可的投资基金（AIF），在英国注册的公司型基金，收入所得税税率为 20％。已实现和未实现的资本利得免税，期货、期权交易的资本利得免税。

基金持有者处置基金单位的资本利得被征收资本利得税。持有者是个人时，适用个人所得税；持有者是公司时，适用公司所得税（公司处置债券基金的资本利得可免除资本利得税）。

（三）日本的基金税收

日本税法规定，基金经理公司运用信托财产取得收益，只要遵循有关规定，不必缴纳所得税。同时，经理公司也不被视为法人，所以也不必缴纳法人税。对投资者收益的课税，不同类型的基金有不同的方式,股票基金的分配利润被视为股利收入,而债券基金的利润被视为利息收入,它们的课税是不同的。1986 年底,日本特别税法采用一种可供选择的分离课税方法。大致内容有:

(1)当受益人为个人时,投资股票基金和债券基金分配的利润须缴纳 35％的所得税,受益人转让受益凭证的利润不必交税,但投资股票基金的转让须缴纳 0.55％的证券交易税,债券基金则缴纳 0.45％的交易税。

(2)投资者可享受小额储蓄的免税制度,若投资股票基金金额在 30 万日元以下,其收益可免税。若投资债券基金,则投资额连同其他储蓄面额不超过 300 万日元的,可免税。

(3)当受益人为法人时,对从基金投资中获取的分配利润、偿还金须缴纳 20％所得税,但可依据持有基金受益凭证的时间,按比率从法人税中抵除;对买卖转让受益凭证的利润也应缴纳 20％的所得税,同时还须缴纳 0.55％或 0.45％(视转让受益凭证的品种而定)的证券交易税。

三、我国对各方的基金税收

(一)机构投资者买卖基金的税收

机构投资者买卖基金的税收具体内容见表 6-2。

表 6-2 机构投资者买卖基金的税收

税收项目	内容
增值税	(1)根据《营业税改征增值税试点有关事项的规定》,机构投资者买卖基金份额属于金融商品转让,应按照卖出价扣除买入价后的余额为销售额计征增值税。但机构投资者购入基金、信托、理财产品等各类资产管理产品持有至到期,不属于金融商品转让 (2)根据《营业税改征增值税试点过渡政策的规定》,合格境外投资者委托境内公司在我国从事证券买卖业务、香港市场投资者通过基金互认买卖内地基金份额取得的收入免征增值税
印花税	机构投资者买卖基金份额暂免征收印花税
所得税	(1)机构投资者在境内买卖基金份额获得的差价收入,应并入企业的应纳税所得额,征收企业所得税;机构投资者从基金分配中获得的收入,暂不征收企业所得税 (2)对内地企业投资者通过基金互认买卖香港基金份额取得的转让差价所得,计入其收入总额,依法征收企业所得税 (3)对内地企业投资者通过基金互认从香港基金分配取得的收益,计入其收入总额,依法征收企业所得税 (4)对基金取得的股利收入、债券的利息收入、储蓄存款利息收入,由上市公司、发行债券的企业和银行在向基金支付上述收入时代扣代缴。其中,上市公司的股利收入的所得税税率为 20％,但应纳税所得额减半征收;债券利息收入所得税税率为 20％

(二)个人投资者投资基金的税收

个人投资者投资基金的税收具体内容见表 6-3。

表 6 - 3　个人投资者投资基金的税收

税收项目	内容
增值税	据《营业税改征增值税试点过渡政策的规定》,个人买卖基金份额的行为免征增值税
印花税	(1)个人投资者买卖基金份额暂免征收印花税 (2)对香港市场投资者通过基金互认买卖、继承、赠与内地基金份额,按照内地现行税制规定,暂不征收印花税 (3)对内地投资者通过基金互认买卖、继承、赠与香港基金份额,按照香港特别行政区现行印花税税法规定执行
所得税	(1)个人投资者买卖基金份额获得的差价收入,在对个人买卖股票的差价收入未恢复征收个人所得税以前,暂不征收个人所得税 (2)个人投资者从基金分配中获得的股票的股利收入、企业债券的利息收入,由上市公司、发行债券的企业和银行在向基金支付上述收入时,代扣代缴20%的个人所得税。证券投资基金从上市公司分配取得的股息红利所得,按《关于上市公司股息红利差别化个人所得税政策有关问题的通知》实施。个人投资者从基金分配中取得的收入,暂不征收个人所得税 (3)个人投资者从基金分配中获得的国债利息、买卖股票差价收入,在国债利息收入、个人买卖股票差价收入未恢复征收所得税以前,暂不征收所得税 (4)个人投资者从封闭式基金分配中获得的企业债券差价收入,按现行税法规定,应对个人投资者征收个人所得税 (5)个人投资者申购和赎回基金份额取得的差价收入,在对个人买卖股票的差价收入未恢复征收个人所得税以前,暂不征收个人所得税 (6)内地个人投资者通过基金互认从香港基金分配取得的收益,由该香港基金在内地的代理人按照20%的税率代扣代缴个人所得税

(三)基金管理人和基金托管人的税收

基金管理人、基金托管人从事基金管理和基金托管活动取得的收入,依照税法的规定征收增值税和企业所得税。

本章小结

1.基金利润是在一定会计期间内基金管理公司通过运作基金资产产生的经营成果,是基金利息收入、投资收益、公允价值变动收益和其他收入扣除相关费用后的余额。基金利润中的一部分会用于利润分配,基金进行利润分配会导致基金份额净值的下降。

2.基金利润一般应做如下分配:确定利润分配的内容、确定利润分配的比例和时间、确定利润分配的对象、确定分配的方式、确定利润分配的支付方式。封闭式基金的收益分配,每年不得少于一次,且封闭式基金只能采用现金分红;开放式基金的分红方式有两种:现金分红方式和分红再投资转换为基金份额。

3.基金税收是指基金运作过程中有关当事人向国家所交纳的各种税金的总称。主要的税收项目有增值税、印花税和所得税。大多数国家都对基金公司实行免税政策,只对投资者征税,投资者在取得基金分配收益后应缴纳所得税;基金管理公司作为企业,其经营收入应依法纳税。

4. 机构投资者买卖基金份额暂免征收印花税;个人买卖基金份额的行为免征增值税;基金管理人、基金托管人从事基金管理和基金托管活动取得的收入,依照税法的规定征收增值税和企业所得税。

思考与练习

1. 基金利润的来源是什么? 基金利润的财务指标有哪些?

2. 基金分拆和基金分红的区别是什么?

3. 我国封闭式基金、开放式基金、货币市场基金利润分别怎么分配?

4. 我国对基金机构投资者征收哪些税?

5. 我国对基金个人投资者征收哪些税?

第三篇　基金投资与风险管理

第七章　投资者需求分析与基金投资管理

本章提要

本章阐述投资者类型和特征、投资者需求与投资政策之间的关系,分析投资管理流程。第一节介绍个人投资者与机构投资者及其特征,以及普通投资者和专业投资者的划分;第二节分析在投资目标和投资限制等约束条件下的投资者需求,介绍投资政策说明书的内容;第三节介绍投资组合管理的基本流程,包括规划、执行和反馈三个基本步骤;第四节介绍基金公司投资管理的内部运作流程。

第一节　投资者类型和特征

一、个人投资者和机构投资者的特征

根据投资主体特征划分,可把投资者分为个人投资者与机构投资者两种类型。

(一)个人投资者

1.个人投资者的特征

个人投资者是基金投资群体的重要组成部分。基金销售机构常常根据财富水平把个人投资者划分为零售投资者、富裕投资者、高净值投资者和超高净值投资者。个人投资者的划分没有统一的标准,每个基金销售机构都会采用独有的方法来设置投资者类别以及类别之间的界限。

一般而言,更富有的个人投资者,有更多的资金进行投资,而且风险承受能力也更强。通常而言,个人投资者的投资经验和能力不如机构投资者,因此要对个人投资者可投资的基金产品进行严格的监管,并施加一些限制条件,以保护个人投资者尤其是中小投资者的权益。

个人投资者以自然人身份进行投资,一般来说具有以下特征:

(1)投资需求受个人所处生命周期的不同阶段和个人境况的影响,呈现较大的差异化特征。

(2)可投资的资金量较小。

(3)风险承受能力较弱。

(4)投资相关的知识和经验较少,专业投资能力不足。

(5)常常需要借助基金销售服务机构进行投资。

2. 影响个人投资者投资需求的个人基本状况因素

(1)个人投资者的就业状况对其投资需求的影响。拥有稳定工作的年轻个人投资者,其风险承受能力较强,更青睐高风险高收益的产品;处于即将退休的个人投资者,即将失去获得工资收入的能力,其风险承受能力较弱,更倾向于选择低风险稳定收益的产品。

(2)个人投资者的年龄也会影响其投资需求和投资决策。随着年龄的增长,个人投资者的风险承受能力和风险承受意愿逐渐递减。

(3)个人投资者的家庭状况也会影响其投资需求。家庭负担越重,则可投资的资源越少,投资者越偏向于稳健的投资策略。

(4)个人投资者的财务状况。一些富裕的个人投资者资金充裕,风险承受能力强,倾向成长性投资,会寻求具有增值潜力的资产去投资;而一些投资者,例如退休人员,可能会需要每年从他们持有的资产中获取收入,因此可能会选择投资固定收益和分红类型的产品。

(5)个人投资者的预期投资期限、对风险和收益的要求、对流动性的要求等因素也都会影响投资者的投资需求和投资决策。

(二)机构投资者

1. 机构投资者的概念

机构投资者是指用自有资金或者筹集客户的资金进行投资的法人机构。机构投资者有许多不同的类型,例如养老金、大学捐赠基金、公益基金、银行、保险公司、投资基金(公募基金和私募基金)和主权财富基金等。

2. 机构投资者的特征

相比个人投资者,机构投资者资金实力更为雄厚,投资规模较大;抗风险能力更强,且投资能力更为专业;投资行为规范。

不同类型的机构投资者具有不同的投资需求及限制。

3. 机构投资者的管理方式

(1)聘请专业投资人员对投资进行内部管理。

(2)将资金委托投资于一个或多个外部资产管理公司。

(3)采用混合的模式,有能力管理的一部分资产交由内部管理,而超出自身管理能力的一部分资产则交由外部机构管理。

4. 我国的机构投资者

我国的机构投资者主要包括商业银行、保险公司和保险资产管理公司、全国社会保障基金、企业年金基金、大型企业的财务公司、合格境外机构投资者(QFII)、公募基金公司、私募基金公司、具有自营业务的证券公司和证券公司下属资产管理子公司等。

(1)商业银行。进行理财产品的销售和管理也是银行的重要业务。通过销售理财产品募集的理财资金,银行可以独立进行投资管理,也可以委托基金公司等其他金融机构进行投资管理。

(2)保险公司。保险公司通过销售保单募集大量保费并将保费进行适当的投资,将其本金和收益用于未来可能需要支付的理赔款。保险公司可区分为财险公司、寿险公司两种类型。

财险公司针对因火灾、盗窃、交通事故等意外风险事件导致的损失提供保险赔偿服务。

寿险公司开展人寿保险、人身意外险、健康险等险种业务。寿险公司通过人寿保险业务吸纳的保费较财险公司吸纳的保费具有较长的投资期,可以部分投资于风险较高的资产。

(3)全国社会保障基金。全国社会保障基金于 2000 年 8 月设立,属于国家社会保障储备基金,由中央财政预算拨款、国有资本划转、基金投资收益和国务院批准的其他方式筹集的资金构成,专门用于人口老龄化高峰时期的养老保险等社会保障支出的补充、调剂,由全国社会保障基金理事会(简称社保基金会)负责管理运营。社会保障资金的投资运作受到严格的制度约束,长期以来奉行价值投资、长期投资和责任投资的稳健投资理念。

(4)企业年金基金。企业年金基金属于我国社会保障体系之下的另一类机构投资者。

企业年金基金是指企业年金计划筹集的资金及其投资运营收益形成的企业补充养老保险基金。企业年金基金财产的投资范围较广,包含银行存款、国债、中央银行票据、债券回购、万能保险产品、投资联结保险产品、证券投资基金、股票、商业银行理财产品、信托产品、基础设施债权投资计划、特定资产管理计划、股指期货以及信用等级在投资级以上的金融债、企业(公司)债、可转换债(含分离交易可转换债)、短期融资券和中期票据等金融产品。

企业年金基金在投资过程中需要严格遵循有关法规确定的投资比例限制,遵循谨慎、分散风险的原则,充分考虑企业年金基金财产的安全性、收益性和流动性,实行专业化管理。

(5)大型企业。一些大型企业设有财务公司,主要负责资金管理和投资。企业可能在运营过程中产生大量现金,而在一定时期内闲置不用,这笔资金可根据资金空闲时间和风险约束进行投资,通常情况下,会投资于银行存款、货币市场基金,或投资于其他流动性较好的短期资产。

(6)合格境外机构投资者(QFII)。合格境外机构投资者是一类重要的机构投资者。QFII制度是一国在货币未完全可自由兑换、资本项目尚未完全对外开放情况下有限度地引进外资、开放资本市场的一项过渡性的制度安排。QFII 在中国境内的投资受到包括主体资格、资金流动、投资范围和投资额度等方面的限制。

(7)公募基金公司。公募基金公司通过发行不同类型的公募基金产品,将个人和机构客户的资金募集起来进行投资管理。基金公司所管理的每一个基金产品都具有特定的投资目标、投资范围和投资策略,体现不同的风险收益特征。

(8)私募基金公司。私募基金公司是一类特殊的机构投资者。私募基金公司的投资产品面向不超过 200 人的合格投资者发行。由于私募基金所受的法律约束比公募基金少,其投资目标、投资渠道、投资策略都会更为灵活与多样化。

(9)具有自营业务的证券公司。获准开展自营业务的证券公司也属于重要的机构投资者。各个证券公司自营资金的规模大小、投资期限安排、流动性要求各不相同。有些券商具有资产管理牌照,可以通过发行集合资产管理计划产品来募集资金进行投资。

二、普通投资者和专业投资者的特征

由中国证监会于 2016 年底颁布并于 2017 年 7 月 1 日起施行的《证券期货投资者适当性管理办法》将投资者分为普通投资者和专业投资者两类。

(一)专业投资者

按照中国证监会的规定,专业投资者包括持牌金融机构及其发行的理财产品,养老基金,公益基金,以及金融资产规模、投资经验符合规定条件的机构和自然人。

专业投资者具备专业的投资知识和经验，能够自行判断投资品种和期限是否符合投资需求，能够理解金融产品和金融服务存在的风险，在财务上能够承担相应的投资损失风险，因此资产管理机构在面对这类投资者时可适当豁免部分适当性义务。

（二）普通投资者

专业投资者之外的投资者为普通投资者。普通投资者往往处于信息不对称的弱势地位，在信息告知、风险警示、适当性匹配等方面享有特别保护。

要注意的是并非所有的机构投资者都是专业投资者，同样，并非所有的个人投资者都是普通投资者，我们经常看到个人投资者通过二级市场买入方式出现在上市公司前十大股东中，这样的个人投资者可以认为是专业投资者。

第二节 投资者需求分析和拟订投资政策说明书

根据现代企业理论，公司的产品和服务目标是充分满足顾客的需要，为消费者创造价值。而投资者就是投资基金公司的顾客，充分了解他们的需求、投资目标和限制，拟订投资政策说明书，为投资过程建立一个明确的指导原则和行动路线具有重要实际意义。

一、投资者在投资目标、投资限制等约束条件下的需求分析

（一）投资目标

投资目标是由投资者的收益要求与风险容忍度决定的，两者相互依赖，缺一不可。

1.收益目标

收益目标可以是绝对收益率，如年化的收益率为 6%；也可以是相对收益率，如沪深 300 指数收益率+5%。投资者的收益目标须与其风险容忍度相匹配。

2.风险容忍度

投资者的风险容忍度取决于其承担风险的能力和意愿两个方面。具备高于平均水平的风险承受能力和风险承担意愿意味着具备高于平均水平的风险容忍度；反之，则意味着具备低于平均水平的风险容忍度。例如：有的投资者愿意承受 30%的亏损；而有的投资者 10%的亏损都不接受。

（1）承担风险的能力。承担风险的能力由投资者自身的投资期限、收入支出状况和资产负债状况等客观因素决定。在其他条件相同的条件下，投资期限较长的投资者要比投资期限较短的投资者具有更高的风险承受能力。这是因为如果投资期限较长，那么投资者就能够承受投资期限较长品种价值短期的波动，或者有更长的时间来调整自己的投资组合构成状况以弥补投资损失。

（2）承担风险的意愿。承担风险的意愿是投资者的主观愿望，反映了投资者的风险厌恶程度，它取决于投资者的心理状况及其当时所处的境况。普遍认为，性格类型、自信心、独立思维倾向等心理因素与承担风险的意愿密切相关。有些个人投资者对于承担投资风险有心理准备并保持平常心，但有些投资者则会感到非常不安。即使机构投资者也需要确定一套风险管理原则，对投资的风险承担加以限制，以确保机构投资者不会因为投资损失而致违约或破产等严重后果。

管理人可以通过与投资者当面进行风险讨论或者邀请投资者填写问卷等方式来判断投资

者承担风险的能力和意愿。任何对风险容忍度的评定都必须同时考虑到投资者承担风险的能力和意愿。

当发生投资者的风险承受能力与风险承担意愿相背离的情况时,基金管理人或基金销售机构应当根据情况对投资者提供顾问服务,兼顾投资者的风险承担能力与风险承担意愿,帮助投资者确定合理的风险容忍度。

(二)投资限制

投资限制是投资者内外部因素给投资者的投资选择所带来的限制。由于投资限制不同,风险容忍度和收益期望相同的投资者也会选择不同的投资产品。这些内外部因素通常包括流动性要求、投资期限、税收情况、法律法规要求以及特殊需求等。其中,流动性和投资期限直接影响投资者的风险承受能力,进而限制了投资者的风险目标和收益目标。投资目标的设定需要考虑投资限制。

1.流动性要求

流动性是指资产的即时变现能力,也就是,在短期内以低成本完成交易的能力。如果资产能够在短时间内以合理价格迅速变现,而不需要支付较高的成本,则该资产的流动性较好;如果资产在短期内无法变现,或者只能以较低价格或较高的交易成本变现,则该资产的流动性较差。

流动性要求可以通过持有现金或者现金等价物或者通过把其他资产变现为现金来满足。个人投资者可能需要变现以购买汽车等耐用消费品、为孩子支付教育费用、看病等应付意外支出等,或者是通过变现获得稳定的现金流,用于生活开支。

通常情况下,投资期限越短,投资者对流动性的要求越高;流动性与收益之间常常存在反向关系。无论是个人投资者还是机构投资者,流动性是金融投资的重要需求之一,都应该在投资组合中配置一定比例的流动性较强的资产。

2.投资期限

投资期限是指投资者从购买金融资产到兑现日之间的时间。

不同机构投资者的投资期限会有所差异。例如:财产保险公司,可能预计在几年内经常需要大笔资金用于保险理赔,并且理赔时间、数量具有很强的随机性,它只能将很大部分资金进行中短期投资,以保证流动性。寿险公司,能够对未来多年内的寿险给付时间、数量做一个较准确的预计,它可以对保费收入的投资做一个长期的投资规划。

投资期限的长短影响投资者的风险容忍度以及对流动性的要求。投资期限越长,则投资者能够承担的风险越大。

3.税收政策

税收政策是影响投资决策的重要考虑因素。投资策略的业绩好坏是以税后收益率来衡量的。对面临高税率的个人和机构投资者来说,避税和税收递延对投资决策起很重要的影响。相比没有税收优惠的投资产品,免税或者具有优惠税率的投资产品对投资者具有更大的吸引力。

4.法律法规要求

法律法规要求是政府和监管机构所颁布实施的限制投资者投资决策的外部因素。

5. 特殊需求

投资者自身的特殊需求有可能会限制其投资组合的选择。例如,对于个人投资者来说,投资的三大主要需求是住房、孩子教育及养老,其投资策略在一定程度上将取决于这些支出的急需程度。机构投资者同样会面临独特需求。如养老基金将会根据其参与者平均年龄的不同,而在其投资策略中显示出差异。又如一所大学的捐赠基金,可能受捐赠者意愿进行某些投资。投资者的投资范围还受到国家政策、社会等各种独特因素的影响。

二、投资政策说明书的用途和主要内容

撰写投资政策说明书的目的是为投资过程建立一个明确的指导原则和行动路线。包括:要求了解客户的投资需求及面对的限制条件,以制订切实可行的投资目标;帮助客户了解投资所带来的成本和风险;确立投资绩效评估的客观标准,使客户和基金公司明确投资是否达到目标。

投资政策说明书是投资决策的指导性文件。当投资管理人了解了投资者需求,确认并量化了投资者的投资目标和投资约束后,就要制订投资政策说明书。

投资者在风险容忍度、收益要求、流动性要求、投资期限、税收政策、法律法规要求、个性化需求等方面存在差异,因而产生了多样化的投资需求。投资管理人应基于投资者的需求、财务状况、投资限制和偏好等为投资者制订投资政策说明书。

投资政策说明书没有标准格式,大部分的投资政策说明书包含了以下内容:

(1)介绍。这一部分对客户的基本情况进行描述。

(2)目的。这一部分对撰写投资政策说明书的目的进行陈述。

(3)责任和义务。这一部分详细说明客户、客户资产的托管人以及投资管理人的责任和义务。

(4)流程。这一部分详细介绍根据投资政策说明书进行投资的每一个步骤,以及各种突发和偶然情况的应对措施。

(5)投资目标。这一部分陈述客户投资的具体目标。

(6)投资限制。这一部分陈述限制客户投资的因素。

(7)资产配置。这一部分内容包括制订战略资产配置要考虑的因素和结果。这是进行资产配置的基准,也是对投资组合中资产权重进行再平衡的指导原则。

(8)投资指导方针。这一部分内容是有关投资政策执行的具体细节,例如,可投资资产类别范围、债券评级和久期限制等。

(9)业绩考核指标与业绩比较基准。这一部分内容用于业绩评估。

(10)评估与回顾。这一部分说明如何进行投资绩效信息的反馈以及如何对投资政策说明书进行重新审查和更新。

除以上内容外,有些机构还将投资决策流程、投资策略与交易机制等内容纳入投资政策说明书。

由于投资政策说明书中涉及的投资者需求会不断变化,投资政策说明书在制订之后需要定期或不定期地进行重新审核与更新,以适应投资者需求的变化。

制订投资政策说明书是进行投资组合管理的基础。投资政策说明书能够有效地指导投资策略的实施,有助于更好地实现投资组合管理。

第三节　投资组合管理的基本流程

投资组合管理的目标是实现投资收益的最大化,就是使投资者在获得一定收益的同时承担最低的风险,或在投资者可接受的风险水平内使其获得最大的收益。投资组合管理通常包括规划、执行和反馈三个基本步骤。

一、规划

1.确定并量化投资者的投资目标和投资限制

投资规划的首要任务就是充分了解客户需求,确认并量化投资者的投资目标和细化投资限制。

2.制订投资政策说明书

投资政策说明书是为所有投资决策制订的指导性文件,包含投资目标、投资限制以及其他多项内容。

3.形成资本市场预期

投资管理人对多种资产类别的长期风险和收益特征进行分析预测。

4.建立战略资产配置

在战略资产配置中,投资管理人结合投资政策说明书和资本市场预期来决定各类目标资产的配置,并制订各类资产权重的上限和下限作为投资过程中风险控制的依据。战略资产配置可针对单一周期或多个周期进行。

二、执行

投资执行是投资规划的实现。在执行阶段,投资经理会结合投资组合的既定目标、资本市场预期和分析报告等来构建投资组合和选择证券品种,并由交易部门执行投资决策。投资经理会根据投资者实际情况和资本市场预期的变化对投资组合进行调整。

在进行投资决策时,投资经理会进行投资组合优化。投资组合优化是指通过数量化分析工具将各类资产有效地组合起来达到预定的风险和收益目标。

投资经理有时会让投资组合的实际资产配置临时偏离其战略资产配置。例如,当投资者自身情况相比平时发生了变化,投资经理有可能会调整资产配置以适应该变化。这种临时性的配置会一直保持到投资者自身情况恢复才会被调整到战略性资产配置的水平。

三、反馈

投资组合管理的反馈由监控和再平衡、业绩评估两个部分组成。

1.监控和再平衡

监控和再平衡是指在对投资者情况与经济和市场因素的监控下,持续调整投资组合以适应新的变化,使投资组合能够符合客户的投资目标和限制。

投资者现状发生改变时,投资经理要及时了解投资者投资目标和投资限制的变化并进行相应的组合调整。当经济和市场因素引起资本市场预期发生变化时,投资经理会进行投资组合的再平衡。在实践中,再平衡可以定期进行,或由特定规则触发,也可以根据投资经理对情况变化的判断来确定。

2.业绩评估

投资管理人需定期对投资业绩进行阶段性的评估,以对投资目标的实现情况和投资管理能力进行评价。对投资管理能力的评价包括业绩度量、业绩归因和绩效评估三部分。

第四节　基金公司投资管理的内部运作流程

一、基金公司投资管理部门设置

投资管理是基金管理公司的核心业务。基金管理公司的投资管理能力直接影响到基金份额持有人的投资收益,投资者会根据以往基金管理公司的收益表现情况选择基金管理人。

投资管理部门体现着基金管理公司的核心竞争力。不同的基金管理公司的投资管理部门设置有所差别,在第三章第二节已经详细介绍了投资决策委员会、投资部、研究部、交易部,下面简要回顾。

(一)投资决策委员会

投资决策委员会是基金管理公司管理基金投资的最高决策机构,由各个基金公司自行设立,是非常设的议事机构。

(二)投资部

投资部负责根据投资决策委员会制订的投资原则和计划制订投资组合的具体方案,向交易部下达投资指令。

(三)研究部

研究部是基金投资运作的基础部门,通过对宏观经济形势、行业状况、上市公司等进行详细分析和研究,提出行业资产配置建议,并选出具有投资价值的上市公司建立股票池,向基金投资决策部门提供研究报告及投资计划建议。

(四)交易部

交易部是基金投资运作的具体执行部门,负责投资组合交易指令的审核、执行与反馈。

二、基金公司投资运作流程

基金公司投资运作流程包括形成投资战略和策略、构建投资组合、执行交易指令、绩效评估与组合调整、风险分析与管理等环节以形成管理闭环。

(一)形成投资战略和策略

一般基金的投资战略和策略的决策依据主要有:

(1)符合基金份额持有人利益最大化的原则;

(2)国家有关法律法规、基金合同及公司章程的有关规定;

(3)国家宏观经济环境及其对证券市场的影响;

(4)国家宏观经济政策以及具体针对证券市场的政策;

(5)各行业、地区发展状况;

(6)上市公司财务状况、行业环境、市场需求状况及其当前市场价格;

(7)证券市场资金供求状况及未来走势。

投资策略的制订是投资交易的基础环节,包括以下步骤:

(1)研究部提出研究报告。研究部、金融工程小组和交易部通过自身研究及借助外部研究机构形成有关公司分析、行业分析、宏观分析、市场分析以及数据模拟的各类报告,并提出投资建议,建立投资股票池,为基金的投资管理提供决策依据。

（2）投资决策委员会定期召开会议，参考研究部提供的研究报告，根据现行法律法规和基金合同的有关规定，并依据上述报告对基金的投资范围、投资目标等总体投资策略和投资方向、资产配置比例等提出指导性意见。如遇重大事项，投资决策委员会及时召开临时会议做出决策。

（3）投资部制订投资组合的具体方案。投资部根据总体投资策略和研究报告，构建投资组合方案，对方案进行必要的风险收益分析。

（二）构建投资组合

在实际操作中，基金经理小组根据投资决策委员会的决议，参考上述报告，并结合自身对证券市场和上市公司的分析判断，形成基金投资计划，包括资产配置、行业配置、股票/债券选择、重仓个股，以及买卖时机。

（三）执行交易指令

交易部依据基金经理小组的指令，制订交易策略，统一执行证券投资组合计划，进行具体品种的交易（详细见第十章第三节）。基金经理必须遵守投资组合决定权和交易下单权严格分离的规定。

交易指令从基金公司到达经纪商，交易指令已经从基金公司流出，经纪商会确认交易指令并执行，然后进行交易清算交割，完成交易过程。

（四）绩效评估与组合调整

基金公司内部会定期和不定期对基金进行投资绩效评估，并提供相关报告。绩效评估分析超额收益的来源、投资风格、投资行为特征等。根据绩效评估结果，基金经理可以对投资策略和投资组合进行适当的调整，公司管理层可以对基金经理进行业绩考核与能力评定，也为进一步完善投资运作流程提供意见和建议。

（五）风险分析与管理

风险控制委员会和风险管理部根据市场变化对投资组合计划提出风险防范措施，监察部和法律合规部对投资组合计划的执行过程进行日常监督和实时风险控制，基金经理小组依据基金申购和赎回的情况控制投资组合的流动性风险。

风险管理是基金公司的核心任务之一，后面将有专章来讲。

本章小结

1.投资者分为个人投资者与机构投资者两种类型。

（1）个人投资者的特征。

①投资需求受个人所处生命周期的不同阶段和个人境况的影响，呈现较大的差异化特征。

②可投资的资金量较小。

③风险承受能力较弱。

④投资相关的知识和经验较少，专业投资能力不足。

⑤常常需要借助基金销售服务机构进行投资。

（2）机构投资者的特征。

①资金实力雄厚，投资规模相对较大。

②具有更高的风险承受能力。

③投资管理专业。

④投资行为规范。

2.由于投资者需求是不同的,具有不同的投资目标和投资限制,因此投资政策说明书的制订也是个性化的。投资目标是由投资者的风险容忍度和收益要求决定的,两者相互依赖,缺一不可。投资限制是投资者内外部因素给投资者的投资选择所带来的限制。

(1)投资政策说明书是投资决策的指导性文件。当投资管理人充分了解了投资者需求,确认并量化了投资者的投资目标和细化投资约束后,就要制订投资政策说明书。投资者在风险容忍度、收益要求、流动性要求、投资期限、税收政策、法律法规要求、个性化需求等方面存在差异,因而产生了多样化的投资需求。投资管理人应基于投资者的需求、财务状况、投资限制和偏好等为投资者制订投资政策说明书。

(2)大部分的投资政策说明书包含了以下内容:

①介绍。这一部分对客户的基本情况进行描述。

②目的。这一部分对撰写投资政策说明书的目的进行陈述。

③责任和义务。这一部分详细说明客户、客户资产的托管人以及投资管理人的责任和义务。

④流程。这一部分详细介绍根据投资政策说明书进行投资的每一个步骤,以及各种突发和偶然情况的应对措施。

⑤投资目标。这一部分陈述客户的投资目标。

⑥投资限制。这一部分陈述客户的投资限制因素。

⑦资产配置。这一部分内容包括制订战略资产配置考虑的因素和结果。这是进行资产配置的基准,也是对投资组合中资产权重进行再平衡的指导原则。

⑧投资指导方针。这一部分内容是有关投资政策执行的具体细节,例如,可投资资产类别范围、债券评级和久期限制等。

⑨业绩考核指标与业绩比较基准。这一部分内容用于业绩评估。

⑩评估与回顾。这一部分说明如何进行投资绩效信息的反馈以及如何对投资政策说明书本身进行重新审查和更新。

3.投资管理过程为一个动态反馈的循环过程。投资组合管理通常包括规划、执行和反馈三个基本步骤。

4.投资管理是基金管理公司的核心业务。投资管理部门一般包含投资决策委员会、投资部、研究部、交易部等。基金公司投资交易流程包括形成投资策略、构建投资组合、执行交易指令、绩效评估与组合调整、风险分析与管理等环节。

思考与练习

1.对比分析个人投资者的特征与机构投资者特征的主要差异。

2.为什么要制订投资政策说明书?

3.大部分的投资政策说明书都包含什么内容?

4.为什么投资管理是基金管理公司的核心业务?投资管理机构一般包含哪些部门?

5.投资组合管理的基本流程包含哪三个基本步骤?

6.基金公司投资运作流程包括哪些环节?

第八章　投资组合管理

本章提要

本章阐述投资组合管理的基础理论、方法，以及在基金管理中的实际应用。第一节介绍现代投资组合理论，属于复习巩固性质的，作为后续知识的理论基础；第二节介绍被动投资和主动投资的基本原理，包括市场有效性理论、被动投资和主动投资方法等；第三节介绍股票投资组合和债券投资组合的构建基本流程。

第一节　现代投资组合理论回顾

一、资产收益率的期望、方差、协方差、标准差等的概念、计算和应用

(一)单个或两种资产的期望收益率

期望收益率实际上是资产各种可能收益率的加权平均值，因此它又被称为平均收益率。如果以 r 表示收益率，那么 r 的期望可表示为 $E(r)$。

对于两种资产 i、j 组成的投资组合，设 $E(r_p)$ 为投资组合的期望收益率，$E(r_i)$ 为资产 i 的期望收益率，$E(r_j)$ 为资产 j 的期望收益率，w_i、w_j 分别为投资资产 i、资产 j 的权重，则在该资产组合中 $w_i + w_j = 1$，由此可以得到该投资组合的期望收益率为

$$E(r_p) = w_i E(r_i) + w_j E(r_j)$$

即资产投资组合的期望收益率为其所包含各个资产的期望收益率的加权平均。

(二)单个资产的方差和标准差

方差和标准差是估计资产实际收益率与期望收益率之间可能偏离程度的测度方法。对于单一资产，其收益率方差和标准差的计算公式如下：

$$\sigma^2 = \sum_{i=1}^{n} p_i \left[r_i - E(r) \right]^2$$

$$\sigma = \sqrt{\sum_{i=1}^{n} p_i \left[r_i - E(r) \right]^2}$$

式中：σ^2 为该资产收益率的方差；σ 为该资产收益率的标准差；r_i 表示该资产在第 i 种状态下的收益率；p_i 表示收益率 r_i 发生的概率；n 表示资产可能的收益状态的总数；$E(r)$ 表示该资产的期望收益率。

(三)两种资产投资组合收益率的协方差和相关系数

投资组合理论使用协方差和相关系数测度两种风险资产的收益之间的相关性。对于已知

资产 i 和 j 的收益率的联合分布,其协方差为:

$$\text{Cov}(r_i, r_j) = E\{[r_i - E(r_i)][r_j - E(r_j)]\}$$

两种资产组合收益率的相关系数定义为协方差除以两种资产各自收益率标准差的乘积,用希腊字母 ρ 表示为

$$\rho_{i,j} = \frac{\text{Cov}(r_i, r_j)}{\sigma_i \sigma_j}$$

由随机变量相关性的知识可知,相关系数的取值范围是 $[-1, +1]$。当 $\rho > 0$ 时,两种资产的收益率呈正线性相关;当 $\rho < 0$ 时,两种资产的收益率呈负线性相关;当 $\rho = 0$ 时,两种资产的收益率间无线性相关关系。当 $|\rho| = 1$ 时,表示两种资产收益率呈完全线性相关,$+1$ 为完全正相关,-1 为完全负相关。

(四)两种资产投资组合收益率的方差和标准差

投资组合收益率的方差和标准差,取决于各资产的方差、权重以及互相之间的相关系数。

对于两种资产 i 和 j 组成的投资组合,其收益率方差和标准差的计算公式为

$$\sigma_\rho^2 = w_i^2 \sigma_i^2 + w_j^2 \sigma_j^2 + 2 w_i w_j \text{Cov}(r_i, r_j) = w_i^2 \sigma_i^2 + w_j^2 \sigma_j^2 + 2 w_i w_j \rho_{i,j} \sigma_i \sigma_j$$

$$\sigma_\rho = \sqrt{w_i^2 \sigma_i^2 + w_j^2 \sigma_j^2 + 2 w_i w_j \rho_{i,j} \sigma_i \sigma_j}$$

式中:σ_ρ^2 为该投资组合收益率的方差;σ_ρ 为该投资组合收益率的标准差。资产组合收益率的方差是各个资产的方差与资产间相关系数的函数。单一资产收益率的方差不变,相关系数越小,资产组合收益率的方差也越小。

二、两种资产收益相关性的概念、计算和应用

如果两种资产的收益受到某些因素的共同影响,那么它们的波动会存在一定的联系。由于存在一系列同时影响多个资产收益的因素,大多数资产的收益之间都会存在一定的相关性。

对于由两种资产 i 和 j 构成的组合,给定一个特定的投资比例,则得到一个特定的投资组合,它具有特定的预期收益率和标准差。如果让投资比例在一个范围内连续变化,则得到的投资组合点在标准差-预期收益率平面中构成一条连续曲线。取不同的相关系数值,得到不同的曲线。

当 $\rho_{i,j} = 1$ 时,且假定 $\sigma_j > \sigma_i$:

$$\sigma_\rho^2 = w_i^2 \sigma_i^2 + w_j^2 \sigma_j^2 + 2 w_i w_j \sigma_i \sigma_j$$

$$\sigma_\rho = w_i \sigma_i + w_j \sigma_j$$

此时两种资产的投资组合在图中呈一条直线(见图 8-1),直线上的每一个点表示不同权重的投资组合。如果我们把 100% 的资金投资于资产 i,给资产 j 的就是 0,那么投资组合就是 i 点。随着资产 i 的权重越来越小,资产 j 的权重越来越大,投资组合的点就沿着直线向右上方移动,直到 j 的权重达到 100%,那么投资组合就到 j 点。

接上式,当权重不等于 0 时

$$\sigma_\rho < w_i \sigma_j + w_j \sigma_j$$

$$\sigma_\rho < (w_i + w_j) \sigma_j = \sigma_j$$

即

$$\sigma_\rho < \sigma_j$$

$\rho_{i,j} = 1$ 时,σ_ρ^2 的值比取其他值时都大(直线 ij,其他都在左侧)。因此,这一结论在所有情况下都成立。即组合的风险小于单个资产风险的加权值,且小于单个资产风险中的最大值。

当 $\rho_{i,j} = -1$ 时,

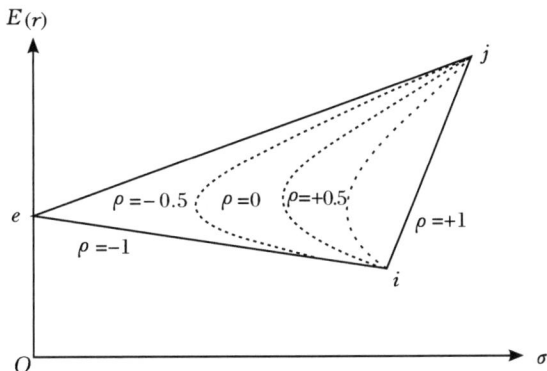

图 8-1　不同相关系数情形下两种资产组合的风险收益

$$\sigma_\rho^2 = w_i^2 \sigma_i^2 + w_j^2 \sigma_j^2 - 2 w_i w_j \sigma_i \sigma_j$$

$$\sigma_\rho = | w_i \sigma_i - w_j \sigma_j |$$

由公式可见,当两种资产收益率的相关系数等于-1,一定能找到一点,使得投资组合的标准差为 0。两种资产的可能组合是一条转折点 e 在 y 轴的折线。转折点 e 即标准差为 0 的组合,等效于无风险资产。

当 $\rho_{i,j} = 0$ 时,

$$\sigma_\rho^2 = w_i^2 \sigma_i^2 + w_j^2 \sigma_j^2$$

$$\sigma_\rho = \sqrt{w_i^2 \sigma_i^2 + w_j^2 \sigma_j^2}$$

如果资产 i 和资产 j 的相关系数在-1 和 1 之间,那么两种资产的投资组合将呈一条向左上方弯曲的曲线(见图 8-1 的虚线),同一条曲线上的每一个点表示组合中资产的相关系数相同但资产权重不同的投资组合。两种资产的相关系数越小,组合的曲线越往左边弯曲,组合风险越小。

上述两种资产组合的风险小于单个资产风险的加权值,且小于单个资产风险中的最大值;相关系数越小,组合风险越小,相关系数为-1 时,组合风险最小。同理,当一个资产组合中有两个以上资产时,上述结论同样成立。

这给我们在实际投资应用时指明了方向,我们构筑投资组合时,在收益率相同的情况下,选择资产品种之间相关性最小的,甚至是负相关的资产或资产组合。

三、均值方差模型的基本思想以及有效前沿和最优组合的概念

(一)均值-方差模型概述

1952 年,25 岁的马科维茨在《金融杂志》上发表了一篇题为《资产组合的选择》的文章,首次提出了均值-方差模型,奠定了投资组合理论的基础,标志着现代投资组合理论(MPT)的开端。1990 年,马科维茨凭此获得了诺贝尔经济学奖。

马科维茨投资组合理论的基本假设是投资者是厌恶风险的。如果在两个具有相同预期收益率的证券之间进行选择,投资者会选择风险较小的。要让投资者承担更高的风险,必须要以更高的预期收益来补偿。

在回避风险的假定下,马科维茨建立了一个投资组合分析的模型,其要点如下:

(1)投资组合具有两个相关的特征:①预期收益率;②各种可能的收益率围绕其预期值的

偏离程度,这种偏离程度可以用方差度量。

(2)投资者将选择并持有有效的投资组合。有效投资组合是指在给定的风险水平下使得期望收益最大化的投资组合,在给定的期望收益率上使得风险最小化的投资组合。

(3)通过对每种证券的期望收益率、收益率的方差和每一种证券与其他证券之间的相互关系(以协方差来度量)这三类信息的适当分析,可以在理论上识别出有效投资组合。

(4)对上述三类信息进行计算,得出有效投资组合的集合,并根据投资者的偏好,从有效投资组合的集合中选择出最适合的投资组合。

(二)最小方差前沿、有效前沿与有效资产组合

1.最小方差前沿

可行集,代表市场上可投资资产所形成的所有组合。所有可能的组合都位于可行集的内部或边界上。只有可行集最左边的点是有效的,右边所有的点都是无效的。如果把最左边的点都连在一起就形成一条曲线,这条曲线称为最小方差前沿。在相同收益率水平下,这条曲线上的组合具有最小方差。最小方差前沿上每个点都是所有风险资产的组合,各个点的区别是各种风险资产的权重不同。

2.有效前沿

从全局最小方差组合开始,最小方差前沿的上半部分就称为马科维茨有效前沿,简称有效前沿。有效前沿是能够达到的最优的投资组合的集合,它位于所有资产和资产组合的左上方。

所有的单个资产都位于有效前沿的右下方,有效前沿的左上方无法利用现有市场上的风险资产来获得。在一定的期望收益率 $E(r)$ 水平下,有效前沿上的投资组合风险最低;在一定的风险水平下,有效前沿上的投资组合期望收益率水平最高。

有效前沿上的投资组合为有效组合,其特点是包含了所有风险资产。所以,有效组合是完全分散化的投资组合。

3.有效资产组合

任何一个投资组合均存在有效与无效之分。在一个相同的风险水平上,可能存在很多组合,其中只有一个收益率是最高的,因而是有效的。只有组合风险与组合收益的交点落在 AC 曲线段上组合才是有效资产组合(见图 8-2)。

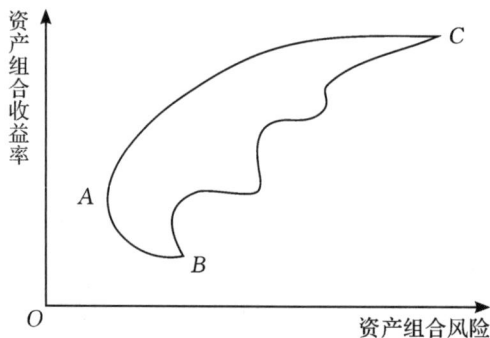

图 8-2 有效资产组合

四、资本市场理论

(一)系统性风险和非系统性风险的概念以及 β 系数的含义

系统性风险是指整体具有的,无法通过增加持有资产的种类而消除的风险;非系统性风险是指单个或部分具有的,通过增加持有资产的种类就可以相互抵消的风险(见图 8-3)。

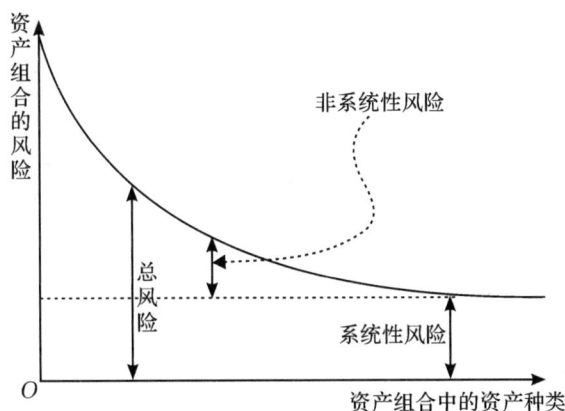

图 8-3　系统性风险和非系统性风险

1. β 系数的概念

β 系数是评估证券或投资组合系统性风险的指标,反映的是投资对象对市场变化的敏感度。在金融投资领域,人们常用 β 系数来测量某一风险金融资产相对于其所在市场的风险程度,即

$$\beta = \frac{\text{资产 } i \text{ 的风险程度}}{\text{整个市场的风险程度}}$$

2. β 系数的计算方法

β 系数是一个统计指标,采用回归方法计算,公式如下:

$$\beta = \frac{\text{cov}(r_p, r_m)}{\sigma_m^2}$$

式中:$\text{cov}(r_p, r_m)$ 为投资组合 p 的收益率与市场收益率的协方差;σ_m^2 为市场收益率的方差。

在此,β 值的大小,反映了金融投资组合对整个市场变化的敏感程度,表明了金融投资组合相对风险的大小。例如,A 股票投资组合的 β 值为 2,就表明若整个股市行情上升 10%,则该股票投资组合的价值将上升 20%;若整个股市行情下降 10%,则该股票投资组合的价值将下降 20%。B 股票投资组合的 β 值为 0.8,就表明若整个股市行情上升 10%,则该股票投资组合的价值将上升 8%;若整个股市行情下降 10%,则该股票投资组合的价值将下降 8%。相对于整个市场而言,股票投资组合 A 的风险大于股票投资组合 B。β 系数可以用历史数据计算得来。

(二)CAPM 模型的主要思想和应用以及资本市场线和证券市场线

1. CAPM 的主要思想

威廉·夏普、约翰·林特纳和简·莫辛三人分别于 1964 年、1965 年和 1966 年独立研究出著名的资本资产定价模型(CAPM)。

资本资产定价模型（CAPM）以马科维茨证券组合理论为基础,研究如果投资者都按分散化的理念去投资,最终证券市场达到均衡时,价格和收益率如何决定的问题。用一般均衡模型刻画所有投资者的集体行为,揭示在均衡状态下,证券收益与风险之间关系的经济本质。CAPM 在一系列假设条件下就投资者行为得出如下结论:对于所有投资者,最优的资产组合都是市场资产组合和无风险资产的组合;这种组合的所有可能情况形成一条直线,被称为资本市场线（CML）,即资本市场为投资者在该线上提供了最优的资源配置。

CAPM 假设只有证券或证券组合的系统性风险才能获得收益补偿,其非系统性风险将得不到收益补偿。投资者要想获得更高的报酬,必须承担更高的系统性风险;承担额外的非系统性风险将不会给投资者带来收益。

CAPM 使用 β 系数来描述资产或资产组合的系统风险大小。资产的风险溢价与其 β 系数成正比,即 $\overline{r_i} = r_f + \beta_i(\overline{r_m} - r_f)$。

CAPM 体现了资产的期望收益率与系统风险之间的正向关系,即任何资产收益率超过无风险利率差额的市场风险溢价,等于资产的系统性风险（β 系数）乘以市场组合的风险溢价。

2. 证券市场线

证券市场线（见图 8-4）以公式可表示为：

$$\overline{r_i} = r_f + \beta_i(\overline{r_m} - r_f)$$

它的斜率是市场组合的风险溢价。

某特定资产收益率与市场组合收益率的协方差越大,该资产的 β 值越大,期望收益率也越大。从资本资产定价公式中还可以知道,无风险资产的 β 系数为零,即 $\beta=0$;市场组合的 β 系数为 1,即 $\beta=1$。

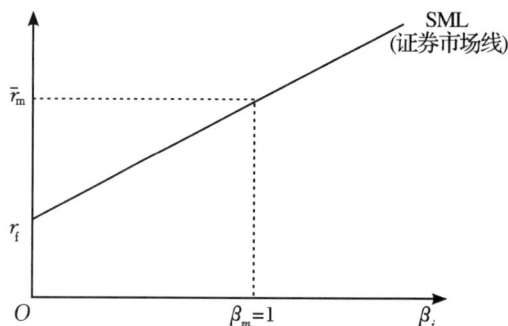

图 8-4 证券市场线

3. 资本市场线

资本市场线（见图 8-5）以公式可表示为

$$\overline{r_p} = r_f + \frac{\overline{r_m} - r_f}{\sigma_m} \times \sigma_p$$

它的斜率是 $\frac{\overline{r_m} - r_f}{\sigma_m}$,含义是单位风险的报酬,也称夏普指数（比率）。

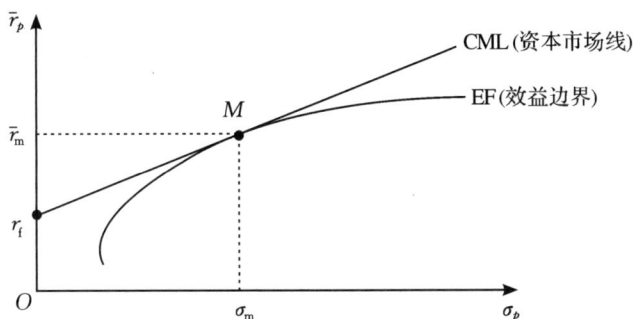

图 8-5 资本市场线

第二节 被动投资与主动投资

一、市场有效性的三个层次

20 世纪 70 年代,美国芝加哥大学的教授尤金·法玛根据时间维度,把信息划分为历史信息、当前公开可得信息以及内部信息。

(1)历史信息,主要包括证券交易的有关历史资料,如历史股价、成交量等。

(2)当前公开可得信息,即一切可公开获得的有关公司财务及其发展前景等方面的信息。

(3)内部信息,为还未公开的只有公司内部人员才能获得的私人信息。

在此基础上,法玛界定了三种形式的有效市场:弱有效市场、半强有效市场与强有效市场。

资产组合理论产生后,肯德尔(Kendall)与罗伯茨(Roberts)发现股票价格序列类似于随机漫步,他们对这种现象进行了解释。尤金·法玛于 1970 年把他们的理论形成和完善为有效市场假说(EMH),并把有效市场分为三种不同类型:①弱有效市场,认为股价已反映了全部能从市场交易数据中得到的信息;②半强有效市场,认为股价已反映了所有公开的信息;③强有效市场,指股价已反映了全部与公司有关的信息,包括所有公开信息及内部信息。尤金·法玛因此贡献获得了 2013 年的诺贝尔经济学奖。

(一)弱有效市场

弱有效市场是指证券价格能够充分反映价格历史中包含的所有信息,如证券的价格、交易量等。

在一个弱有效的证券市场上,任何为了预测未来证券价格走势而对以往价格、交易量等历史信息所进行的技术分析都是徒劳的。

(二)半强有效市场

半强有效市场是指证券价格不仅已经反映了历史价格信息,而且反映了当前所有与公司证券有关的公开有效信息,如盈利预测、红利发放、股票分拆、公司购并等各种公开过的信息。

如果市场是半强有效的,市场参与者就不可能从任何公开信息中获取超额利润,这意味着基本面分析方法无效。

当然,市场半强有效不代表价格对信息的反应是瞬间完成的,也需要一个过程,只是这个过程比较短暂,并且伴随着剧烈的价格波动。

(三)强有效市场

强有效市场是指与证券有关的所有信息,包括公开的信息和未公开发布的内部信息,都已经充分、及时地反映到了证券价格中。强有效市场不仅包含了弱有效市场和半强有效市场的内涵,而且包含了一些只有"内部人"才能获得的内幕信息。

在一个强有效的证券市场上,任何投资者不管采用何种分析方法,除了靠运气偶尔"预测"到证券价格的变化外,是不可能重复地、更不可能连续地取得这样的成功。

市场通过反映内部信息从而达到强有效状态的,主要依赖两条假设:

①信息泄露并迅速传播,从而导致未公开的信息已经"公开化"。

②理性人的学习行为,即理性人总是能够从利用内部信息进行交易的知情者手中"学习"到该消息,并迅速采取行动,从而使得知情者无法进一步获利。

这两条假设在现实中是很难满足的。利用内部信息进行交易可以获得超额利益,各国法律法规都禁止各种内幕交易。

二、主动投资策略和被动投资策略的概念、方法

股票投资策略可分为主动投资策略和被动投资策略两大类。

(一)主动投资策略与被动投资策略的概念

1.主动投资策略的概念

主动投资策略也称积极投资策略,即试图通过资产选择来跑赢市场。主动型投资者注重寻找被低估或高估的资产类别、行业或证券。也有的主动型投资者试图通过市场择时来获得超额收益。主动型投资者选择什么策略完全取决于其对市场有效性以及有效程度的判断。

与被动投资相比,在一个并非完全有效的市场上,主动投资策略更能体现其价值,从而给投资者带来较高的回报。这种收益主要来自如下两种渠道:

(1)主动型投资者比其他大多数投资者拥有更好、更及时的信息,即市场"共识"以外的有价值的信息。

(2)主动型投资者在面对相同的信息下,能够更高效地利用信息,积极地交易产生超额的回报。

主动型投资的业绩主要取决于投资者利用信息的能力和投资者所掌握的投资机会的个数,即信息深度和信息广度:在投资经理所掌握同样投资机会的情况下,其投资技能的上升会带来额外的风险调整后收益的上升。一个更有经验的投资者应该比一个菜鸟投资者能带来额外的风险调整后收益。在同等的投资技能下,掌握大量投资机会的投资经理比只掌握少量投资机会的投资经理更能提高投资组合的风险调整后的收益率。

2.被动投资策略的概念

被动投资试图复制某个业绩基准,通常是指数的收益和风险。

相信市场定价有效的投资者认为应该采取被动投资策略,即复制市场基准的收益与风险,而不试图跑赢市场的策略。在市场定价有效的前提下,想要提高收益,最佳的选择是被动投资策略,任何主动投资策略都将导致不必要的交易成本,导致收益受损。

(二)主动投资策略与被动投资策略的方法

1.主动投资策略的方法

主动投资者常常采用基本面分析、技术分析方法。基于这两种分析方法,一些学者根据公司特征以及业绩表现对全体股票进行了分类,发现分类后的股票在收益上存在显著差异:同类别股票之间具有较高的相关性,而不同类别的股票之间不相关或者相关性较低。

基于上述研究发现,实践者们开始把收益模式相同的股票归为同一类"风格"。常见的风格划分标准是根据公司盈利增长状况把股票分为价值股、成长股等。业界已经普遍接受股票风格的概念,并且及时转换风格来获取更高的收益。至于价值股与成长股的划分有多种标准,如市净率、市盈率和派息率等。以市净率为例,盈利成长会带来公司账面资产的增加,在价格账面资产比率保持不变的情况下,势必会带来股票价格的同比上涨。

偏好成长风格的基金经理试图挑选出盈利增长相对最快的股票,从而可以获得价格上涨所带来的收益;偏好价值风格的基金经理则试图寻找相对便宜的股票,期望公司较低的市净率、市盈率等比率会恢复到某一合理水平。也有些基金经理既追求价值风格,又追求成长效应,这种策略被称为合理价格下的成长策略(GARP),即寻找盈利成长高于平均水平,同时价格又比较合理的股票。

对于主动型投资者而言,偏离基准组合可能是其有意追求主动收益的结果,但是不能保证每次偏离都是正回报,出现较大负的主动收益对于主动投资来说也是可能的。与被动投资相比,主动收益是主动投资者积极进取获取的。

主动收益的计算方法:

$$主动收益＝投资组合的真实收益－基准组合的收益$$

通过计算主动收益的标准差,便可以得出主动型投资者的主动投资风险。主动投资风险可定义为一个证券组合主动收益的标准差。

2.被动投资策略的方法

被动投资策略下,投资经理不会利用基本面分析找出被低估或高估的股票,也不会试图利用技术分析或者数量方法预测市场的总体走势,并根据市场走势相应地调整股票组合。被动投资通过跟踪指数获得基准指数的回报。

第三节 股票组合与债券组合的构建

股票组合与债券组合的构建是主动投资策略的具体实施,也是资产配置的具体方法和途径。资产配置是将资产在低风险、低收益证券与高风险、高收益证券之间进行分配。资产配置是证券投资基金的基本任务之一,也是体现基金管理人投资能力的重要方面。因此,股票组合与债券组合的构建具有重要意义。

一、股票投资组合构建

股票投资组合构建通常有自上而下与自下而上两种策略。自上而下策略从宏观形势及行业、板块特征入手,明确国家、行业、大类资产的配置,然后再挑选相应的股票作为投资标的,实现配置目标。自下而上策略则是依赖个股筛选的投资策略,关注的是各家公司的表现,而非经济或市场的整体趋势,因此自下而上并不重视行业配置。越来越多的基金经理采用自上而下和自下而上相结合的方式。

自下而上策略主要关注个股的选择,在实施过程中没有固定模式,只要能够挑选出业绩表现突出的股票即可。在后面第九章里会详细分析具体方法。前面在主动投资部分简要提到的各种分析方法均可以应用,例如运用基本面分析深入研究个股的投资价值,利用技术分析选择股票的购买时机,运用量化分析寻找被低估或者高估的股票等。

自上而下策略可以通过研究和预测决定经济形势的几个核心变量,如消费者信心、商品价格、利率、通货膨胀率、国内生产总值(GDP)等,决定大类资产配置;也可以通过积极的风格调整,如转换价值股与成长股的投资比例,追求风格收益;还可以进行积极的板块轮换,如从周期非敏感型行业转换为周期敏感型行业,从而获得板块轮动的超额收益。

值得注意的是,无论是采用自上而下还是自下而上策略,基金的投资组合构建大类资产、行业、风格以及个股几个层次上都可能受到基金合同、投资政策、基金经理风格能力等多方面的约束。

对于我国的公募基金,大类资产主要指的是股票与固定收益证券两类资产。基金设立时的目标基本上决定了大类资产配置的范围,如股票型基金一般要求在股票资产上的配置比例不低于80%,债券型基金在股票资产上的配置比例一般不超过20%,混合型基金选择的范围比较广,介于股票型和债券型之间。在不超出设立目标所允许的范围内,信奉自上而下理念的投资经理需要结合自己对宏观经济形势的预测来选择合适的股票投资比例,信奉自下而上理念的投资经理在股票上的投资比例则主要取决于其掌握的可投资股票的深度和广度。

在行业、风格层面上,有的基金契约已经规定投资的行业或风格,如行业基金、大盘/小盘基金、价值/成长基金等。这些基金的投资范围受到较为严格的限制。有的基金没有明确的行业或风格限制,投资经理可通过对当前市场形势的研究和判断,决定行业和风格的配置。自下而上的投资经理可以不考虑行业与风格的配置,只是选择合适的股票。

个股的选择与权重受到基金契约、基金合规、投资比例等方面的限制。例如基金公司通常不允许投资关联方的股票,重仓股的持仓通常也受到比例限制。

所有的基金都需要选定一个业绩比较基准,业绩比较基准不仅是考核基金业绩的工具,也是投资经理进行组合构建的出发点。指数基金的业绩比较基准就是其跟踪的指数本身,其组合构建的目标就是将跟踪误差控制在一定范围内。其他类型的基金在选定业绩比较基准时,需要充分考虑其投资目标、风格的影响。投资目标决定了基金可投资资产的类别,如股票与债券的比例,投资风格则决定了基金在股票中的选择范围。在选择业绩比较基准时要尽可能地体现这些特征,否则业绩比较基准就失去了其参考价值。基金的业绩基准往往是复合基准。例如,积极配置基金 A 选择了如下业绩比较基准:上证综指收益率×85%＋上证国债指数收益率×15%。又如,小盘精选基金 B 则选择了如下业绩比较基准:天相小盘指数收益率×60%＋上证国债指数收益率×40%。

二、债券投资组合构建

债券与股票不同,其收益在很大程度上是可预测的。债券有其不同于股票的独特分析方法,主要分析指标有到期收益率、利率期限结构、久期、凸性等。债券的投资管理策略在 20 世纪经历了多种变迁。20 世纪 60 年代以前,大多数债券组合管理者采用的是买入并持有策略。到了 70 年代初期,人们对各种积极债券组合管理策略的兴趣与日俱增。70 年代末和 80 年代初,随着通货膨胀率和利率创历史新高,债券市场收益率波动剧烈,导致许多新型金融工具应运而生。

债券型基金需要在招募说明书中说明基金的投资目标、投资理念、投资策略、投资范围、业绩基准、风险收益特征等重要内容,这些因素决定了基金投资组合的构建理念和流程。自上而下的债券配置从宏观上把握债券投资的总体风险开始,分析包括市场风险和信用风险,进而决定在不同的信用等级、行业类别上的配置比例,通过大类资产配置、类属资产配置和券种选择三个层次自上而下地决策,最终实现基金的投资目标。

从可投资的产品类别上看,债券型基金通常投资国债、金融债、公司债、企业债、可转换债券、商业票据、短期融资券、正/逆回购等品种。作为债券型基金,债券类资产的投资比例通常不低于基金资产总值的80%。

从市场类别上看,基金经理需要充分研究一级市场和二级市场风险收益特征的差异,从而拟订合适的配置策略。基金经理还需要在权衡流动性和收益性的基础上,决定在银行间市场和交易所市场上的配置比例。

不同于股票投资组合,债券投资组合构建还需要考虑信用结构、期限结构、组合久期、流动性和杠杆率等因素。有些机构投资者会在投资政策说明中限制非投资级债券的比例。期限结构、组合久期的选择则与投资经理对市场利率变化的预期相关。投资经理还需要根据投资者的资金需求,对组合流动性做出适当安排。

债券型基金同样需要选择一个业绩比较基准,以方便投资者或内部管理者考核基金的业绩。债券型基金在选择业绩比较基准时应以债券指数为主,在投资范围允许的前提下,可以加入一定比例股票指数形成复合基准。股票指数的权重要符合基金投资比例和投资范围。例如,某债券基金的业绩基准为:中债企业债总全价指数收益率×60%＋中债国债总全价指数收益率×30%＋沪深300指数收益率×10%。

本章小结

1.任意两种资产组合的风险小于单个资产风险的加权值,且小于单个资产风险中的最大值;相关系数越小,组合风险越小,相关系数为－1时,组合风险最小。这给我们在实际应用时指明了方向,我们构筑组合时,在收益率相同的情况下,选择资产品种之间最好相关性较小,甚至是负相关的产品或产品组合。

2.马科维茨投资组合理论的基本假设是投资者是厌恶风险的。如果在两个具有相同预期收益率的证券之间进行选择,投资者会选择风险较小的。要让投资者承担更高的风险,必须有更高的预期收益来补偿。在回避风险的假定下,马科维茨建立了一个投资组合分析的模型,其要点如下:

(1)投资组合具有两个相关的特征:①预期收益率;②各种可能的收益率围绕其预期值的偏离程度的风险可以用方差度量。

(2)投资者将选择并持有有效的投资组合。

(3)通过对每种证券的期望收益率、收益率的方差和每一种证券与其他证券之间的相互关系这三类信息的适当分析,可以在理论上识别出有效投资组合。

(4)对上述三类信息进行计算,得出有效投资组合的集合,并根据投资者的偏好,从有效投资组合的集合中选择出最适合的投资组合。

3. β 系数是评估证券或投资组合系统性风险的指标,反映的是投资对象对市场变化的敏感度。β 系数可以用来衡量投资组合相对基准的风险水平,也可以用来比较两个投资组合的风险水平,或者用来观察同一个投资组合的风险特征随时间变化的情况。

4. 资本资产定价模型(CAPM)以马科维茨证券组合理论为基础,研究如果投资者都按分散化的理念去投资,最终证券市场达到均衡时,价格和收益率如何决定的问题。

CAPM 假设只有证券或证券组合的系统性风险才能获得收益补偿,其非系统性风险将得不到收益补偿。按照该逻辑,投资者要想获得更高的报酬,必须承担更高的系统性风险;承担额外的非系统性风险将不会给投资者带来收益。

CAPM 使用 β 系数来描述资产或资产组合的系统风险大小。资产的风险溢价与其 β 系数正比,即: $\overline{r}_i = r_f + \beta_i(\overline{r}_m - r_f)$。

5. 资本市场线以公式可表示为 $\overline{r}_p = r_f + \dfrac{\overline{r}_m - r_f}{\sigma_m} \times \sigma_p$,它的斜率是 $\dfrac{\overline{r}_m - r_f}{\sigma_m}$,含义是单位风险的报酬,也称夏普指数。

6. 证券市场线以公式可表示为 $\overline{r}_i = r_f + \beta_i(\overline{r}_m - r_f)$。它的斜率是市场组合的风险溢价。

7. 市场有效性的三个层次:弱有效市场证券价格充分反映了历史信息,对未来价格预测的技术分析无用;半强有效市场证券价格不仅反映历史信息而且反映了公开有效信息,基本面分析无用;强有效市场证券价格反映了所有信息。

8. 被动投资:通过跟踪指数获得基准指数收益率回报。

9. 主动投资:在并非完全有效的市场上,选择资产来跑赢市场。主动收益=证券组合的真实收益-基准组合的收益。

10. 股票投资组合构建有自上而下和自下而上两种策略。自上而下策略是从宏观形势及行业、板块特征入手,明确国家、行业、大类资产的配置,然后再挑选相应的股票作为投资标的,实现配置目标;自下而上策略则是依赖个股筛选的投资策略,关注的是各家公司的表现。

11. 由于债券收益在很大程度上是可预测的,债券投资组合构建主要综合分析到期收益率、利率期限结构、久期、凸性等因素。自上而下的债券配置从宏观上把握债券投资的总体风险开始,分析包括市场风险和信用风险,进而决定在不同的信用等级、行业类别上的配置比例,通过大类资产配置、类属资产配置和券种选择三个层次自上而下地决策,最终实现基金的投资目标。

思考与练习

1. 当构建投资组合时,在关注收益率的同时,应怎样选择相关性的资产?

2. 简述市场有效性的三个层次以及它们之间的区别。

3. 简述 β 系数的含义与意义。

4. 在一个信息有效的市场,投资工具的价格应当能够反映所有可获得的哪些信息?

5. 被动投资与主动投资的含义和区别是什么?

6. 构建自下而上股票投资组合策略属于被动投资还是主动投资? 为什么?

7. 债券投资组合构建需要分析哪些因素? 自上而下的债券配置策略的步骤是什么?

第九章　证券投资基金的资产配置管理

本章提要

　　资产配置是指根据投资目标将投资资金在不同资产类别之间进行分配，通常是将资产在低风险、低收益证券与高风险、高收益证券之间进行分配。资产配置是证券投资基金的基本任务之一，也是体现基金管理人投资能力的重要方面。第一节详细讨论资产配置的内容和意义、资产配置过程；第二节主要介绍证券投资基金资产配置的类别；第三节介绍资产配置策略的主要类型；第四节通过案例分析如何进行资产配置、行业配置和个股选择。

第一节　证券投资基金的资产配置

一、资产配置的含义

　　资产配置(asset allocation)的直接含义是根据投资需求将投资资金在不同资产类别之间进行分配，通常是将资产在低风险、低收益证券与高风险、高收益证券之间进行分配。根据基本的投资组合理论，除非各资产的回报率是毫不相关的，否则由多种资产所组成的最佳配置(optimal allocation)一般而言会比单独持有某一类资产更好。资产配置是投资过程中最重要的环节之一，也是决定投资组合相对业绩的主要因素。一方面，在不完全有效市场环境下，投资目标的信息、盈利状况、规模、投资品种的特征，以及特殊的时间变动因素对投资收益都有影响，可以通过分析研究和组合投资减少风险，因此资产配置能起到降低风险、提高收益的作用；另一方面，随着投资领域从单一资产扩展到多资产类型、从国内市场扩展到国际市场，单一资产投资方案难以满足投资需求，资产配置的重要意义与作用逐渐凸显出来，它可以帮助投资人降低单一资产所带来的非系统风险。

　　所谓基金的资产配置，就是将基金的资产在现金、各类有价证券之间进行分配的过程。简单说就是基金将资金在股票、债券、银行存款等投资工具之间进行比例分配。资产配置是基金投资管理中至关重要的环节，其基本思路是对不同投资组合的预期回报率、标准差和组合之间的协方差进行预测，然后得出这些组合种类可能构成的新组合的预期回报率和标准差，最后再由这些新组合产生出有效集后，利用基金投资者的无差异曲线来确定应该选择什么样的资产配置组合。

二、资产配置的意义和目标

　　国外许多学者证明资产配置对证券投资基金的业绩起着决定性的作用。夏普在1986年就指出资产配置在现代投资组合策略中具有非常重要的作用，基金每月报酬率的变动，绝大部分原因是所持有证券的类型,而不是在每一种类型中所挑选的个股。他用一组 12 项资产类别来代表资产类型,发现美国共同基金每月报酬的变异,有 80%～90% 可以用资产配置来加以解释。布林森(Brinson)、胡德(Hood)和毕鲍尔(Beebower)在《金融分析家杂志》发表的《组合绩效的决定》论文中指出在养老基金的总回报率中 93.6% 可以由资产配置来解释。布林森、辛格(Siger)和毕鲍尔做进一步研究,得出类似结论。布莱克(Blake)对英国养老基金和年金的投资组合收益率进行研究,发现资产配置解释了 90% 以上的绩效波动。伊博森(Ibboston)、卡普兰(Kaplan)研究发现在不同基金绩效差异中,资产配置可以解释 40%;在同一基金回报随时间波动的收益中,资产配置可以解释 90%;在同一基金的总回报中,资产配置可以解释 100%。

证券投资基金进行资产配置具有重要的意义,主要体现在以下几个方面:

(1)资产配置综合了不同类别资产的主要特征,在此基础上构建投资组合,能够改善投资组合的综合风险-收益水平,能够实现在一定的风险下收益最大化或者在给定的收益水平下风险最小化。

(2)资产配置是不断进行认知和平衡的权衡过程,其中在时间跨度、资本保值目标和预期收益来源等方面尤其重要。

(3)资产配置需要设定最小化和最大化权衡因素,以确保选择足够多的资产类别,而不是过分集中于某类资产类别。

(4)资产配置实现多种类别资产与特定投资品种的分散投资,从而将投资组合的期望风险特征与投资者自身的风险承受能力相匹配,并对无法分散化的波动性进行补偿。

从目前的投资需求看,资产配置的目标在于以资产类别的历史表现与投资人的风险偏好为基础,决定不同资产类别在投资组合中的比重,从而降低投资风险,提高投资收益,消除投资人对收益所承担的不必要的额外风险。

三、资产配置过程

资产配置过程是在投资者的风险承受能力与效用函数的基础上,根据各项资产在持有期间或计划期内的预期风险收益及相关关系,在可承受的风险水平上构造能够提供最优回报率投资组合的过程。一般来说,提供最好的长期收益前景的投资项目与市场是有风险的,而具有最大安全程度的市场则只能提供相对较低的收益前景。资产配置作为投资组合管理中的核心环节,其目标在于协调提高收益与降低风险之间的关系,因而短期投资者的最低风险战略可能与长期投资者的最低风险战略大不相同。

投资者的风险承受能力与资产的预期风险收益状况是资产配置的基础,只有在此基础上才能构造出一定风险水平下的最优投资组合。因此,资产配置需要考虑以下三方面的因素:

(1)确定投资者的风险承受能力与效用函数。

(2)确定各项资产在持有期间或计划期的预期风险收益及相关关系。

(3)在可承受的风险水平上构造能够提供最优回报率的投资组合。

其中,影响各类资产的风险收益状况以及相关关系的资本市场环境因素包括国际经济形势、国内经济状况与发展动向、通货膨胀、利率变化、经济周期波动等。影响投资人风险承受能力的因素则包括投资人的资产负债状况、财务变动状况与趋势、财富净值、风险偏好等因素。最终形成的最优投资组合所产生的投资收益既是资产配置的最终结果,也影响着投资人的资产负债状况、各类资产的市场环境,由此形成系统的动态的资产配置过程,并针对情况的变化进行综合性调整。资产配置过程如图 9-1 所示。

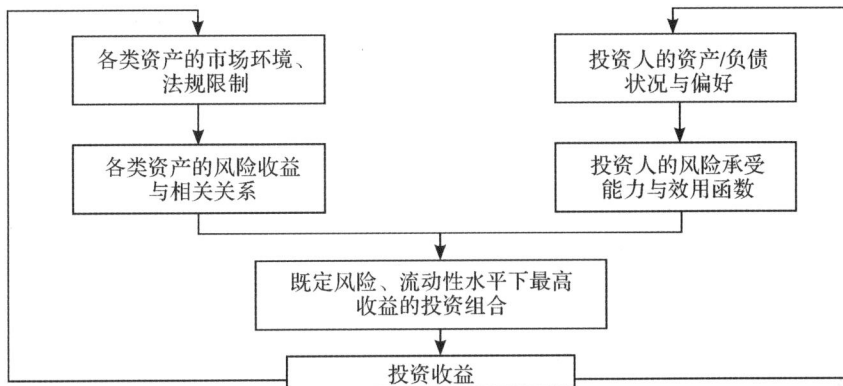

图 9-1 资产配置的过程图

在这一资产配置过程中,由于市场条件的变化和投资人的影响,其内容会随情况的变化而变化,但其中所涉及的决策原则、过程和方法相对稳定。完整的资产配置过程不仅需要综合各方面的情况,还需要根据情况的变化进行动态的调整。系统化的资产配置是一个综合的动态过程,它是在与投资者的风险承受能力一致、投资者(或资产拥有者)长期成本最低、投资组合能够履行义务的基础上进行的理想化预测与决策,即集控制风险和增加收益为一体的长期资产配置决策。对于不同投资人来说,风险的含义不同,资产配置的动机不同,因而资产配置也各不相同。

四、影响资产配置的主要因素

影响资产配置的主要因素有以下几个方面:

(1)影响投资者风险承受能力和收益需求的各项因素,包括投资者的年龄或投资周期、资产负债状况、财务变动状况与趋势、财富净值、风险偏好等因素。

(2)影响各类资产的风险收益状况以及相关的资本市场环境因素,包括国际经济形势、国内经济状况与发展动向、通货膨胀、利率变化、经济周期波动、监管等。

(3)资产的流动性特征与投资者的流动性要求相匹配的问题。

(4)投资期限。投资者在有不同到期日的资产(如债券等)之间进行选择时,需要考虑投资期限的安排问题。

(5)税收考虑。税收结果对投资决策意义重大,因为任何一个投资策略的业绩都是由其税后收益的多少来进行评价的。

第二节　证券投资基金资产配置的类别

证券投资基金只能投资于股票、固定收益证券和现金资产。一般而言,资产配置的主要资产类别可以归纳为四大类资产:股票、固定收益证券、现金和另类资产,而且各大类资产还包括许多子类别资产。基金管理人通过了解各种主要类别资产的特性,做出理性的资产配置决策。

一、股票类资产

(一)股票类资产的分类

权益资本是通过发行股票或置换所有权所筹集的资本。两种最主要的权益证券是普通股和优先股。

(1)普通股,是股份有限公司发行的一种基本股票,代表公司股份中的所有权份额,其持有者享有股东的基本权利和义务。大公司通常有很多普通股股东。股东凭借股票可以获得公司的分红,参加股东大会并对特定事项进行投票。

(2)优先股,是一种特殊股票,它的优先权主要指:持有人分得公司利润的顺序先于普通股,在公司解散或破产清偿时先于普通股获得剩余财产。优先股的股息率往往是事先规定好的、固定的,它不因公司经营业绩的好坏而变动。

一般地,我们将上市交易的普通股股票作为权益类证券的代表进行分析。

1.依据行业的增长周期性与经济增长周期性的相关程度分类

我们将股票资产视为主要的风险资产。股票资产可以依据行业的增长周期性与经济增长周期性的相关程度进一步细分为四类子类别资产:

(1)成长性行业。成长性行业呈现出远远高于经济增长速度的增长势头。例如,主要依靠技术进步和新产品不断创新获得发展的信息产业属于成长性行业。笔者认为,近年我国每年的经济增长速度平均8%～9%,只要在未来3～5年内能以年均20%～30%增长的行业都具有很好的成长性,值得长期投资。

(2)周期性行业。周期性行业的增长速度与国民经济的经济增长速度紧密相关。当经济增长呈现快速增长,周期性行业迅速处于景气阶段;当经济增长出现减缓或衰退的时候,周期性行业也会迅速减缓增长势头。消费品行业、耐用品制造业及其他需求弹性较高的行业,属于典型的周期性行业。例如钢铁、化工、建材工业属于周期性行业。

(3)防守型行业。防守型行业的产品需求弹性较小,需求相对稳定,其增长速度相对稳定,与国民经济增长相关性不太强。经济周期即使处于衰退时期,对防守型行业影响也比较小,甚至它们还会出现一定的增长势头。例如,食品加工业、公用事业行业与水、电煤气供应行业属于典型的防守型行业。

(4)资源类行业。资源类行业由于资源稀缺性的行业特性而单列为一个行业,该行业不论经济增长速度如何,由于资源的稀缺性和不能无节制采掘的特点,按照国家产业政策制订的开采计划进行开采,而与经济增长速度相关性很弱。经济增长幅度加快,会引起对同类资源国外进口的增加,比较典型的是石油行业,铜、铝、锡、黄金等矿产资源行业等。

2.依据市值大小和国别的不同分类

股票资产也可以依据市值的大小进一步细分为三类子类别资产:大盘股、中盘股和小盘股;还可以依据国别的不同细分为国内股票和国际股票等。

(二)股票的价格

1.股票价格种类

股票的价格有理论价格和市场价格两种价格。

(1)股票的理论价格。从理论上说,股票价格应由其价值决定,但股票本身并没有价值,不是在生产过程中发挥职能作用的现实资本,而只是一张资本凭证。股票之所以有价格,是因为它代表收益的价值,即能给它的持有者带来股息红利。

股票的价值取决于未来收益的大小。将股票的未来收益按市场利率折算成当前价值,即为股票的现值。股票及其他有价证券的理论价格就是以一定利率计算出来的未来收入的现值。

(2)股票的市场价格。股票的市场价格一般是指股票在二级市场上买卖的价格。股票的市场价格由股票的价值决定,但同时受许多其他因素的影响。其中,供求关系是最直接的影响因素,其他因素都是通过作用于供求关系而影响股票价格的。

由于影响股票价格的因素复杂多变,所以股票的市场价格呈现出高低起伏的波动性特征,即具有很大的波动性和风险。

2.股票价格分析方法

为了找到股票的合理价值或价格,大家都在不断地探索各种有效的方法和工具。股票分析方法基本分类为基本面分析和技术面分析两种方法。

(1)基本面分析。

要确定股票的合理价值,投资者必须对公司未来的经营业绩和盈利水平进行预测。我们把诸如分析预期收益等价值决定因素的分析方法称为基本面分析,而公司未来的经营业绩和盈利水平正是基本面分析的核心所在。

对于公司前景预测来说,"自上而下"的层次分析法(三步估价法,宏观—行业—个股)是比较适用的。这种分析法首先从宏观的经营环境出发,主要考察国内外的经济环境及其影响因素,确定外部经济环境对公司所处经营行业的影响;其次,分析行业类型和竞争程度,对公司所在行业位置进行确定;最后,利用权益证券估值模型对公司进行综合评价,从而确定公司的合理市场价值。可见,权益证券评估是考虑众多影响公司价值因素的一项复杂评价系统,这一系统涵盖了宏观经济因素、行业因素和公司因素。

(2)技术分析。

技术分析是指通过研究金融市场的历史信息来预测股票价格的趋势。它是通过股价、成交量、涨跌幅、图形走势等研究市场行为,以推测未来价格的变动趋势。技术分析只关心证券市场本身的变化,而不考虑基本面因素。

技术分析有以下三项假定:

①市场行为涵盖一切信息。一家公司盈利、股利和未来业绩变化的有关信息都会自动反映在公司以往价格上。股票过去价格和成交量的信息包含了证券分析师和投资者对于公司的预期变化。

②股价具有趋势性运动规律,股票价格会沿趋势(惯性)运动。根据技术分析,股票价格沿着趋势运行并倾向于延续下去,直到有事件改变了股票的供求平衡,趋势方告结束。因此,一直在上涨的股票将继续上涨,而开始下跌的股票将继续下跌。

为此,投资者应该买入开始上涨的股票,继续持有手中的强势股;若股票开始下跌,或"表现弱于大盘",则应果断卖出。

③历史会重演。技术分析的基本前提是空间和时间里存在可以复制的模式。技术分析隐含的一个重要前提是资产价格运动遵循可预测的模式,并且没有足够的投资者可以识别这种模式,市场多数投资者是根据情绪而不是理智进行投资决策。

技术分析分为道氏理论、过滤法则与止损指令、"相对强度"理论体系、"量价"理论体系等四类方法。具体技术分析工具非常多。

二、固定收益类证券

固定收益类证券(fixed income security)是指在一定时期内,证券的发行者依据招募说明书事先约定的利率支付给投资者利息,使得投资期间每单个期间的收益固定的证券。

固定收益类证券按照期限来划分可以细分为货币市场固定收益类证券和资本市场固定收益类证券。货币市场固定收益类证券是指到期期间在 1 年以内的固定收益类证券,主要包括国库券、可转让大额定期存单、银行承兑汇票、商业本票和国债回购。而资本市场固定收益类证券是指到期期间在 1 年以上的固定收益类证券,主要包括中长期国债、金融债券、企业债券、可转换债券、认股权证、零息债券、浮动利率债券和国际债券等。其中,债券是固定收益类证券最主要的类别资产,因此本章将以债券投资资产配置为重点内容。

1. 国债

国债是指政府为满足重大项目建设或者长期国库的需要,由财政部委托中央银行通过招投标的方式向投资者发行的债券。国债的信用级别最高,流动性最好,一般被视为无风险资产。

2. 金融债券

金融债券是指由以银行为主体的金融机构发行的金融企业债券。由于以银行信用作担保,金融债券的风险要比普通公司债券低得多。

3. 公司债券

公司债券是指由公司担任发行主体,以公司信用作担保向投资者发行的债券。公司债券的风险相对于国债和金融债券较高,票面利率或者收益率相对于国债和金融债券也较高。依照有无担保,公司债券可以分为有担保公司债券、无担保公司债券和金融机构担保公司债券。

4. 可转换债券

可转换债券是介于公司债券和普通股之间的一种混合金融衍生产品,投资者拥有在一定时期内选择是否按照一定的转换价格和转换比例将可转换公司债券转换成为公司普通股票的权利。在可转换债券转换成为公司股票以前,可转换债券的持有人是公司的债权人,一旦转换成为公司股票以后,就成了公司的股东。

5. 零息债券

零息债券是指以贴现方式发行,投资者持有期间不向投资者支付利息,到期按照面值偿还的债券。面值和发行价格之间的差额就是投资者的报酬。

6. 认股权证(warrant)

认股权证属于期权中的一种,可以由发行股票的公司或者第三者发行,赋予权证持有人在特定时期内,按照约定的价格,购买或者卖出一定数量的股票(正股)的权利。它按照买卖方向的不同分为认购权证(call warrant)和认沽权证(put warrant)。

三、另类投资

另类投资也称替代投资,其并无明确定义,通常被认为是传统投资之外的所有投资。和传统投资一样,另类投资应当是能够在可接受的风险水平下提供合理回报的投资。

（一）另类投资的主要类型

另类投资主要包括以下类型：

（1）另类资产，如自然资源、大宗商品、房地产、基础设施、外汇和知识产权等。

（2）另类投资策略，如长短仓、多元策略投资和结构性产品等。

（3）私募股权，如风险投资、成长权益、并购投资和危机投资等，组织形式通常为合伙人、公司、信托契约等。

（4）对冲基金，如全球宏观、事件驱动和管理期货对冲基金等。

除了私募股权、不动产、大宗商品等主流形式外，另类投资还包括黄金投资、碳排放权交易、艺术品和收藏品等投资方式。

（二）另类投资的优势与局限

1.另类投资的优势

（1）在多元资产配置时代，投资者根据宏观市场环境的变化来不断对自己的投资组合进行调整，另类投资产品给予了这些投资者更多的选择。

（2）投资者将另类投资产品纳入投资组合当中，主要目的是通过投资组合提高投资回报和分散风险。

（3）在多元化投资组合中加入另类投资产品，有可能得到比传统股票和债券组合更高的收益率和更低的波动性。

2.另类投资的局限

（1）缺乏监管，信息透明度低。

（2）流动性较差，杠杆率偏高。

（3）估值难度大，难以对资产价值进行准确评估。

第三节　资产配置策略的主要类型

配置策略是指机构投资者为了实现投资目标而决定在不同资产之间进行配置的投资策略和政策，它是基金管理公司投资决策委员会的核心任务。机构投资能力的强弱体现在配置策略的选择是否恰当。资产配置策略常见的主要类型有：基于时间跨度的资产配置策略、基于配置策略的资产配置策略、保险性资产配置策略、动态资产配置策略和静态资产配置策略、价值型资产配置策略、周期性资产配置策略。

一、基于时间跨度的资产配置策略

（一）战略性资产配置策略

战略性资产配置策略是指机构投资者为了实现长期投资目标而制定的在不同资产之间进行配置的投资政策。战略性资产配置是基金管理公司投资决策委员会的核心任务，所以又称为政策性资产配置。战略性资产配置以马科维茨的均值方差和夏普的贝塔理论为理论基础，其核心思想是建立长期的投资组合政策，一般整个投资周期为 3～5 年，所以战略性资产配置本质上是为了防范证券市场的风险，而不是为了战胜市场，不是为了在证券市场获取超额收益，在这种程度上战略性资产配置又称为贝塔驱动型资产配置。战略性资产配置能够反映基金公司投资决策委员会的风险容忍度。一般而言，风险容忍度越高，基金会投资于股票或者其他流动性较差的资产;相反,风险容忍度越低,基金投资于固定收益类的证券比例就会越大。战略性资产配置的投资比例在整个投资期间并不是固定不变的,有时候也会进出入市场进行资产配置的再平衡。但是这种调整不能过于频繁,频繁地进出入市场会造成较高的交易成本,更重要地会使得长期投资者由长期投资策略转向短期投资策略,试图去战胜市场。衡量战略性资产配置是否拥有成功的市场时机选择能力,关键在于投资委员会是否拥有正确的再配置资产的能力,从而使得积极资产配置的超额收益足以弥补较高的交易成本。

我们看一下获得晨星 5 年 5 星级评价的易方达中小盘混合(110011)基金的战略性资产配置情况(见表 9-1、表 9-2,参见第十七章案例)。从 2018 年 12 月 31 日十大股票持仓比重 70.65% 到 2020 年 6 月 30 日的 72.98%,仓位稳步提升。十大股票持仓品种中 7 个股票未变,它们的仓位由 54.13% 调整为 54.31%,很稳定。其中,贵州茅台、泸州老窖、五粮液牢牢占据前三位,且占净资产的比例都在 9% 以上。爱尔眼科、华兰生物、上海机场、苏泊尔净资产的比例分别从 3.62%、7.65%、8.88%、4.78% 调整到 8.39%、6.17%、5.95%、5.85%。看来基金管理人战略性资产配置策略基本稳定,对少部分品种有调整。

表 9-1　易方达中小盘混合基金十大股票持仓(2018-12-31)

代码	股票名称	市值/百万元	占净资产比例/%
600519	贵州茅台	855.51	9.98
000568	泸州老窖	830.32	9.68
000858	五粮液	818.44	9.54
600009	上海机场	761.40	8.88
002007	华兰生物	656.00	7.65
002415	海康威视	618.24	7.21
600690	青岛海尔	484.75	5.65
002032	苏泊尔	409.50	4.78
002027	分众传媒	314.40	3.67
300015	爱尔眼科	310.34	3.62

表 9-2　易方达中小盘混合基金十大股票持仓(2020-06-30)

代码	股票名称	市值/万元	占净资产比例/%
000568	泸州老窖	182144.67	9.51
600519	贵州茅台	177008.48	9.24
000858	五粮液	176253.60	9.20
300015	爱尔眼科	160765.00	8.39
600161	天坛生物	131457.00	6.86
002007	华兰生物	118150.00	6.17

续表

代码	股票名称	市值/万元	占净资产比例/%
600763	通策医疗	115071.53	6.01
600009	上海机场	113870.96	5.95
002032	苏泊尔	112101.10	5.85
600066	宇通客车	111020.00	5.80

（二）战术性资产配置策略

战术性资产配置策略是投资者充分抓住由于宏观和微观经济层面的变化而导致金融资产的市场价格偏离其内在价值的市场机会，主动调高或者降低主要资产类别的资产配置比例，在短期预测的基础上对投资组合进行一定程度的调整，在不增加投资组合风险的前提下追求额外的投资收益。战术性资产配置策略要求投资者具备一定的预测能力，通过对历史数据的分析找到预测所需的领先指标。

所以战术性资产配置的本质是为了战胜市场，追求超额收益。战术性资产配置策略的目标在于：在不提高系统性风险或者投资组合波动性的前提下提高长期报酬。大多数战术性资产配置策略具有以下特征：

（1）战术性资产配置策略倾向于客观和量化的分析而不是依赖于主观的判断。战术性资产配置往往通过运用包括回归分析和最优化方法在内的一些分析工具来帮助预测和决策。依赖主观判断的方法不能称为战术性资产配置策略，只能称为常规平衡管理策略。

（2）主要通过对资产未来价格的衡量来完成。也就是说，战术性资产配置在很大程度上是"价值导向"——买进那些被认为是低估价值的证券，卖出那些被认为是高估价值的证券。长期来说，证券的内在价值和市场价格是趋于一致的，但短期内市场价格偏离内在价值，围绕内在价值波动，这就为获得资本利得提供了机会。一般而言，国际资本市场比较常用的价值评估方法可以分为两大类别：相对价值法和绝对价值法。前者主要有市盈率法、市净率法和净现值法；后者主要有股利贴现模型和现金流贴现模型。

（三）战略性资产配置策略与战术性资产配置策略的比较

战略性资产配置策略和战术性资产配置策略的区别主要表现在以下方面：

（1）策略的决策者不一样。战略性资产配置由基金管理公司的投资决策委员会所决定，是总体投资策略的原则；而战术性资产配置由基金的投资职员，一般是基金经理所决定，基金经理运用他们各自的能力和对市场的判断来把握市场机会。

（2）运作的期限不一样。战略性资产配置是长期性的资产配置，投资周期一般是3～5年，在整个投资周期内对投资组合的资产配置进行再平衡调整不是很频繁，即使是进行积极的资产配置也主要是为了获取超额收益去弥补较高的交易成本；而战术性资产配置则是短期性的资产配置，它要求投资者根据市场机会的不断变化相应地不断调整资产配置的比例，资产配置再平衡调整很频繁。

（3）面临的风险类型不一样。管理基金的一个简单的方法是将资产分为两大类别：贝塔驱动和阿尔法驱动。战略性资产配置属于贝塔驱动类型，意味着基金要面对的是整个市场风险——贝塔风险，贝塔风险是与某种市场基准指数紧密联系在一起的；战术性资产配置属于阿尔法驱动类型,阿尔法风险度量相对于贝塔风险的偏离,意味着基金面对的是积极资产配置导致偏离市场基准指数的额外风险。

（4）策略的性质不一样。战略性资产配置在某种程度上是被动式的资产配置,一般而言将股票与债券的配置比例设定为60∶40,最极端的例子就是纯指数型基金;而战术性资产配置则是积极式资产配置方式,它与期货的相结合运用能有效地防范下跌风险,类似于复制性期权。

（5）利润的源泉不一样。战略性资产配置受贝塔驱动,其利润主要来源于投资决策委员会所选择的基准市场指数;而战术性资产配置受阿尔法驱动,其利润主要来源于基金经理的能力,这包括对进出市场时机的把握和优秀的选择股票构建投资组合的能力。

（6）交易成本不一样。战略性资产配置在整个投资周期对资产配置进行再平衡的频率较低,交易成本较低;而战术性资产配置由于频繁进出入市场,交易成本较高。另外,必须指出的是,战略性资产配置策略与战术性资产配置策略不是对立的,两者可以在一定程度上结合,一般原则是在投资政策层面上执行战略性资产配置策略,战略性资产配置策略以书面文件单独或者作为投资政策报告指导思想的一部分为战术性资产配置提供指导,即在战略性资产配置策略的基础上实施战术性资产配置策略。战略性资产配置风险程度低而又有效地规避风险,而战术性资产配置能够获得超越市场基准指数的超额收益。如果战术性资产配置与期货或者期权等衍生工具结合运用,就能够将阿尔法与贝塔从投资组合中分离出来。

二、基于配置策略的资产配置策略

（一）买入并持有策略

买入并持有策略（buy-and-hold strategy）是指按确定恰当的资产配置比例构造了某个投资组合后,在诸如3～5年的适当持有期间内不改变资产配置状态,保持这种组合。不管资产的相对价值发生了怎样的变化,这种策略都不会特意地进行主动调整,因此这种策略是分析和操作都十分简单的一种策略。买入并持有策略是消极型的长期投资方式,适用于有长期计划水平并满足于战略性资产配置的投资者（见图9-2）。

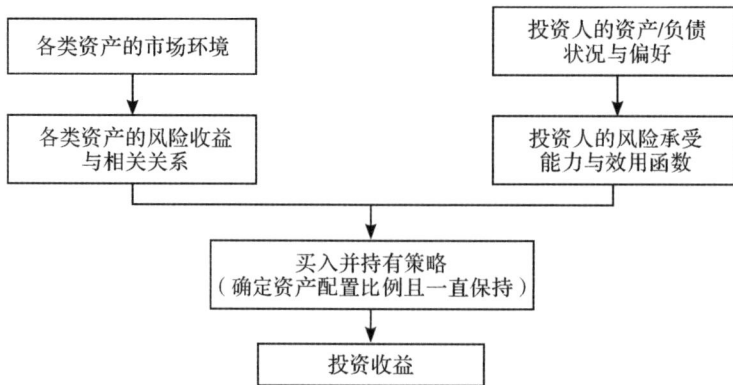

图9-2　买入并持有策略的过程

在买入并持有策略下,投资组合具有最小的交易成本和管理费用的优势,但放弃了从市场环境变动中获利的可能,同时也放弃了因投资者的效用函数或风险承受能力的变化而改变资产配置状态,从而提高投资者效用的可能。因此,买入并持有策略适用于资本市场环境和投资者的偏好变化不大,或者改变资产配置状态的成本大于收益时的情况。

一般而言,采取买入并持有策略的投资者通常忽略市场的短期波动,而着眼于长期投资。就风险承受能力来说,由于投资者投资于风险资产的比例与其风险承受能力正相关,一般社会投资大众与采取买入并持有策略的投资者的风险承受能力不随市场的变化而变化,其投资组合也不随市场的变化而变化。因此,买入并持有策略的投资组合价值与股票市场价值保持同方向、同比例的变动,并最终取决于最初的战略性资产配置所决定的资产构成。

(二)恒定混合策略

恒定混合策略(constant mix strategy)是指保持投资组合中各类资产的固定比例。也就是说,在各类资产的市场表现出现变化时,资产配置应当定期进行相应的调整以保持各类资产的投资比例不变。恒定混合策略适用于风险承受能力较稳定的投资者。

与买入并持有策略正好相反,恒定组合策略保持组合中各类资产市值的固定比例。例如,某基金的投资组合是60%的股票、40%的货币市场工具,为保持这一比例,要根据股票市场的变化而相应地调整。如果股票市场上涨了,则该组合中股票资产相对于货币市场工具的比例上升了,基金管理者要主动进行调整,卖出部分股票而投资于货币市场工具,以保持初始的相对比例。相反,当股票市场下跌时,基金管理者要卖出部分货币市场工具而投资于股票。恒定组合策略的过程如图9-3所示。

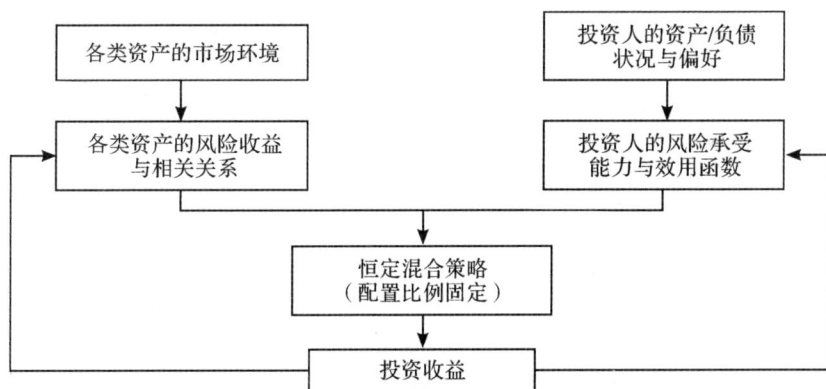

图9-3　恒定混合策略的过程

恒定组合策略与买入并持有策略的支付模式有很大的区别。在股票市场行情上涨时期,恒定组合策略的收益低于买入并持有策略的收益,因为在股票市场上涨时,恒定组合策略要求卖出部分股票转而投资于货币市场工具,减少了较高收益率的股票资产的比例。在股票市场行情下跌的过程中,恒定组合策略的收益率也低于买入并持有策略的收益,因为在股票市场下跌时,恒定组合策略要求卖出货币市场工具转而投资于股票资产。如图9-4所示,当股票市场表现为强烈的上升趋势或者强烈的下降趋势的时候,恒定组合策略的收益都要低于买入并持有策略,因为恒定组合策略要求在市场上升时期卖出而在市场下降时期买入。

恒定组合策略对资产配置的调整并非基于资产收益率的变动或者投资者的风险承受能力变动,而是假定资产的收益情况和投资者偏好没有大的改变,因而最优投资组合的配置比例不变。恒定组合策略适用于风险承受能力较稳定的投资者,在风险资产市场下跌时,他们的风险承受能力没有像一般投资者那样下降而是保持不变,因而其风险资产的比例反而上升,风险收益补偿也随之上升。反之,当风险资产市场价格上升时,投资者的风险承受能力仍然保持不变,其风险资产的比例将下降,风险收益补偿也下降。

如图9-4所示,当市场表现出强烈的上升或下降趋势时,恒定组合策略的表现将劣于买入并持有策略,在市场向上运动时放弃了利润,在市场向下运动时增加了损失。

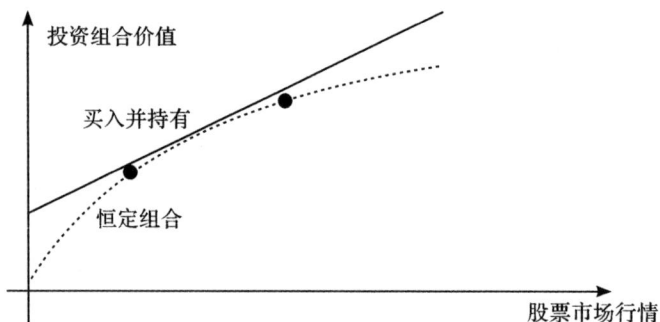

图 9-4   恒定混合策略支付图(市场保持上升或下降趋势)

但是,如果股票市场价格处于震荡、波动状态之中,恒定组合策略就可能优于买入并持有策略。例如,当股票市场下降从而增加股票持有比例以保持资产配置比例不变之后,由于股票市场转而上升,投资组合的业绩因股票投资比例的提高而出现更快的增长(参见图9-5)。

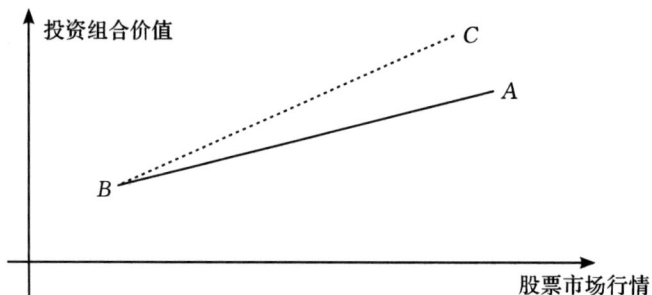

图 9-5   恒定混合策略支付图(市场先下降后上升)

图9-5中,投资组合价值首先因股票市场价值的下降而沿 AB 下降,并同时提高了股票投资比例,使投资组合线的斜率提高。随着股票市场的回升,投资组合业绩将沿着斜率更高的 BC 直线上升,从而使恒定组合策略的表现优于买入并持有策略的表现。反之,当股票市场先上涨后下降时,恒定组合策略的表现也将优于买入并持有策略(参见图9-6)。

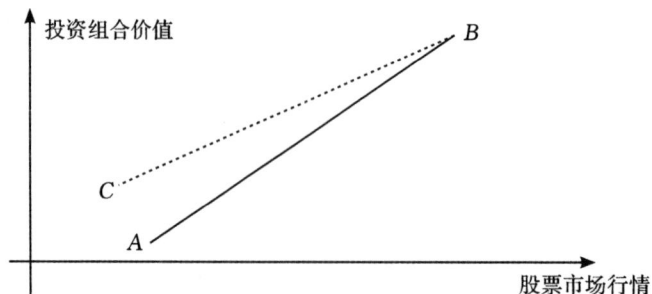

图 9-6   恒定混合策略支付图(市场先上升后下降)

(三)投资组合保险策略

投资组合保险策略(portfolio insurance strategy)是在将一部分资金投资于无风险资产从而保证资产组合最低价值的前提下,将其余资金投资于风险资产,并随着市场的变动调整风险资产和无风险资产的比例,同时不放弃资产升值潜力的一种动态调整策略。当投资组合价值因风险资产收益率的提高而上升时,风险资产的投资比例也随之提高,反之则下降(见图9-7)。投资组合保险策略包括的具体策略比较多,其中,投资组合保险策略的一种简化形式是著名的恒定比例投资组合保险(constant proportion portfolio insurance,CPPI)策略。恒定比例投资组合保险策略的一般形式是:

$$股票金额 = M \times (全部投资组合价值 - 最低价值)$$

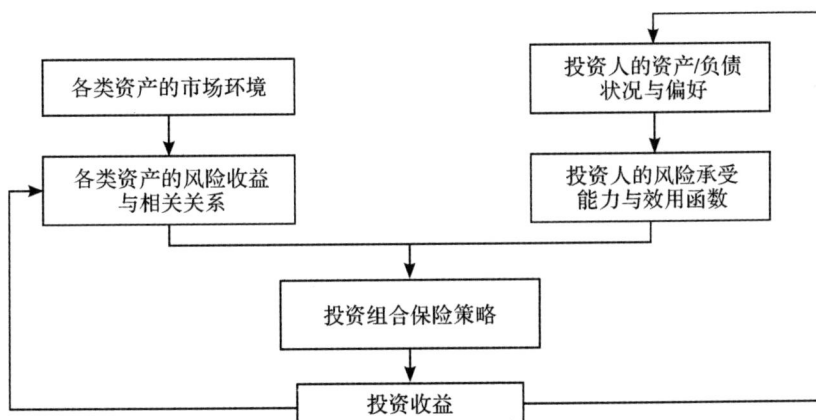

图 9-7　投资组合保险策略的过程

运用这一策略时,投资者要确定表示投资组合最低价值的一个最小数量,全部投资组合价值与这个最低价值的差额表示对最低价值提供有效保护的保护层。M 是一个乘数,代表了保护强度的大小,取值要大于1。

根据恒定比例投资组合保险策略,当风险资产收益率上升时,风险资产的投资比例随之上升,如果风险资产市场继续上升,投资组合保险策略将取得优于买入并持有策略的结果(见图9-8)。而如果市场转而下降,则投资组合保险策略的结果将因为风险资产比例的提高而受到

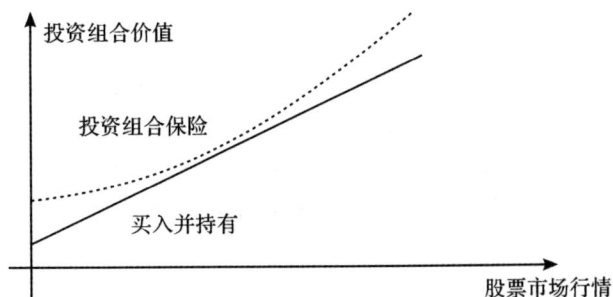

图 9-8　投资组合保险策略支付图(市场保持上升或下降趋势)

更大的影响,从而劣于买入并持有策略的结果(见图9-9)。反之,如果风险资产市场持续下降,则投资组合策略的结果较优(见图9-8左下区域),而如果风险资产市场由降转升,则投资组合策略的结果劣于买入并持有策略的结果(见图9-10)。

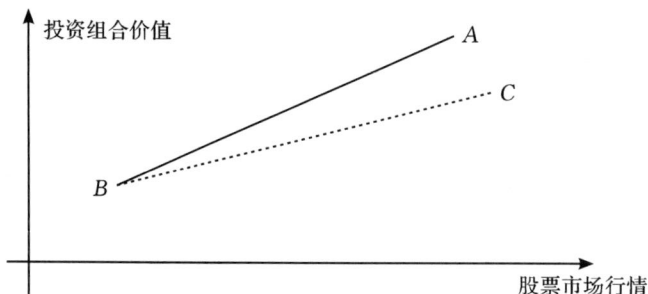

图9-9 投资组合保险策略支付图(市场先下降后上升)

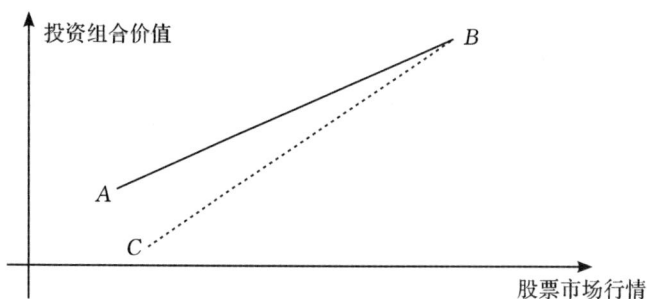

图9-10 投资组合保险策略支付图(市场先上升后下降)

与恒定组合策略相反,投资组合保险策略在股票市场上涨时提高股票投资比例,而在股票市场下降时降低股票投资比例,从而既保证资产组合的总价值不低于某个最低价值,同时又不放弃资产升值潜力。在严重衰退的市场上,随着风险资产投资比例的不断下降,投资组合能够最终保持在最低价值基础上。

显然,恒定组合策略的运作方向与市场运动方向相同,其绩效受到市场流动性影响的可能性更大,尤其是在股票市场的急剧降低或缺乏流动性时,投资组合保险策略至少保持最低价值的目标可能无法达到,甚至可能由于投资组合保险策略的实施反而加剧了市场向不利方向的运动。

(四)买入并持有策略、恒定混合策略、投资组合保险策略比较

买入并持有策略、恒定组合策略、投资组合保险策略三种资产配置策略是在投资者风险承受能力不同的基础上进行的积极管理,具有不同特征,并在不同的市场环境变化中具有不同的表现,同时它们对实施该策略提出不同的市场流动性要求(见表9-3),具体表现在以下三个方面:

表 9 - 3　三种资产配置策略的比较

策略类型	运作模式	支付模式	有利的市场环境	对市场流动性的要求
买入并持有策略	不行动	直线	牛市	小
恒定混合策略	下降就购买 上升就出售	凹曲线	无趋势的易变市场	适度
投资组合保险策略	下降就出售 上升就购买	凸曲线	强烈趋势的市场	高

1.支付模式

上述恒定组合策略和投资组合保险策略为积极性资产配置策略,当市场变化时需要采取行动,其支付模式为曲线。而买入并持有策略为消极性资产配置策略,在市场变化时不采取行动,支付模式为直线。恒定组合策略在下降时买入股票并在上升时卖出股票,其支付曲线为凹形。反之,投资组合保险策略在下降时卖出股票并在上升时买入股票,其支付曲线为凸形。

2.收益情况与有利的市场环境

当股票价格保持单方向持续运动时,恒定组合策略的表现劣于买入并持有策略,而投资组合保险策略的表现优于买入并持有策略。当股票价格由升转降或由降转升,即市场处于易变的、无明显趋势的状态时,恒定组合策略的表现优于买入并持有策略,而投资组合保险策略的表现劣于买入并持有策略。反之,当市场具有较强的保持原有运动方向的趋势时,投资组合保险策略的效果将优于买入并持有策略,进而优于恒定组合策略。

3.对流动性的要求

买入并持有策略只在构造投资组合时要求市场具有一定的流动性,恒定组合策略要求对资产配置进行实时调整,但调整方向与市场运动方向相反,因此对市场流动性有一定的要求但要求不高。对市场流动性要求最高的是投资组合保险策略,它需要在市场下跌时卖出而市场上涨时买入,该策略的实施有可能导致市场流动性的进一步恶化,甚至最终导致市场的崩溃。1987 年美国股票市场中众多投资组合保险策略的实施就加剧了当时的市场环境恶化过程。

另外需要注意的一点是,我们在讨论这三种策略(参见表 9 - 3)的时候,没有考虑到实行每种策略所花费的交易成本是不同的这一点。概括地说,买入并持有策略是一种消极策略,不进行任何相机调整和再平衡,因此涉及的交易成本是最低的。而后两种策略都属于积极策略,要求根据市场变化适时调整组合比例,因此需要花费一定的交易成本。具体投资管理的过程中考虑到交易成本的因素,三种策略的支付情况要做适当的调整。

比例投资组合保险策略的凹型支付模式之间的对应实际上揭示了它们之间的映射关系。如果把恒定比例投资组合保险策略的运用者看作是购买这种"保险"的话,恒定组合策略的运用者可以看作是这种"保险"的出售者,即恒定比例投资组合保险策略的购买者对应着一个恒定组合策略的售出者。反之亦然。而如果把一个恒定比例投资组合保险策略的投资组合和同样金额的恒定组合策略的投资组合放在一起的时候,我们就可以得到一个买入并持有策略的投资组合(这里仍然没有考虑交易成本)。

三、保险性资产配置策略

保险性资产配置(insurance asset allocation,IAA)策略又称为投资组合保险(portfolio insur-ance,PI)策略,是一种目标在于能够锁定投资组合整体价值的下跌风险,同时保留继续分享市场上涨所带来收益的机会,从而实现在风险控制或者保证本金安全前提下利润最大化的资产配置策略。保险性资产配置策略最早起源于美国证券市场使用期权等金融衍生工具,主要是买入期权对风险资产进行保险,保证投资者从风险资产投资中获取一个最低收益,同时保证其积极投资继续可能获取大量收益的潜力。它以期权理论为基础,但不限于一定要使用期权。后来金融投资专家和研究学者将其进行推广,使用数理模型和计算机程序来计算和优化风险资产和无风险资产的资产配置比例,实现复制类似期权的投资效果。

马科维茨的投资组合理论指出金融市场风险主要分为系统风险和非系统风险两种。通过构建投资组合可以规避非系统风险,而系统风险一般难以直接规避。系统风险的规避要求运用投资组合保险型资产配置策略来实现。投资组合保险型资产配置策略的最大贡献在于能够锁定投资组合整体价值的下跌风险,同时保留继续分享市场上涨所带来收益的机会,从而实现了投资组合目标从单纯意义上的利润最大化向以不确定性和风险控制为前提下利润最大化的升华。

以构造投资组合保险型资产配置策略的基础不同以及在投资期间是否需要对投资组合资产配置进行调整为依据,投资组合保险性资产配置策略主要分为两大类:第一大类是以 B-S 期权定价模型和其他衍生金融工具为基础的静态投资组合保险策略,主要包括欧式保护性看跌期权策略、欧式保护性看涨期权策略、买入和复制性看跌期权策略;第二大类是依据投资者的风险偏好程度设立不同的参数模型并且需要不断调整资产配置比例的动态投资组合保险策略,主要包括买入并持有策略、固定组合策略、恒定比例投资组合保险策略、时间不变性投资组合保险策略、止损策略与修正后的止损策略、固定收益资产投资策略。

四、动态资产配置策略和静态资产配置策略

资产配置策略依据在投资期间是否需要对投资组合资产配置比例进行调整为基准,分为动态资产配置(dynamic asset allocation,DAA)与静态资产配置(fixed-weight asset alloca-tion,FAA)两种策略。动态资产配置策略是投资者根据市场行情的变化,如果发现与投资目标可能发生较大偏离,就主动地调高或者降低主要资产类别的资产配置比例,进行资产配置比例再平衡的资产配置策略;静态资产配置策略则是投资者在期初一旦确定资产配置比例,在整个投资期不做任何调整的资产配置策略。

Bala Arshanapalli 和 Daniel Coggin 在《静态资产配置是否真的更好》一文中对动态资产配置策略和静态资产配置策略进行比较研究。争议的焦点在于决定一个设置资产配置政策合适的方法,静态还是动态资产配置对于投资实际收益和风险状况有着至关重要的作用。他们认为,有两种检验资产配置的方法:一是通过基金;二是通过资产类别。前者是指通过收集不同的基金的数据,针对不同基金进行跨时间段(over time)和横截面数据分析,检验他们的投资政策选时能力、选股能力;后者是通过资产类别评估基金资产配置绩效,集中于跨时间段各类资产在投资组合中权重的变化。

布林森、胡德和毕鲍尔(BHB)主张采取静态资产配置策略,对每一类资产类别采取长期固定的资产配置权重,对每类资产使用 10 年平均权重,股票就以 S&P500 指数,债券以雷曼政府-公司债券指数,现金以 30 天国库券为主。在此基础上允许适当地利用市场机会

获得超额收益,通过实证证明资产配置在决定投资组合绩效中起着非常重要的作用。

五、价值型资产配置策略

价值投资和增长投资是运用得最广泛的两大类投资风格,相应的投资风格资产配置策略主要有价值型资产配置策略和成长型资产配置策略两种。

Geoffrey Gerber 指出风格配置是资产配置的重要组成部分,投资风格资产配置策略主要有价值型资产配置策略和成长型资产配置策略两种。投资者可以采用基于收益率的方法或基于要素模型的方法来进行价值型资产配置策略和成长型资产配置策略的风格界定。另一方面,投资者可以通过风格择时模型在价值型与成长型之间选择和转换风格资产配置策略。

(一)价值型风格资产配置策略

价值型风格资产配置是以分析公司的内在价值为理论基础,投资于由于市场不理智的行为或公司出现不可抗力事件而导致公司股票的市场价格低于内在价值的投资策略。价值型资产配置往往被形容寻找“便宜货”的投资策略,其投资的关键在于不受市场潮流和大众行为的影响,寻找价值远远高于价格的股票,并且准确把握市场趋势发生反转的时机。价值型资产配置的评判标准,国际上比较流行的是以低 P/E(市盈率),低 P/B(市净率),低 P/S(价格与销售收入的比率),低 P/CF(价格与每股现金流的比率),或者用股利贴现模型(DDM)得出的价值与目前价格相差较大的差额。价值型资产配置中最著名的是由“华尔街教父”之称的格雷厄姆提出的“安全空间”的概念和理论。1976 年,格雷厄姆去世不久,他最倾心培养的学生沃伦·巴菲特继承了他的“安全空间”价值投资法并将其发扬光大至今,巴菲特仍然继续信奉格雷厄姆的基本观点——“安全空间”,当公司股票的市场价值明显低于其内在价值时,购买这类股票就是成功的投资。

格雷厄姆建议安全空间的概念可以在三个领域得到成功地运用。首先是对于像债券和优先股这种具有稳定收益的证券很有效;其次,可用来做比较分析,如低 P/E,低 P/B,低 P/CF;最后,如果公司的股票市价与其内在价值的差距越大,投资此类公司越有效。他同时也指出,如果公司内在价值中最大的一部分取决于管理质量、业务性质以及乐观增长计划,则此安全空间没有基础;相反,如果内在价值中的较大部分是由于可测量的数量因素支撑,则下跌空间会有个下限。格雷厄姆坚持“安全空间”的两种选股方法:第一种方法是以不超过公司净资产的 2/3 的价格购买股票,最好是净流动资产的 2/3;第二种是购买市盈率低的股票。他坚持两种买入技巧:一种是在整个股票市场低迷时买入;另一种是在整个市场并不低迷,但该公司股票市价远远低于其内在价值时买入。他认为这两种选股方法和买入技巧都有一种体现于股票价格上的“安全空间”。“安全空间”的价值型资产配置从价格与内在价值之间的变化关系的角度可以体现在以下三个获利空间。第一空间:当价格远远低于内在价值的时候,价格向价值回归的过程;第二空间:价格超过内在价值,惯性向上的获利空间;第三空间:内在价值本身增长所产生的获利空间。格雷厄姆的“安全空间”的价值投资策略主要是努力抢占第一空间。后来,巴菲特将其进行完善发展,将成长性考虑进去,巴菲特的“安全空间”价值投资开始努力抢占第一和第三空间。但由于在第二空间找不到投资机会,就放弃第二空间。巴菲特的安全空间价值投资策略通过在迪斯尼公司、美国运通公司、吉利公司、华盛顿邮报公司、可口可乐公司、麦当劳公司等投资的巨大成功得到充分体现。

(二)成长型风格资产配置策略

成长型风格资产配置策略是指投资预期发展前景良好、成长性佳、收益增长能够超过国民经济增长速度并且能在较长时期内保持持续增长的公司的投资策略。成长型风格资产配置不仅能保证投资者获取持续增长的股息红利,还能获取资本升值的收益,颇受市场投资者的青睐。根据进出入市场时机的角度我们将成长投资型分为合理价格的成长投资策略(growth at reasonable price,CARP)和惯性成长投资策略(momentum investment)。

合理价格的成长投资策略的关键在于把握准确地进入市场的时机,即当自己意识到投资品种的巨大成长潜力,而还未被市场其他投资者所发掘,价格还没有明显上涨,市场没有对其良好成长性做出应有反应的时候。它既要考虑盈利的可持续增长,也要考虑目前价格的高低。进入市场的时机较早,就具备与以后进入者价位成本上的相对"安全空间"。相对应的是,宁愿较晚退出,甚至作为长期战略投资者享受长期的价值增值和分红派息。它与价值型评估标准不一样:价值型以低市盈率 P/E 作为投资决策的依据之一,合理价格的成长投资策略考虑盈利增长率 G,采用 PE/G,即市盈率与增长率的比率作为投资决策的重要依据:PE/G 越低越好,价值越被低估;PE/G 越高,则说明成长性相对较低,价值上升空间相对有限。

惯性成长投资策略的关键在于把握准确地退出市场的时机,这是源于惯性成长投资策略主要投资于那些具有超常收益增长的股票,或者那些价格虽然已经高涨,但市场对其增长预期依然显得保守的股票。这与前面价值投资中提出的"安全空间"的第二空间有些类似,此阶段投资的风险相对较大,一旦公司的盈利成长性不及市场预期,股价就会迅速向下调整。所以惯性投资策略进入时机晚,宁愿退出早些,以确保最后一段增长的价格上升空间,但其持仓成本比合理价格的成长投资策略高,抗风险能力比合理价格的成长投资策略弱,导致此类投资者持筹心态较不稳定,所以在这种意义上讲,大部分机构投资者会在长线操作方面倾向于采取合理价格的成长投资策略,仅仅在短线操作上倾向于采取惯性成长投资策略,快进快出。

总而言之,成长性投资策略应注重发掘以下四类股票:

(1)有极佳的成长性,还没有为其他投资者发掘,价格处于低位的股票。

(2)实际的成长性比市场预期要佳的股票。

(3)市场有一定反应,但价格与其内在价值还有较大的安全空间的股票。

(4)既具备价值型又具备成长型特征的股票。

六、周期性资产配置策略

(一)股票周期的资产配置

股票周期一般分为熊市的底部、牛市的上涨、牛市的顶部和熊市下跌四个阶段。在股票周期的各个阶段,资产配置策略的重点会发生很大的变化。

1.熊市进入底部阶段

在股票市场进入熊市底部的时候,投资者应该优化固定收益类资产的持有结构。如果伴随着市场利率上调,投资者应该减持长期固定收益类资产并转向增持期限较短的投资工具;如果伴随着市场利率下调,投资者应该增持长期固定收益类资产和现金工具。

2.牛市上涨阶段

随着股票市场由熊市触底,进入牛市上涨的早期和中期阶段,投资者应该加大对各种股票以及类似股票的另类资产的资产配置力度,同时减持现金、固定收益类证券和类似固定收益类证券的另类资产配置比例。

3.牛市的顶部阶段

随着股票市场进入股票周期的顶部,投资者应该将积极型资产配置转向防御性资产配置,减持对各种股票以及类似股票的另类资产的资产配置,增加现金、高质量的固定收益类证券和类似固定收益类证券的另类资产以及保本产品和避险产品。

4.熊市下跌阶段

投资者应该较大比例地持有非股票类资产,将风险资产的资产配置比例降至较低水平。

(二)经济周期的资产配置

这里我们将经济周期依照价格稳定的程度分为四个阶段:

(1)通货紧缩阶段,其特征是总体物价水平处于下跌状态。

(2)价格稳定阶段,总体物价水平处于稳定状态。

(3)适度通货膨胀阶段,总体物价水平处于适度上升阶段,有时也许会出现小幅下跌。

(4)严重通货膨胀阶段,总体物价水平处于急剧上升状态。表 9-4 就给出了不同经济周期的资产配置比例情况。

表 9-4　不同经济周期阶段的资产配置比例比较

资产	通货紧缩	价格稳定	适度通货膨胀	严重通货膨胀
股票	降低	大量增加	大量增加	保持正常
债券	大量增加	保持正常	保持正常	大量降低
现金及等价物	大量增加	降低	保持正常	保持正常
房地产	保持正常	保持正常	保持正常	大量增加
黄金、白银	大量降低	大量降低	大量降低	大量增加

第四节　资产配置、行业配置、个股选择的实际案例分析

一、资产配置和个股选择的案例——海富通的多因素决策分析系统

在资产配置上,海富通基金管理有限公司独立研发了资产配置的决策模型即多因素分析决策支持系统,用于对资产配置进行决策。

多因素分析决策支持系统主要以宏观经济分析为重点,基于经济结构调整过程中相关政策与法规的变化、证券市场环境、金融市场利率变化、经济运行周期、投资者情绪以及证券市场不同类别资产的风险/收益状况等,判断宏观经济发展趋势、政策导向和证券市场的未来发展趋势,确定和构造合适的基金资产配置比例。

多因素分析决策支持系统由两个层次构成。证券市场的价格水平、上市公司盈利和增长预期、市场利率水平及走势、市场资金供求状况、市场心理与技术因素以及政府干预与政策导向等六大因素构成多因素分析决策支持系统的第一层次(见图 9-11)。通过分析这六大因

素,把握宏观经济和证券市场的发展趋势,确定投资组合的资产配置。该系统的第二层次是由分析这六大因素的一系列具体指标构成的,这些具体指标构成了多因素决策支持系统的第二层次。

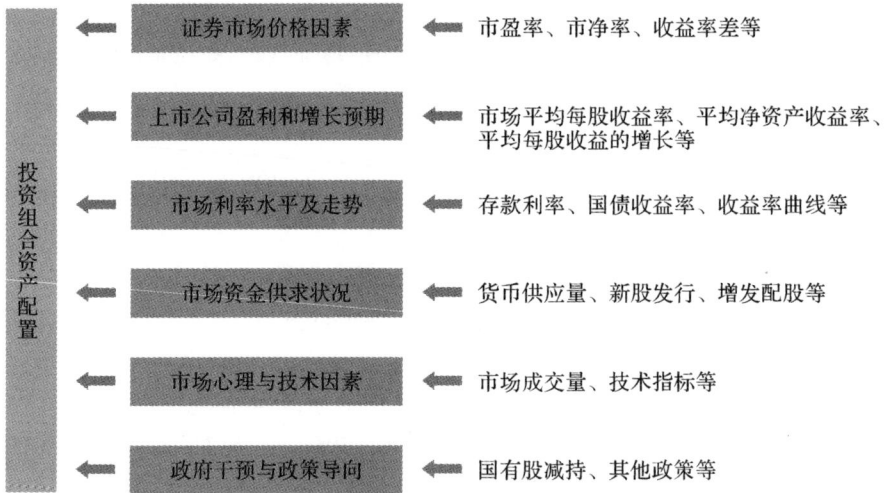

图9-11 资产配置的多因素决策支持系统(海富通基金管理有限公司)

(一)股票投资组合的构建

股票投资组合的构建见图9-12。

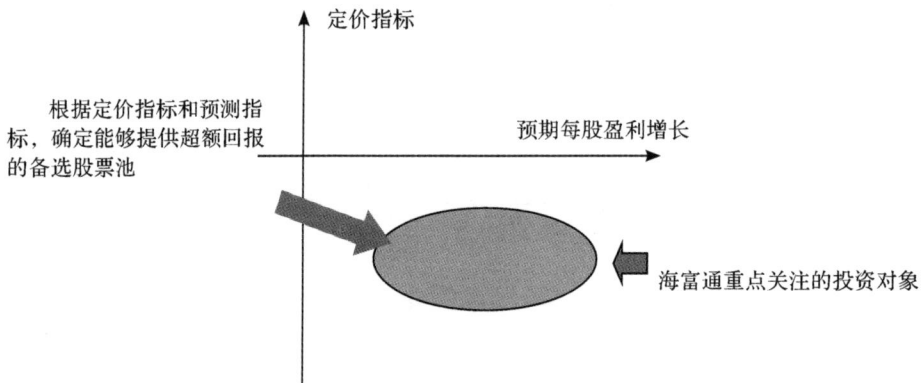

图9-12 精选股票分析决策支持系统(海富通基金管理有限公司)

(二)债券投资组合的构建

债券投资组合的构建见图9-13。

(三)个股选择

个股选择策略包括个股选择原则和个股选择程序两个层面。

1. 个股选择原则

个股选择包括以下原则:①注重未来的盈利变化趋势;②注重资产质量;③注重公司发展策略和客观经营环境的相互作用;④注重公司治理;⑤注重内部分析师的独立判断;⑥注重交叉复核(cross check);⑦注重股价对基本面的反映程度。

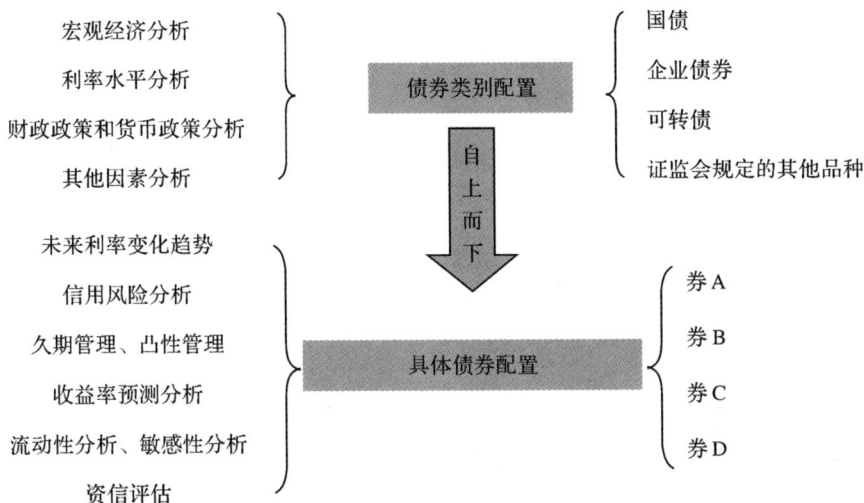

图 9-13　债券投资组合的多因素分析决策模型(海富通基金管理有限公司)

2.个股选择程序

个股选择包括以下步骤：

(1)根据预先设定的量化指标筛选初步关注对象名单。

(2)由分析师根据当时的情况进一步从初步关注对象中筛选出股票形成股票池。

(3)对股票池内的每一只股票建立档案。

(4)团队成员间的充分讨论与沟通,并不断完善上述档案。

(5)股票分析师将备选股提交给基金经理以备组合构建之需。

(6)股票分析师重复上述步骤(1)至(5),使个股研究成为一个动态选择和实时监控的系统和过程。

二、行业配置的案例

以下分别从行业 PEG 分析、行业生命周期选择、全球视野下的行业周期判断方面进行案例分析。

关于基金的行业配置,以南方积极配置、中邮核心成长和兴业全球视野等三只基金为代表举例说明。

(一)行业 PEG 分析——南方积极配置基金

南方积极配置基金的行业配置提出了行业 PEG 分析的方法。该基金采用自上而下和自下而上相结合的研究方法,结合行业 PEG 定量研究,从众多行业中精选出与国民经济增长具有高度关联性、贡献度大、成长性快、投资价值高的六个行业进行投资,为投资者寻求较高的投资收益,最终达到行业配置的目标。

行业 PEG 研究方法是指通过定量分析行业市盈率和行业增长率之间的比率关系,确定行业的投资价值。

PEG 的表达式为

$$PEG = PE/(G \times 100)$$

式中:PE 为市盈率(可采取静态市盈率或动态市盈率指标);G 为净利润的百分比增长率。

(二)行业生命周期选择——中邮核心成长基金

中邮核心成长基金的行业配置遵循自上而下方式：①基于全球视野的产业周期的比较和判断；②基于行业生命周期的分析；③基于行业内产业竞争结构的分析(见图 9 - 14)。

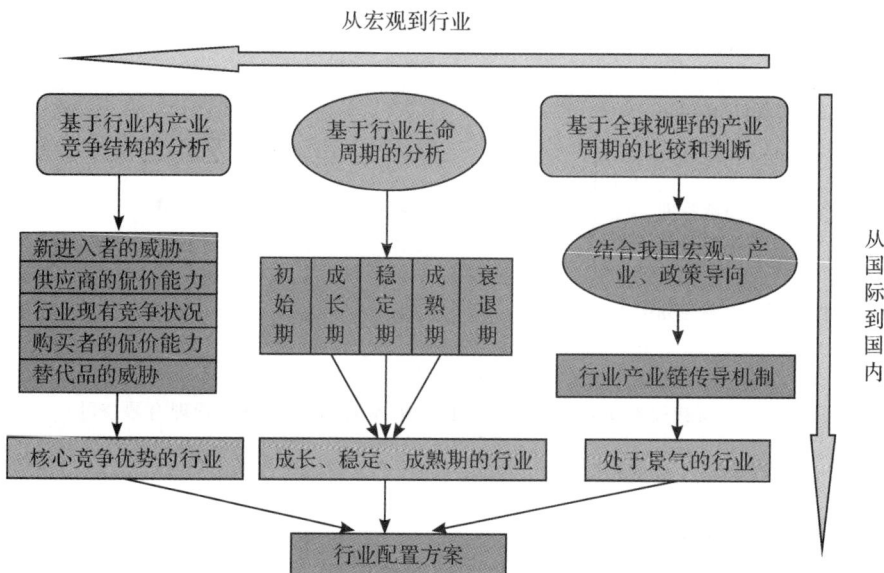

图 9 - 14　行业配置流程图(中邮核心成长基金)

(三)全球视野下的行业选择——兴业全球视野基金

兴业全球视野基金采用"自上而下"与"自下而上"相结合的投资策略。

1. 大类资产配置策略

基金以全球视野的角度挖掘中国证券市场投资的历史机遇，采取"自上而下"的方法，定性与定量研究相结合，在股票与债券等资产类别之间进行资产配置。即：①全球视野下的国内市场变动趋势；②大类资产的风险/收益预期；③确定资产配置。

2. 行业配置策略

基金运用"兴全全球视野行业配置模型"进行行业配置，该模型考察国内外产业生命周期与行业景气度两大指标体系，并动态跟踪两者之间的关联度，动态调整投资组合中的行业配置比例。即：①全球视野下的行业生命周期演进；②行业景气周期确定；③确定行业配置。

本章小结

1.基金的资产配置，就是将基金的资产在现金、各类有价证券之间进行分配的过程。简单说就是基金将资金在股票、债券、银行存款等投资工具之间进行比例分配。证券投资基金进行资产配置具有重要的意义：

(1)资产配置综合了不同类别资产的主要特征，在此基础上构建投资组合，能够改善投资组合的综合风险-收益水平。

(2)资产配置是不断进行认知和平衡的权衡过程，其中在时间跨度、资本保值目标和预期收益来源等方面尤其重要。

(3)资产配置需要设定最小化和最大化权衡因素,以确保选择足够多的资产类别,而不是过分集中于某类资产类别。

(4)资产配置实现多种类别资产与特定投资品种的分散投资,从而将投资组合的期望风险特征与投资者自身的风险承受能力相匹配,并对无法分散化的波动性进行补偿。

2.投资者的风险承受能力与资产的预期风险收益状况是资产配置的基础,只有在此基础上才能构造出一定风险水平下的最优投资组合。因此,资产配置需要考虑以下三方面的因素:

(1)确定投资者的风险承受能力与效用函数。

(2)确定各项资产在持有期间或计划范围的预期风险收益及相关关系。

(3)在可承受的风险水平上构造能够提供最优回报率的投资组合。

3.资产配置的主要资产类别可以归纳为四大类资产:股票、固定收益证券、现金和另类资产,而且各大类资产还包括许多子类别资产。基金管理人通过深入了解并把握各种主要类别资产的特性,做出理性的资产配置决策。

4.资产配置策略常见的主要类型有:基于时间跨度的资产配置策略、基于配置策略的资产配置策略、保险性资产配置策略、动态资产配置策略和静态资产配置策略、价值型资产配置策略、周期性资产配置策略。应深刻理解与把握每种策略的特点,区分同一资产配置类型中不同策略间的区别,例如基于时间跨度的资产配置策略中战略性资产配置与战术性资产配置类型比较。

5.通过认识案例中资产配置、行业配置、个股选择的实际应用场景,加深对资产配置的理解和掌握。

思考与练习

1.什么是基金的资产配置? 证券投资基金进行资产配置具有哪些重要的意义?

2.证券投资基金资产配置需要考虑的因素是什么?

3.资产配置的主要资产类别可以归纳为哪几大类资产?

4.资产配置策略常见的主要类型有哪些?

5.战略性资产配置与战术性资产配置类型的主要区别是什么?

6.从书中易方达中小盘混合基金十大股票持仓情况,以及股市持仓品种的价格变动,讨论战略性资产配置的意义。

7.什么是周期性资产配置策略? 它和经济周期有何关系?

第十章　基金投资的交易机制与流程管理

本章提要

　　本章分析基金投资交易机制、交易成本与流程管理。第一节讨论了证券市场的交易机制，信用交易及其实现形式等。第二节介绍交易执行中的最佳执行、交易成本与算法交易策略。第三节介绍投资交易流程与操作风险管理。

第一节　证券市场的交易机制

　　本节讨论证券市场的买卖指令达成交易的三种交易机制，即指令驱动市场、报价驱动市场和经纪人市场；保证金交易（信用交易）及其买空和卖空交易实现形式，以及对风险和收益的影响等。

一、指令驱动市场、报价驱动市场和经纪人市场

（一）指令驱动市场

1. 指令驱动的定义

　　指令驱动的核心就是买方下达购买指令，包括购买数量和相应价格，卖方下达包含同样内容的卖出指令，满足成交条件的即可成功交易。在指令驱动市场上，指令是交易的核心，交易者向自己的经纪人下达不同的交易指令，经纪人将这些交易指令汇聚到交易系统，交易系统会根据已经设定好的交易规则撮合交易指令，直至完成交易。

　　我国上海和深圳交易所的交易系统都是采用此指令驱动方式。

2. 指令驱动的成交原则

　　（1）价格优先原则。较高的买入价格总是优于较低的买入价格，而较低的卖出价格优于较高的卖出价格。

　　（2）时间优先原则。如果在同一价格上有多笔交易指令，此时会遵循"先到先得"的原则即买卖方向相同、价格一致的，优先成交委托时间较早的交易。

3. 交易指令的分类

　　交易指令分为市价指令和随价指令两类。投资者根据不同的市场行情下达合适的交易指令对以合理价格成交是非常重要的。

　　（1）市价指令。如果投资者希望以即时的市场价格进行证券交易，就会下达市价指令。

　　（2）随价指令。随价指令可使投资者在价格变化之前采取措施，当证券价格变动时，可以设定在某一价格买入或卖出证券。市价指令让投资者暴露在价格变化的风险中，特别是量大报单。

随价指令包括限价指令、止损指令两类。

限价指令又分为限价买入指令、限价卖出指令。如果投资者认为目前目标公司的股票价格偏高,还不适合买入建仓,那么可以给经纪人发出限价买入指令,即设定一个目标价格,当股票价格达到或者低于该目标价格时,执行买入指令;如果投资者持有某上市公司的股票,目前的股票价格偏低,那么可以给经纪人发出限价卖出指令,这样当该公司的股票价格上涨达到或者高于目标价格时,执行卖出指令。止损指令是当证券价格达到目标价格时开始执行交易,止损指令的目的在于将损失控制在投资者可接受的范围内。当投资者持有某股票并预期未来股票价格有下跌趋势,此时可以下达止损卖出指令,即当该股票价格达到或低于目标价格时,及时卖出所持股票,防止损失进一步增大。当投资者卖空(卖空即看跌该股票价格,股票价格下跌时获利,上涨时亏损)某股票时,可以下达止损买入指令即指定一个价格,当达到或超过这个价格时买入股票,如果股价上涨,达到指定价格后就可以平仓,把损失降到可控范围内。

在指令驱动市场,投资者不断向经纪人下达各种指令,这些指令集合于交易系统中,当买卖双方的价格和数量达成一致时,交易完成并形成成交价格。

(二)报价驱动市场

由于报价驱动中,做市商是最为重要的角色,报价驱动市场又称做市商制度。做市商通常由具备一定实力和信誉的证券公司承担,本身拥有大量可交易证券,买卖双方均直接与做市商交易,买卖价格则由做市商报出。

我们可以通过表10-1分析交易过程中的价格关系。

表 10 - 1 做市商与投资者

项目	要价	出价
做市商	卖价	买价
投资者	买价	卖价

(1)在这里,要价始终是大于出价的,这时做市商就可以轻易地获得买卖价差。

(2)做市商必须随时满足买卖双方的交易数量,这样才能给市场提供流动性。

(3)当接到投资者卖出某种证券的报价时,做市商以自有资金买入;当接到投资者购买某种证券的报价时,做市商用其自有证券卖出。

(4)为了完成交易承诺,做市商之间有时也会进行资金或证券的拆借。

另外,维持证券的价格稳定也是做市商的目标之一。虽然做市商的利润来源于买卖价差,但如果买卖价差太大,做市商将很难促成交易,从而失去赚取价差的机会。另外,如果证券价差小但交易频繁,做市商仍可以赚取利润。

做市商可以分为两种(见表10-2)。

表 10 - 2 做市商的种类

种类	内容
特定做市商	①一只证券只由某个特定的做市商负责交易； ②在纽约证券交易所,每个特定做市商不仅可以全权负责一种证券的交易,而且可以同时为多种股票做市
多元做市商	①每只证券同时拥有多家做市商进行做市交易,避免一家做市商垄断市场操纵价格； ②美国纳斯达克市场采用

做市商制度也被称为柜台交易(OTC),因为早期的证券交易是在做市商办公室的柜台完成的。现在的 OTC 市场则是通过网络交易系统、电话信息系统等途径进行交易。

我国的新三板交易采用了这一交易制度。做市商从做市公司处获得库存股,然后对股票指定买入价和卖出价,交易者只能以这个价格和做市商交易。做市商赚的是买入价和卖出价之间的价差(目前的规定是价差不能超过 5%)。投资者间不直接成交。

(三)经纪人市场

经纪人是为买卖双方介绍交易以获取佣金的中间商。在某些特定商品的交易中,如大宗股票或债券、房地产等,由于商品具有特殊性或只在少数投资者之间交易,经纪人市场便出现了。

经纪人可以根据自己客户的指令来寻找相应的交易者,也可以依靠自身的信息资源来寻觅买家和卖家,以此促成交易,赚取佣金。在这种情况下,做市商通常不会为其做市,因为如果商品交易不频繁,做市商就不能获得理想的买卖价差,而且会面临持有成本；而指令驱动市场也不会容纳类似交易品,因为投资者数量有限,不能形成有效的价格指令。

与指令驱动市场相同的是,交易价格的形成是买卖双方谈判的结果,但市场流动性却不由买卖双方来形成,而主要依靠经纪人来维持。

二、做市商和经纪人的区别与联系

(一)做市商和经纪人的区别

做市商和经纪人的区别见表 10 - 3。

表 10 - 3 做市商和经纪人的区别

区别	做市商	经纪人
市场角色不同	做市商在报价驱动市场中处于关键性地位,在市场中与投资者进行买卖双向交易	经纪人在交易中执行投资者的指令,没有参与到交易中
利润来源不同	利润主要来自证券买卖价差	利润主要来自给投资者提供经纪业务的佣金
对市场流动性的贡献不同	在报价驱动市场中,做市商是市场流动性的主要提供者和维持者	在指令驱动市场中,市场流动性是由投资者的买卖指令提供的,经纪人只是执行这些指令

（二）做市商和经纪人的联系

做市商和经纪人有时可以共同完成证券交易。每当做市商之间进行资金或证券拆借时，经纪人往往是不错的帮手，有些经纪人甚至是专门服务于做市商的。

美国纽约证券交易所中的特定做市商同时也充当了经纪人的角色。特定做市商会得到投资者的一系列报价，这时，如果投资者的买卖报价能够满足成交条件，那么做市商就不会动用自己的自有资金或证券，而是直接促成交易，除非做市商自己的报价要优于投资者的报价。如果投资者的报价无法完成交易，这时做市商就会发挥"做市"的职能，用自有资金或证券促成交易，在维持证券价格稳定的同时保持市场流动性。此时经纪人和做市商的角色往往是冲突的。作为经纪人，他们应该执行自己客户的指令，使得客户的证券能在最合适的价格成交；但作为做市商，他们又希望能以较低的价格买入证券，再以较高的价格卖出。

三、买空和卖空交易以及对风险和收益的影响

（一）保证金交易概述

证券市场的主要交易模式是"一手交钱，一手交货"的现货交易。如果投资者要买入一定数量的证券，资金账户上必须有以市场价格计算的相应量资金；如果投资者要卖出证券，自己证券账户上必须有一定量的证券。

现货交易将违约风险降到最低，却限制了投资者信用。保证金交易让投资者可以从证券经纪商那里借得资金或证券，这样就能扩大自己的交易规模。此时的交易被称为信用交易。投资者用于投资的自有资金和证券账户里的证券市值之和（资产总市值）就称为保证金，而保证金除以资产总市值的比率就称为保证金率。在我国，保证金交易被称为"融资融券"业务。其好处是活跃市场，提高市场的交易规模和流动性。

（二）买空交易

投资者借入资金购买证券即融资交易，也叫买空交易。

如果维持担保比例已经达到最低限额，股票价格进一步下降，证券公司就会要求投资者在两个交易日内追加担保，且追加担保物后的维持担保比例不得低于150%，这被称为保证金催缴。

（三）卖空交易

卖空交易即融券业务。投资者可以向证券公司借入一定数量的证券卖出，由于证券并不属于自己，称为"卖空"。如果将来证券价格下降时，再以较低的市场价格买入证券归还证券公司的融券，则得到投资正收益。

在标的证券价格变化时，融券业务的维持担保比例必须大于130%，一旦维持担保比例小于130%时，投资者就会接到证券公司的催缴通知，这时，投资者可以选择在信用账户中增加资金，也可以用标的证券或其他认可的证券来增加担保比例。但用证券充抵保证金时，对于不同的证券，必须以证券市值或净值按不同的折算率进行折算。

融券业务在价格下跌时会放大投资收益率，同样在价格上涨时则放大投资亏损率，如同杠杆一样增加了投资收益率的波动性。为防范融资融券的投资风险，证券交易所对参与融资融券的证券公司做出了严格规定，只有符合一定标准的证券公司才能开展此项业务。同时，融资融券对于投资者的要求也较高，目前大部分证券公司要求普通投资者开户时间须达到18个月，且持有资金不得低于50万元人民币。

在《上海证券交易所融资融券交易实施细则》中，上交所对于可用于融资融券的标的证券做出了详细规定，如标的证券为股票的，须符合在上交所上市交易超过 3 个月等七个条件。

第二节　交易执行中的最佳执行、交易成本与算法交易策略

一、最佳执行

"最佳执行"是交易管理领域的主流理念。CFA 协会将最佳执行定义为公司在规定的投资目标和限制内，为客户投资组合价值最大化而采用的交易流程。在不断变化的市场环境中，投资专业人员必须管理交易过程，以履行他们对客户的责任。交易从决策到执行完毕中的每一步都需要各方承担其最佳执行的责任。

CFA 协会提出了最佳执行的实施框架。该框架包含了过程、披露和记录三个方面。

（1）投资管理公司编制政策和流程，通过最佳执行来实现客户资产价值最大化。

（2）投资管理公司应该向现有和潜在客户披露交易技术、渠道和经纪商方面的信息，以及可能的与交易相关的利益冲突。

（3）投资管理公司应该妥善保管档案记录，提供在合规和披露义务方面的证据。

二、交易成本的组成

交易成本是为了实施业务而发生的所有成本和费用。交易成本分析是最佳执行实践中的关键环节。一般来说，交易成本可划分为两大类，即显性成本和隐性成本。

（一）显性成本

显性成本是不包含在交易价格以内的费用支出，一般可以准确计量，也可以事先确定，又被称为直接成本或价外成本。显性成本按照收费主体划分，可分为经纪人佣金、税费、交易所规费与结算所规费三个部分。

1. 经纪人佣金

佣金是指交易成功后，投资者根据交易额，按照一定比例付给经纪人的费用。

证券公司对于不同的投资者往往会采用不同的交易佣金率。证券公司通常会设立一个全成本交易佣金率，在此基础上根据投资者的资产或交易量、交易方式、客户忠诚度等调整交易佣金，最终确定每个投资者适用的实际交易佣金。由于交易佣金率相对固定，基金公司作为买方可以通过服务结构调整最大限度地发挥佣金支出的效益。

2. 经手费、监管费和印花税

我国证券交易所向投资者收取证券交易经手费、监管费和印花税。

（1）经手费是券商交给交易所的费用，监管费是代监管机关收取的。

（2）印花税是代税务机关收取的。印花税是根据国家税法规定，在股票（包括 A 股和 B 股）成交后对买卖双方投资者按照规定的税率分别征收的税金，是交易费用的重要组成部分。

目前，我国 A 股印花税税率为在卖出股票时单边征收，税率为 1‰。

3. 过户费

证券交易结束后还需要支付给证券登记结算机构一定费用，这部分费用被称为过户费。

近年来,一种新的显性成本也开始出现,就是交易技术供应商的收费。有能力实现按交易业务流量收费的技术供应商包括前台交易系统、后台结算系统以及交易网络系统的供应商。

(二)隐性成本

隐性成本是包含在交易价格以内的、由具体交易行为导致的额外费用支出,一般无法准确计量,也不能事先确定,因此往往容易被忽视。隐性成本又被称为间接成本或价内成本,包含买卖价差、冲击成本、机会成本、对冲费用等。

1. 买卖价差

买卖价差是当前最低卖出价与最高买入价之间的差额。买卖价差在很大程度上是由证券类型及其流动性决定的。一般而言,大盘蓝筹股流动性较好,买卖价差小;小盘股则反之。发达金融市场,如美国市场的股票,总体流动性较好,价差较小;新兴市场总体上买卖价差较大。

2. 冲击成本

冲击成本是交易指令下达后形成的市场价格与交易没有下达情况下市场可能的价格之间的差额。

冲击成本是购买的流动性成本,即为获取当前市场最优报价范围以外对手盘提供的流动性所需支付的成本。除了流动性需求,信息泄露也是导致冲击成本的因素。

作为一种事后计算指标,冲击成本难以精确计量,因为:证券价格在连续不断的变化当中,而历史不可能在没有该笔交易的情况下重演,所以无法观测到该笔交易不发生情况下的证券价格;证券价格的变化可能是因为交易指令推动了价格,也可能是由于价格序列本身就存在趋势。

3. 机会成本

基金经理提交指令后,交易员有时可能需要一些时间来分析市场,或者等待合适的价格。在此过程中,价格可能会向有利或者不利的方向变动,带来延迟成本。向有利方向变动时,会产生收益;向不利方向变动时,会带来额外成本,也可能造成交易全部或部分无法完成。无法完成的交易意味着投资决策无法得到执行,也会带来机会成本。

机会成本与冲击成本之间经常存在着相互冲突:当交易执行速度较快时,机会成本小,但冲击成本大;当交易执行速度较慢时,冲击成本小,但机会成本大。

采取积极措施减少一种成本往往会增加在另一种成本上的风险,这也被称为"交易员困境"。交易员的日常工作就是不断地在成本与风险之间做权衡,选择最符合资产组合管理目标的平衡点。

4. 对冲费用

机构投资者在大规模调整投资组合时,为了减少冲击成本,往往需要较长时间,从几天到几个月都有可能。在此期间,实际投资组合与目标组合存在差距,又造成了风险敞口,带来机会成本。投资管理人可以使用远期、期货、互换等金融衍生工具在这一过程中进行风险对冲,减少与目标组合的差别。使用对冲工具又会产生对冲费用。

三、执行缺口的定义及计算方法

(一)执行缺口的定义

执行缺口指的是采用投资决策时的证券市场价格建仓的基准投资组合与采用实盘交易建仓的真实投资组合之间的收益率之差,其本质就是交易成本。在理想交易中,投资者可以迅速以决策时的基准价格完成一定数量的证券交易,且不存在交易成本。执行缺口可以将交易过程中的所有成本量化。

(二)执行缺口的计算方法

$$执行缺口 = \frac{基准组合收益 - 实际组合收益}{基准组合成本} \times 100\%$$

【例 10-1】 投资者 A 计划购买 1000 股某上市公司的股票,这时该公司的股票价格为 10 元/股,我们称为基准价格。第一个交易日,投资者向经纪人下达限价指令,将目标购买价格定为 9.5 元,然而本交易日股票价格有所上涨,收盘价为 10.2 元。

第二个交易日,投资者根据第一个交易日的情况修订了限价指令,将目标价格修改为 10.5 元/股,本交易日内最终成交 800 股,假设每股交易佣金为 0.05 元,且不考虑其他交易成本,股票收盘价格为 11 元/股。

问: 执行缺口是多少?显性成本和各种隐性成本是多少?

解: (1)在理想交易中,投资者可以 10 元/股的价格购买 1000 股股票,该组合被称为基准组合。到第二个交易日收盘,基准组合收益情况为

$$11 \times 1000 - 10 \times 1000 = 1000(元)$$

在实际交易中,投资者以 10.5 元/股的价格只购买到 800 股股票,且付出了每股 0.05 元的交易佣金,其收益情况为

$$11 \times 800 - 10.5 \times 800 - 800 \times 0.05 = 360(元)$$

此时,执行缺口被定义为

$$\frac{基准组合收益 - 实际组合收益}{基准组合成本} = \frac{1000 - 360}{10 \times 1000} = 6.4\%$$

这就意味着投资者损失了 6.4% 的投资收益率,即执行过程中的交易成本。

(2)下面对执行缺口进行分解,分别计算显性成本和各种隐性成本(以相对比率计算的相对成本)。

① 显性成本

这里仅包含佣金:

$$\frac{佣金}{票面组合投资额} = \frac{800 \times 0.05}{10 \times 1000} = 0.4\%$$

② 多种隐性成本

在第一个交易日,投资者已经看到了投资机会,但由于设置了限价指令而没有完成任何交易,这就产生了延迟成本:

$$延迟成本 = \frac{第一交易日收盘价 - 基准价格}{基准价格} \times 实际投资执行比例$$

$$= \frac{10.2 - 10}{10} \times \frac{800}{1000} = 1.6\%$$

在第二个交易日,投资者买入了证券,但成交价格较第一个交易日收盘价要高,投资者面临的成本是已实现损失:

$$已实现损失 = \frac{实际交易价格 - 第一交易日收盘价}{基准价格} \times 实际投资执行比例$$

$$= \frac{10.5 - 10.2}{10} \times \frac{800}{1000} = 2.4\%$$

由于投资者计划购买 1000 股股票,但只完成了 800 股,失去了 200 股股票的买入机会,由此产生了机会成本:

$$机会成本 = \frac{第二交易日收盘价 - 基准价格}{基准价格} \times 未实现投资比例$$

$$= \frac{11-10}{10} \times \frac{200}{1000} = 2\%$$

将上述成本相加:

$$1.6\% + 2.4\% + 2\% = 6\%$$

隐性成本为 6%。

显性成本 0.4% 和隐性成本 6% 之和 6.4%,即执行缺口 6.4%。

四、算法交易的概念和常见策略

(一)算法交易的概念

算法交易是遵循数量规则、用户指定的基准和约束条件,使用计算机来确定订单最佳的执行路径、执行时间、执行价格以及执行数量的一种交易方法。

算法交易的内在逻辑是利用市场交易量的特点来风险可控、成本可控地执行订单。

算法交易的核心是交易模型,模型来源于交易经验、策略和数据分析的有机结合。

(二)常见的算法交易策略

1.常见的算法交易策略

(1)时间加权平均价格算法。该算法是根据特定的时间间隔,在每个时间点上平均下单的算法。这一算法旨在使市场影响最小化的同时提供一个平均执行价格。

(2)成交量加权平均价格算法(VWAP)。该算法是最基本的交易算法之一,旨在下单时以尽可能接近市场按成交量加权的均价进行,以尽量降低该交易对市场的冲击。

(3)跟量算法(TVOL)。跟量算法旨在帮助投资者跟上市场交易量,若交易量放大则同样放大这段时间内的下单成交量,反之则相应降低这段时间内的下单成交量。交易时间主要依赖交易期间市场的活跃程度。

(4)执行缺口算法(IS)。执行缺口算法旨在尽量不造成大的市场冲击的情况下,尽快地以接近客户委托时的市场成交价格来完成交易的最优化算法。

2.算法交易与传统的人工交易相比具有的优势

算法交易实现了人工不能完成的优化策略的过程,实现最优化的策略,达到减少市场冲击和降低交易成本的目的。算法交易程序判断的时间短,比人工交易更容易在即时价格成交,提高了交易的执行效率。算法交易通过计算机下单,减少了传统交易在交易员上的人力投入。算法交易可以最大限度地降低由于人为失误而造成的交易错误。算法交易能确保复杂的交易及投资策略得以执行。算法交易模型确定后,可以在较长时期内观察其有效性和可复制性。

3.算法交易的应用

国际上,算法交易已被对冲基金、企业年金、共同基金等机构投资者广泛使用。这些机构投资者使用算法交易对大额订单进行分拆,寻找最佳的路由和最有利的执行价格,以降低市场的冲击成本,提高执行效率和订单执行的隐蔽性。任何投资策略都可以使用算法交易进行订单的执行,包括做市、场内价差交易、套利或者纯粹的投机。

第三节　投资交易流程与操作风险管理

一、投资交易指令的内部执行流程

基金公司投资交易包括形成投资策略、构建投资组合、执行交易指令、绩效评估与组合调整、风险控制等环节。执行交易指令是其中重要一环。

交易指令在基金公司内部执行流程如下。

(1)在自主权限内,基金经理通过交易系统向交易室下达交易指令。

(2)交易系统或相关负责人员审核投资指令(价格、数量)的合法、合规性,并将指令分派给交易员。投资交易系统将自动拦截违规指令,如果发现异常指令时由交易总监反馈信息给基金经理并有权终止指令,同时报上级主管领导,并通知合规风控部门。

(3)交易员接收到指令后有权根据自身对市场的判断选择合适时机完成交易。交易员在执行交易的过程中必须严格遵循公平公正的原则,在执行交易时需严格遵守公司的公平交易制度。

二、投资交易过程中合规风险、操作风险和应对管理方法

基金投资交易过程中的风险主要体现在合规风险和操作风险两个方面。

(一)投资交易过程中的合规风险

投资交易过程中的合规风险是指违反法律、法规、交易所规则、公司内部制度、基金合同等导致公司可能遭受法律制裁、监管处罚、公开谴责等的风险。

合规风险管理主要体现在严格执行交易规定和监控交易行为的过程中,通过制度化的安排做好事前预防、事中监控和事后管理上,防范操纵证券市场、不公平对待不同投资组合、利用基金财产进行内幕交易牟取利益等违法违规行为。

(二)投资交易过程中的操作风险

投资交易中的操作风险是指由于人员、流程、系统或外部因素带来的交易失误,导致基金资产或基金公司财产损失,或基金公司声誉受损、受到监管部门处罚等的风险。基金公司在交易执行环节可能存在的风险包括以下八种风险。

(1)未实现最佳执行原则,交易效率低或差错率高。

(2)交易系统未经严格测试论证,系统缺陷造成交易失误。

(3)交易与后台清算、托管银行的交收相互脱节,影响资金的使用。

(4)交易价格显著偏离公允价格。

(5)对交易对手风险的评估与控制不足。

(6)交易执行不独立于基金经理。

(7)公平交易、反向交易以及超过合规限制交易的管理机制得不到有效执行。

(8)交易员不能有效履行对基金经理交易指令的监督、复核职责。

对于操作风险,基金公司应当对操作风险进行细致评估,对全部风险点进行整理、评估,并制订具体的应对措施,在业务流程中对风险情况进行持续跟踪和改进。

本章小结

1.证券交易的三种不同市场机制：指令驱动市场、报价驱动市场（做市商制度）、经纪人市场。

2.做市商和经纪人的区别：市场角色不同；利润来源不同；对市场流动性的贡献不同。做市商和经纪人的联系：做市商和经纪人有时可以共同完成证券交易，当做市商之间进行资金或证券拆借时，经纪人往往是合适的帮手，有些经纪人甚至是专门服务于做市商的。

3.保证金交易让投资者可以从证券经纪商那里借得资金或证券，这样就能扩大自己的交易规模。此时的交易被称为信用交易。保证金交易亦被称为"融资融券"业务。投资者用于投资的自有资金或证券就称为保证金，而保证金除以所投资金额和证券总价值的比率就称为保证金率。其好处是活跃市场，提高市场的交易规模和流动性。

4.买空交易：借入资金购买证券。

5.卖空交易即融券业务。投资者可以向证券公司借入一定数量的证券卖出，由于证券并不属于自己，称为"卖空"。如果将来证券价格下降时，再以较低市场价格买入证券归还证券公司的融券，则获得投资正收益。

6.最佳执行被定义为公司在规定的投资目标和限制内，为客户投资组合价值最大化而采用的交易流程。CFA协会提出了最佳执行的实施框架。该框架包含了过程、披露和记录三个方面。

7.交易成本是为了实施业务而发生的所有成本和费用。交易成本可划分为两大类，即显性成本和隐性成本。

8.显性成本是不包含在交易价格以内的费用支出，一般可以准确计量也可以事先确定，又被称为直接成本或价外成本。显性成本按照收费主体划分，可分为经纪人佣金、税费、交易所规费与结算所规费三个主要部分。

9.隐性成本是包含在交易价格以内的、由具体交易导致的额外费用支出，不能事先确定，因此往往容易被忽视。隐性成本又被称为间接成本或价内成本，包含买卖价差、冲击成本、机会成本、对冲费用等。

10.执行缺口指的是采用投资决策时的证券市场价格建仓的基准投资组合与采用实盘交易建仓的真实投资组合之间的收益率之差，其本质就是交易成本。

执行缺口的计算方法：（基准组合收益－实际组合收益）/基准组合成本×100%

11.算法交易是遵循数量规则、用户指定的基准和约束条件，使用计算机来确定订单最佳的执行路径、执行时间、执行价格以及执行数量的一种交易方法。算法交易的内在逻辑是利用市场交易量的特点来风险可控、成本可控地执行订单。算法交易的核心是交易模型，模型来源于交易理念和数据分析的有机结合。

12.算法交易实现了人工不能完成的优化策略的过程，实现最优化的策略，达到减少市场冲击和降低交易成本的目的。算法交易程序判断的时间短，比人工交易更容易在即时价格成交，提高了交易的执行效率。算法交易通过计算机下单，减少了传统交易在交易员上的人力投入。

13.交易指令在基金公司内部执行流程如下：①在自主权限内，基金经理通过交易系统向交易室下达交易指令。②交易系统或相关负责人员审核投资指令的合法、合规性。违规指令将被拦截并反馈给基金经理,其他指令被分发给交易员。③交易员接收到指令后有权根据自身对市场的判断选择合适时机完成交易。

14.基金投资交易过程中的风险主要体现在合规风险和操作风险两个方面。合规风险管理主要体现在严格执行交易规定和监控交易行为的过程中,通过制度化的安排做好事前预防、事中监控和事后管理上,防范操纵证券市场、不公平对待不同投资组合、利用基金财产进行内幕交易牟取利益等违法违规行为。对于操作风险,基金公司应当对操作风险进行细致评估,对全部风险点进行整理、评估,并制订具体的应对措施,在业务流程中对风险情况进行持续跟踪和改进。

思考与练习

1.证券交易的三种不同市场机制是什么?

2.做市商和经纪人的区别与联系是什么?

3.做市商和经纪人的利润主要来自什么?

4.如何理解成热市场,如美国市场的股票,流动性较好,价差较小,而新兴市场买卖价差则较大?

5.什么是保证金交易? 其好处与风险各是什么?

6.什么是买空交易与卖空交易?

7.什么是交易成本、显性成本与隐性成本?

8.简述执行缺口的含义与计算方法。

9.基金投资交易过程中的合规风险和操作风险如何管理?

第十一章 证券投资基金投资风险管理

本章提要

风险是指未来的不确定性导致不利结果发生的可能性,风险管理是证券投资基金的基本任务之一。管理流程有风险的识别、评估度量,以及管理的方法的选择、实施的工作步骤和程序等。第一节介绍证券投资基金存在的市场风险、流动性风险以及信用风险;第二节介绍证券投资基金投资风险的度量方法,主要有:贝塔(β)系数和波动率、跟踪误差与主动比重、最大回撤与下行标准差、风险价值(VaR)、预期损失、压力测试等方法;第三节分别介绍股票基金与混合基金的风险管理方法、债券基金的风险管理方法、货币市场基金的风险管理方法、指数基金和ETF基金的风险管理方法、跨境投资所面临的风险和相应的管理方法;第四节通过案例分析,旨在理论联系实际,深化对证券投资基金投资风险的度量方法和管理的理解。

第一节 风险概述与证券投资基金投资风险的类型

一、不确定性与风险

现代经济学将风险定义为未来的不确定性所引起的不利后果,风险与收益存在着紧密的伴随关系。为了正确理解风险的内涵,要注意以下几点:

首先,不确定性与风险是有区别的。不确定性是指结果事先不明确知道。结果既可能有利于行为主体也可能不利于行为主体,只要结果存在波动,就认为存在不确定性;风险则是指不利结果发生的可能性,如果结果中没有不利于行为主体的情况发生,那么尽管结果存在不确定性,该事件仍旧没有风险。以投资为例,如果投资者的目标是20%的年收益率,而实际的收益率在22%~35%之间,虽然具体值无法确定,即这项投资的实际结果无法确定,但却没有风险可言,因为最低的收益率都高于目标收益率,不存在损失的可能性。因此,是否有可能发生不利于行为主体的结果是判断风险的唯一标准。

其次,风险是一个二维概念,一维表示损失的大小,另一维表示风险发生的可能性,即损失发生概率的大小,当这两维特征参数确定后,则风险也就随之确定。

再次,需要强调,尽管风险自身是指损失以及损失发生的可能性,但是由于风险与收益具有非常紧密的联系,风险往往伴随着收益。高风险意味着高收益,要不人们不会甘冒高的损失可能性;也可以说,高收益意味着高风险,否则,低风险而能得到高收益,不符合常理。实际上,人们对于风险会有不同的偏好,可以分为风险偏好、风险厌恶、风险中性三种类型,所以人们对于风险并不总是采取规避防范的态度与行为方式,而与其偏好有关。风险厌恶者在相同的成本下更倾向于低风险的选择。例如,你可能情愿在一项投资上接受一个较低预期收益率,因为该收益率具有更高的实现可能性。

美国经济学家奈特在其名著《风险、不确定性和利润》一书中指出:风险是可以测定的不确定性。美国斯坦福大学的劳伦斯教授也认为:"风险是对未来行为结果出现的可能性大小的综合测量。"

在前面分析的基础上,风险的概念包括以下要素:

(1)风险是以事物的不确定性为基础的一种客观存在。人们无法决定风险存在与否,而只能在充分认识风险的基础上采取适当的对策,降低风险水平。

(2)风险与人们的行为有关。风险是行为后果的不确定性或不良后果的可能性。正因为如此,许多风险种类是依据行为名称命名的,如投资风险、经营风险、决策风险等。

(3)风险成立的前提是存在承担行为后果的主体(个人或组织),即风险行为人必须是行为后果的实际承担人。如果有某位投资者对其投资后果不需要承担任何责任,或者只承担盈利的责任,那么投资风险对他就没有任何意义,就不是风险。

(4)所谓风险损失是可能的实际结果与目标发生的负偏离,即没有达到预期目标的差距就是损失。以投资风险为例,投资者根据资金成本、通货膨胀水平以及应得的风险报酬水平确定了一个最低期望收益率,如果最后的实际收益率小于预期,就产生了风险(损失)。

所以,不确定性包含了风险,风险是不确定性的一个子集,是有损失的可能性,而且是可以用概率表示各种状态发生可能性的不确定性。

二、证券投资基金投资风险的类型

基金公司作为"受人之托,代人理财"的专业中介金融机构,要保证资产组合在相对安全(即较低风险)的前提下,追求较高的投资收益。基金公司的核心能力在于投资能力与风险控制(简称风控)能力,投资风险管理是基金公司的核心业务之一。投资风险的主要类型包括:体现市场价格变动的市场风险,体现借款方还债的能力和意愿的信用风险,体现在规定时间和价格范围内买卖证券难度的流动性风险。

(一)市场风险

市场风险是指基金投资行为因证券价格受到宏观政治、经济、社会等环境因素的影响所面对的风险。

1.市场风险的类型

(1)政策风险。政策风险是指因宏观政策的变化导致的对基金收益的不利影响。宏观政策,包括财政政策、产业政策、货币政策等,都会对金融市场造成冲击和影响,进而影响基金的收益水平。政策风险的管理主要在于对国家宏观政策的预测与把握。

(2)经济周期性波动风险。经济发展有一定周期性,由于基金投资的是金融市场已存在的金融工具,所以基金的收益便会随经济总体趋向而发生变动。当经济处于低迷时期,基金行情也会随之处于低迷状态。2020年初的疫情和金融危机使全球经济处于低迷状态,这种状态同样影响并波及基金。

(3)利率风险。利率风险指的是因利率变化而导致的基金价值的不确定性。利率变动主要受通货膨胀预期、中央银行的货币政策、经济周期和国际利率水平等的影响。利率变动是不确定的、经常发生的,并且利率变动是一个积累的过程,因此利率风险具有一定的隐蔽性。

(4)购买力风险。购买力风险指的是作为基金利润主要分配形式的现金,可能由于通货膨胀等因素的影响而导致购买力下降,降低基金实际收益,使投资者实际收益率降低的风险,又被称为通货膨胀风险。通货膨胀是购买力风险出现的原因,通货膨胀使得资产总购买力发生变化。投资者的实际收益会随着通货膨胀的发生而下降,物价上涨,投资者实际购买力就会下降。

(5)汇率风险。汇率风险指的是因汇率变动而导致基金价值的不确定性。影响汇率的因素有国际收支及汇储备、利率、通货膨胀和政治局势等。合格境内机构投资者(QDII)基金由于涉及外汇业务对汇率反应较为敏感,因而受汇率影响较大。

2.市场风险管理的主要措施

(1)密切关注宏观经济指标和趋势、重大经济政策动向、重大市场行动,评估宏观政策可能给投资带来的系统性风险,定期监测投资组合的风险控制指标,提出应对策略。

(2)密切关注行业的周期性、市场竞争、价格、政策环境和个股的基本面变化,构造股票投资组合,分散非系统性风险。应特别加强投资证券的管理,对于市场风险较大的证券建立内部监督机制、快速评估机制和定期跟踪机制。

(3)关注投资组合风险调整后收益,可以采用夏普比率、特雷诺比率和詹森比率(详见第十六章公式)等指标衡量。

(4)加强对场外交易(包括价格、对手、品种、交易量、其他交易条件)的监控,确保所有交易在公司的可控范围内。

(5)加强对重大投资的监测,对基金重仓股、单日个股交易量占该股票持仓显著比例、个股交易量占该股流通量显著比例等进行跟踪分析。

(6)可运用定量风险模型和优化技术,分析各投资组合市场风险的来源和暴露。可利用敏感性分析,找出影响投资组合收益的关键因素。可运用情景分析和压力测试技术,评估投资组合对大幅和极端市场波动的承受能力。

(二)信用风险

1.信用风险的含义

信用风险是指贷款的借款方、债券发行人,以及回购交易和衍生产品的交易对手的违约可能性。

2.信用风险事件对持有相关债券的基金和基金公司带来的影响

(1)相关债券估值急剧下跌,基金净值受损。

(2)相关债券流动性丧失,很难变现。

(3)投资者集中赎回基金,带来流动性风险。

(4)基金公司自有资金受到损失,遭受监管处罚。

债券基金经理的核心任务是管理信用风险,控制基金持有的债券信用等级,并进行适度分散化投资,避免基金对单一债券或债券类别承担过大的信用风险。

3.信用风险管理的主要措施

(1)建立针对债券发行人的内部信用评级制度,结合外部信用评级,进行发行人信用风险管理。

(2)建立交易对手信用评级制度,根据交易对手的资质、交易记录、信用记录和交收违约记录等因素对交易对手进行信用评级,并定期更新。

(3)建立严格的信用风险监控体系,及时发现、汇报和处理信用风险。基金公司可对其管理的所有投资组合与同一交易对手的交易集中度进行限制和监控。

(三)流动性风险

1.流动性风险的概念

流动性是指资产的即时变现能力,也就是,在短期内以低成本完成交易的能力。流动性供给与需求不平衡时会出现流动性不足,或者实现流动性需要付出较高成本的情况被称为流动性风险。

2.基金投资的流动性风险的主要表现

(1)基金管理人在为实现投资收益而卖出证券时,可能会由于市场流动性不足而无法按预期的价格在预定的时间内卖出计划量的证券;相对应,有时在建仓时,由于市场流动性不足而无法按预期的价格在预定的时间内买入计划量的证券。

(2)开放式基金发生投资者赎回时,所持证券流动性不足,基金管理人被迫在不适当的价格大量抛售股票或债券,或无法满足投资者的赎回需求。两者均可能使基金净值受到不利影响。

3.影响基金流动性风险的主要因素

影响基金流动性风险的主要因素有金融市场整体的规模和流动性、证券市场的行情走势、基金公司流动性管理流程和措施、基金类型以及基金持有人的结构与行为特征等。

4.基金公司流动性风险管理的主要措施

(1)制定流动性风险管理制度,平衡资产的流动性与盈利性,以适应投资组合日常运作需要。

(2)及时对投资组合资产进行流动性分析和跟踪,包括计算各类证券的历史平均交易量、换手率和相应的变现周期,关注投资组合内的资产流动性结构和投资组合品种类型等因素的流动性匹配情况。

(3)分析投资组合持有人的结构和特征,关注开放式基金投资者的申赎意愿。

(4)建立流动性预警机制。当流动性风险指标达到或超出预警阈值时,应启动流动性风险预警机制,按照既定投资策略调整投资组合资产结构,或剔除个别流动性差的证券,以使组合的流动性维持在安全水平。

(5)进行流动性压力测试,测算当面临外部市场环境的重大变化或巨额赎回压力时,冲击成本对投资组合资产流动性的影响,并相应调整资产配置和投资组合。

(6)制订流动性风险处置预案,在流动性风险事件发生后能够及时有序地进行处置,建立健全自身的流动性保障和应对机制,防范风险外溢。

第二节　证券投资基金投资风险的度量

在对证券投资基金的投资风险识别之后,须对风险进行度量,以便确定其大小和危害的严重性程度。准确评估风险的大小对于加强投资风险管理、尽可能地减少损失和获取更多利润都十分必要。

本节对证券投资基金投资风险常见的度量方法、常用专业术语,分别进行介绍。

一、事前与事后风险度量的区别

风险的度量是风险管理的基础,也是建立一个有效风险管理体系的前提。风险度量的质量,很大程度上决定了风险管理的有效性。

风险度量分事前和事后两类。

(1)事前风险度量,是在风险发生前,衡量投资组合在将来的表现和风险情况。

(2)事后风险度量,是在风险发生后的分析,主要目的是研究投资组合在历史上的表现和风险情况,常用来衡量风险调整后的收益情况。

二、β 系数和波动率

反映投资组合市场风险的指标有基于收益率及方差的风险指标,如波动率、回撤、下行风险标准差等,描述收益的不确定性,即偏离期望收益的程度;也有基于投资价值对风险因子敏感程度的指标,如 β 系数、久期、凸性等。这些指标分别从市场、利率等不同角度反映了投资组合的风险暴露,统称风险敏感性度量指标。

(一)β 系数

β 系数是评估证券或投资组合系统性风险的指标,反映的是投资对象对市场变化的敏感度。在金融投资领域,人们常用 β 系数来测量某一风险金融资产相对于其所在市场的风险程度,即

$$\beta=\frac{资产\,i\,的风险程度}{整个市场的风险程度}$$

在此,β 值的大小,反映了金融投资组合对整个市场变化的敏感程度,表明了金融投资组合相对风险的大小。例如:A 股票投资组合的 β 值为 2,就表明若整个股市行情上升 10%,则该股票投资组合的价值将上升 20%;若整个股市行情下降 10%,则该股票投资组合的价值将下降 20%。B 股票投资组合的 β 值为 0.8,就表明若整个股市行情上升 10%,则该股票投资组合的价值将上升 8%;若整个股市行情下降 10%,则该股票投资组合的价值将下降 8%。相对于整个市场而言,股票投资组合 A 的风险大于股票投资组合 B。β 系数可以用历史数据计算得来。

实际应用中,β 系数可以用来衡量投资组合相对基准的风险水平,也可以用来比较两个投资组合的风险水平,或者用来观察同一个投资组合的风险特征随时间变化的情况。

(二)波动率

1.波动率的概念

投资组合波动率在风险管理中最常见的定义是单位时间收益率的标准差。单位时间根据数据来源和应用场景可以取每日、每周、每月、每年等。公募基金一般都会公布每日净值增长率。

2. 波动率的计算方法

根据数理统计的方法,由过去 m 天每日净值增长率,可以计算出每日净值增长率的平均值和标准差(方差)。

假设每日收益率相互独立且具有同样的方差,则 T 个交易日总收益率的方差为 T 乘以每日收益率方差的积。那么 T 日总收益率的标准差是每日收益率标准差的 $\sqrt{T}$ 倍。

在计算波动率时,通常忽略交易所关闭的日子,仅计算交易日数量。

三、跟踪误差和主动比重的概念

(一)跟踪误差

跟踪误差是证券组合相对基准的跟踪偏离度的标准差。指数基金的跟踪误差通常较低。主动管理基金受到投资目标和风格迥异的影响,跟踪误差较大。跟踪误差可以用来衡量投资组合的相对风险是否符合预定的目标或是否在正常范围之内。

(二)主动比重

主动比重(AS)是指投资组合持仓与基准不同的部分。假设全市场可投资股票有 n 只(例如沪深 300 由 300 种股票构成),w_{pi} 为第 i 只股票在投资组合中的权重,w_{bi} 为第 i 只股票在基准中的权重,则主动比重为

$$AS = \frac{1}{2} \sum_{i=1}^{n} | w_{pi} - w_{bi} |$$

主动比重衡量一个投资组合与基准指数的相似程度。主动比重为 0,意味着该投资组合实质上是一个指数基金,主动比重为 100% 则意味着该投资组合与基准完全不同。较高的主动比重意味着投资组合的表现可能会与基准差别较大。

例如沪深 300 指数基金,如果主动比重为 0,那么,对每一个 i,

$$| w_{pi} - w_{bi} | = 0$$

得

$$w_{pi} = w_{bi}$$

即投资组合完全复制了沪深 300 指数基金。

同理,投资组合与沪深 300 指数基金完全不同,假如 i 取值 $1 \sim 300$ 时,则 $w_{pi} = 0$,w_{bi} 不等于零;i 取值大于 300 时,则 $w_{bi} = 0$,w_{pi} 不等于零。

$$AS = \frac{1}{2} \sum_{i=1}^{n} | w_{pi} - w_{bi} |$$

$$AS = \frac{1}{2} \sum_{i=1}^{300} | w_{pi} - w_{bi} | + \frac{1}{2} \sum_{i=301}^{n} | w_{pi} - w_{bi} |$$

$$= \frac{1}{2} \sum_{i=1}^{300} | - w_{bi} | + \frac{1}{2} \sum_{i=301}^{n} | w_{pi} - 0 |$$

$$= \frac{1}{2} + \frac{1}{2} = 1$$

即主动比重为 100% 则意味着该投资组合与基准完全不同。

主动比重指标常用于分析追求相对收益的股票型基金。对于债券投资组合,由于存在大量相同特性的债券,持仓区别很大的两个组合相关性可能非常高。

四、最大回撤、下行标准差的概念、计算方法与应用

（一）最大回撤

最大回撤测量的是投资组合在指定区间内从最高点到最低点的回撤比率,计算结果是在选定区间内任意历史时点往后推,产品净值从最高点走到最低点时的收益率回撤幅度的最大值。最大回撤可以在任何历史区间做测度,用于衡量投资管理人对下行风险的控制能力。指定区间越长,这个指标就越不利,因此在不同的基金之间使用该指标时,应尽量控制在同一个评估期间(见图 11-1)。

举例来说,某深圳基金公司私募产品由于经理比较冒进,曾经是 2015 年的冠军,后来市场风格变化,没有及时止盈止损,降低股票仓位和切换风格,在 2017 年产品净值低于 0.6 元平仓线时被迫清盘。

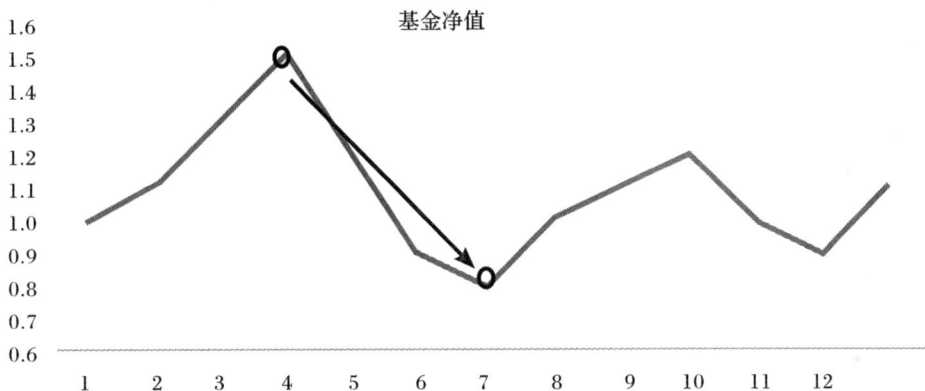

图 11-1　最大回撤

最大回撤指标的局限性是只能衡量损失的大小,而不能衡量损失发生的可能频率。

【例 11-1】　表 11-1 是过去 1 年中投资组合 A、B 市场净值表现,计算投资组合 A、B 的最大回撤。

表 11-1　投资组合 A、B 市场净值表现

投资组合	最大值	高点后最小值	平均值	最大回撤/%
投资组合 A	1.86	1.2	1.68	35.48
投资组合 B	1.53	0.95	1.36	37.91

解:投资组合 A 最大回撤=(1.2-1.86)/1.86=-35.48%

投资组合 B 最大回撤=(0.95-1.53)/1.53=-37.91%

（二）下行标准差

波动率计算中,既包括了收益率高于平均值的单位区间的波动,也考虑了收益率低于平均值的单位区间的波动。有时只需要关注收益率不达目标时的风险,这就需要用到下行标准差。

假定 r_i 表示第 i 期基金收益率,r_T 表示基金目标收益率,n 表示基金收益率小于基金目标收益率的期数,则

$$下行标准差 = \sqrt{\frac{\sum\limits_{i=1}^{n}(r_i - r_T)^2}{n}}$$

式中：$r_i < r_T$。

通常需要对下行标准差进行年化处理，如果收益率采用每日收益，则乘以交易日数量的开方；如果收益率采用每月收益，则乘以12的开方。

目标收益率 r_T 可以是区间平均收益率，也可以是无风险收益率，或者自定义的目标收益率。

五、风险价值

（一）风险价值的概念

风险价值（VaR），又称在险价值、风险收益、风险报酬，是指在给定的时间区间内和给定的置信水平下，利率、汇率等市场风险要素发生变化时，投资组合所面临的潜在最大损失。

（二）风险价值的优缺点

VaR的考察区间通常很短（一天、一周或者几周）。这是因为VaR随时间变化而变化，时间区间越长，投资组合和市场状况越难以保持相对稳定。

VaR采用概率论和数理统计的方法对风险进行量化和测度，其最大的优点是可用于测量不同市场的不同风险并用一个数值表示出来，因此具有广泛的适用性。

VaR已成为计量市场风险的主要指标，巴塞尔银行监督委员会、美国联邦储备银行、美国证券交易委员会、欧盟都接受VaR作为风险度量和风险披露的工具。

（三）风险价值的计算方法

最常用的VaR估算方法有参数法、历史模拟法和蒙特卡洛模拟法。

1. 参数法

参数法又称为方差-协方差法，该方法以投资组合中的金融工具是基本风险因子的线性组合，且风险因子收益率服从某特定类型的概率分布为假设，依据历史数据计算出风险因子收益率分布的参数值，如方差、均值和风险因子间的相关系数等。

2. 历史模拟法

（1）历史模拟法依据风险因子收益的近期历史数据的估算，模拟出未来的风险因子收益变化；

（2）利用历史模拟法可以根据历史样本分布求出风险价值，组合收益的数据可利用组合中投资工具收益的历史数据求得；

（3）由于历史模拟法是以发生过的数据为依据的，投资者容易接受该种方法对未来的预测；

（4）历史模拟法十分简单，因为该种方法无须在事先确定风险因子收益或概率分布，只需利用历史数据对未来方向进行估算；

（5）历史模拟法的局限性即VaR所选用的历史样本期间非常重要，应选用最近的历史数据作为数据来源。

3. 蒙特卡洛模拟法

（1）蒙特卡洛模拟法在估算之前，需要有风险因子的概率分布模型，继而重复模拟风险因子变动的过程；

（2）蒙特卡洛模拟法每次都可以得到组合在期末可能出现的值，在进行足够数量的模拟后，组合价值的模拟分布将会收敛于组合的真实分布，继而求出最后的组合 VaR 值；

（3）蒙特卡洛模拟法被认为是最精准贴近的计算 VaR 值方法。

具体应用实例详细见本章第四节案例。

六、预期损失

预期损失，是指在给定时间区间和置信区间内，投资组合损失的期望值。预期损失也被称为条件风险价值度或条件尾部期望或尾部损失。

VaR 是一个时间区间 T 内某投资组合收益的概率分布分位值，例如 90％ 的情况下损失不会大于 20％，不能衡量 VaR 左侧区域的风险情况；而 ES 是左侧区域所有损失的期望值，也就是极端情况发生时损失的平均值，例如，上例中在 10％ 的极端情况发生时损失的平均值为 35％。

预期损失由于其在尾部风险度量、次可加性等方面的优势，越来越受到金融行业与监管机构的重视。

七、压力测试

对于异常的但是无法彻底排除的、可能发生的巨大损失事件，压力测试可以测量其对投资组合的冲击。

（一）敏感性分析

压力测试的关键是选择压力情景。可以假定某一市场变量有很大变化，而其他变量保持不变。这类测试单个重要风险因素发生变化时的压力情景对投资组合影响的方法也叫敏感性分析。

（二）历史极端情景

当一个市场变量发生剧烈变化时，其他变量也会变化。这就要求设计多个市场变量同时变化的情景。有一种做法是采用历史极端情景，如 2008 年全球金融危机期间的情况。历史情景法的问题在于历史不会一成不变地重复自身，危机往往会以不同的方式发生。金融机构可以综合其对政治经济环境和市场状况的理解，设计合理的会造成巨大损失的情景。

压力测试促使投资管理人考虑被风险价值和预期损失所忽略的但可能会发生的极端场景。

投资管理人可以根据压力测试的结果采取措施，包括调整产品持仓结构、变更投资标的、暂停申赎等，必要时应实施应急预案。

具体应用实例详见本章第四节案例。

第三节　主要类型基金的风险管理

投资基金的风险管理流程一般有风险的识别、评估度量，以及管理方法的选择、实施的工作步骤和程序等。本节涉及投资风险管理方法的选择、实施等环节，贯穿基金整个投资流程，分为事前、事中以及事后三个环节。

（1）事前风险管理，主要包括对可投证券池、交易对手库的管理，以及按照法律法规、公司制度和产品合同规定设置基金的投资限制条件和需要监控的风险指标。

（2）事中风险管理，体现为在投资过程中，对持仓证券和基金整体风险指标进行监控，对不符合投资限制的投资指令进行预警或拦截，风险指标超过投资预设目标的时候及时预警并调整组合。

（3）事后风险评估，包括风险指标计算、压力测试、风险收益归因分析和总结等，进一步完善风险管理流程和政策。

一、股票基金与混合基金的风险管理方法

（一）股票基金的风险管理

1.股票基金的风险

股票基金是高风险的投资基金品种。相对于混合基金、债券基金与货币基金，股票基金的预期收益与风险皆为最高。股票基金提供了一种长期而高额的预期收益，但收益越高风险越大，股票基金面临较其他类型基金更高的投资风险，主要是非系统性和系统性风险。

（1）非系统性风险。

股票基金通过分散化投资可以大大降低个股的非系统性风险。可以通过设置个股的最高比例来控制个股非系统性风险，实现风险分散化。

（2）系统性风险。

由于系统的边界不同，系统性风险的"系统"对象也不同。不同类型的股票基金所面临的系统性风险不同：

单一行业投资基金会存在行业投资风险，以整个市场为投资对象的基金则不会存在行业风险。

单一国家型股票基金会面临较高的单一国家投资风险，全球股票基金则会较好地回避此类风险。

系统性风险往往是投资回报的来源，是投资组合需要主动暴露的风险。从风险管理的角度看，需要控制的是投资经理在该系统性风险的暴露是否符合规定的投资方针。

2.常用来反映股票型基金风险的指标

（1）标准差。

基金净值增长率的波动程度可以用标准差来计量，并通常按月计算。净值增长率波动程度越大，基金的风险就越高。在净值增长率服从正态分布时，可以期望 2/3（约 67%）的情况下，净值增长率会落入平均值正负 1 个标准差的范围内，95% 的情况下基金净值增长率会落在正负 2 个标准差的范围内。

（2）β 系数。

股票基金主要投资于股票，其净值变动与股票市场变化相关度较高。通常使用 β 系数的大小衡量一只股票基金面临的市场风险的大小。

如果基金的 β 系数为 1，说明基金净值的变化与指数的变化幅度相当。

如果基金的 β 系数大于 1，说明该基金是一只活跃或激进型基金。

如果基金的 β 系数小于 1，说明该基金是一只稳定或防御型的基金。

（3）持股集中度。

持股较为集中的投资组合，其面临的个股风险可能无法得到充分的分散。投资经理可能

希望通过承担较高的个股风险来获取超额收益。前十大重仓股占比是衡量持股集中度的常用指标，其计算方法如下：

前十大重仓股占比＝前十大重仓股的市值／基金投资股票总市值×100％

（4）行业投资集中度和持股数量。

上式可以用来计算基金在前三大行业或前五大行业的行业投资集中度。

持股数量越多，基金的投资风险越分散，所面临的个股风险越低。

3. 对股票基金风格暴露的分析

依据股票基金所持有的全部股票的平均市值、平均市盈率、平均市净率等指标，可以对股票基金的风格暴露进行分析。

（1）股票的平均市值。

基金持股平均市值的计算既可以用算术平均法，也可以用加权平均法或其他较为复杂的方法。

算术平均市值，等于基金所持有全部股票的总市值除以其所持有的股票的全部只数。

加权平均市值是根据基金所持股票的比例进行股票市值的加权平均。

通过对平均市值的分析，可以看出基金对大盘股、中盘股和小盘股的投资风险暴露情况。

（2）平均市盈率和平均市净率。

如果股票基金的平均市盈率、平均市净率分别小于市场指数的市盈率和市净率，可以认为该股票基金属于价值型基金；反之，该股票基金则可以归为成长型基金。

4. 基金股票换手率

基金股票换手率通过对基金买卖股票频率的衡量，反映基金的操作策略。通常它可以用基金股票交易量的一半与基金平均净资产之比来衡量。

基金股票换手率＝（期间基金股票交易量／2）／期间基金平均净资产

用基金股票交易量的一半作为分子的原因在于，"一买一卖"才构成一次完整的换手。换手率的倒数为基金持股的平均时间。

5. 股票基金年周转率

如果一只股票基金的年周转率为100％，意味着该基金持有股票的平均时间为1年。低周转率的基金倾向于对股票的长期持有，高周转率的基金则倾向于对股票的频繁买入与卖出。周转率高的基金，所付出的交易佣金与印花税也较高，会加重投资者的负担，对基金业绩造成一定的负面影响。

（二）混合基金的风险管理

1. 混合基金的定义

混合基金是指同时投资于股票、债券和货币市场等工具，且不属于股票基金、债券基金和基金中的基金中任何一类的基金。其风险和预期收益高于债券基金，低于股票基金。

2. 混合基金的分类

根据资产投资比例及投资策略，混合基金可分为偏股型基金、偏债型基金、平衡型基金等，一般而言，偏股型基金的风险和预期收益较高，偏债型基金相对较低，平衡型基金介于两者之间。

3.根据基金的股票仓位和面临的投资风险控制混合基金的风险

目前法规下混合基金的股票仓位灵活,使得基金在市场下跌时有了规避系统性风险的可能。当混合基金股票仓位较高时,可参照股票型基金,对基金行业集中度、持股集中度等风险指标进行监控;在债券仓位较高时,可参照债券型基金,侧重对基金组合久期、持债集中度等风险指标进行监控。

投资过程中的风险管理还需要回顾和评估,并根据基金组合状况和市场状况不断修正。

二、债券基金的风险管理方法

(一)债券基金的概念

债券基金是指基金资产80％以上投资于债券的基金,其投资对象主要有国债、可转债、企业债等。债券基金具有低风险、低收益特征。

某些类型的债券基金也可以有一小部分资金投资于股票市场,另外,可转债和打新股也是此类债券基金获得收益的重要渠道,不过这类债券基金的风险也会较纯债基金要高。

(二)债券基金的投资风险

债券基金的主要投资风险包括利率风险、信用风险、流动性风险、再投资风险、可转债的特定风险、债券回购风险和提前赎回风险。

1.利率风险

债券投资存在因利率上升(或下跌)所导致债券价格下跌(或上涨)的风险。

债券基金的久期是组合中所有债券久期的加权平均值。债券基金久期越长,净值随利率的波动幅度就越大,所承担的利率风险就越高。通常用久期乘以利率变化来衡量利率变动对债券基金净值的影响。

债券基金常常以组合已有债券作为抵押品,融资买入更多债券,这个过程也叫加杠杆。债券基金常用质押式回购或买断式回购进行融资。杠杆会增大基金对利率变化的敏感度,增加基金的利率风险。通常用债券基金的总资产和净资产的比率来表示杠杆率。

债券基金的杠杆率可以超过100％,在目前的法规下:

(1)开放式债券基金的杠杆率上限为140％

(2)封闭式债券基金的杠杆率上限为200％。

(3)定期开放式债券基金在开放期内的杠杆上限为140％。

(4)定期开放式债券基金在封闭期的杠杆上限为200％。

防范利率风险的措施是分散债券的期限,长短期混合配置。如果利率上升,短期投资到期可以迅速地找到高收益投资机会;若利率下降,长期债券却能保持高收益。总之,不要把所有的鸡蛋放在同一个篮子里,无论利率涨跌,总有有利的盈利机会。

2.信用风险

信用风险主要指交易的一方无法履行契约义务的风险。信用风险的损失,可能由证券、期货、交换契约的一方违约而产生。根据来源,信用风险主要可以分为债券信用风险和交易对手信用风险两类。

债券信用风险,主要是指发行债券的借款人可能因发生财务危机等因素,不能按期支付约定的债券利息或本金,从而使投资者蒙受损失。

针对债券信用风险，主要监控指标有：

①基金所持债券的平均信用等级；

②各信用等级债的占比以及单个债券或发行人特定的信用风险。

控制债券信用风险的有效措施有：

①关注信用评级机构对债券的评级及其变化。

②关注债券收益率的变化。一般来说，根据债券风险结构理论，如果市场认为一种债券的风险相对较高，债券的收益率就会提高，以弥补可能承受的损失。

③控制债券信用风险的最直接的办法就是不购买主体经营状况不佳或信誉不高发行人发行的债券。由于国债的投资风险较低，保守的投资者应尽量选择信用风险低的国债。

交易对手信用风险主要指交易对手未能履行契约中的义务而造成经济损失的风险。监控指标和管理方式有：

①定期评估交易对手的信用资质；

②控制交易对手的集中度和组合流动性；

③进行交易对手限额管理以及根据组合实际情况合理配置资产的投资期限和比例等。

3. 流动性风险

流动性风险在第一节已经详细分析。债券基金的流动性风险主要表现在所购买的债券由于市场交易量少，发生变现困难、流通不易。对于公募基金而言，投资者的大量赎回也可能导致流动性风险。

衡量流动指标包括持仓集中度、流动受限资产比例、现金比例、短期可变现资产比例、区间可变现资产比例、可流通股票资产变现天数等。

防范流动性风险的措施有：基金管理公司需要对基金组合的变现天数分布、长期停牌、定向增发、流动性较差证券的投资情况进行持续监控，并根据实际情况调整组合。

4. 提前赎回风险

提前赎回风险是指对于含有提前赎回条款的公司债，发行公司可能在市场利率大幅下降时行使提前赎回权，在到期日前赎回债券，从而使投资者因提前赎回导致的利息损失和降低再投资回报的风险。

在利率相对较高的时期，公司债的发行经常附有提前赎回条款。可提前赎回债券的债券发行人保留提前赎回债券的权利，可以按一定的金额，在债券到期之前赎回债券。

提前赎回条款给予发行人一种保障，使其可以在债券市场利率下降时赎回债券，以避免高息票利率的损失。对于证券投资者来讲，提前赎回条款则不利。提前赎回风险也会导致再投资风险。

5. 再投资风险

再投资风险是指债券持有者在持有期间收到的利息收入、到期时收到的本息、出售时得到的资本收益等，用于再投资所能实现的报酬，可能会低于当初购买该债券时的收益率。

再投资风险反映了利率下降对固定收益证券利息收入再投资收益的影响，这与利率上升所带来的价格风险（前面所提到的利率风险）互为消长。具体为当利率下降时，基金从投资的固定收益证券所得的利息收入进行再投资时，将获得较少的收益率。如果投资者只购买了短期债券，而没有购买长期债券，就会有再投资风险。

对于再投资风险,应采取的防范措施是分散债券的期限,长短期配合:

(1)假如利率上升,短期投资可迅速找到高收益投资机会。

(2)假如利率下降,长期债券却能保持高收益。

也就是说,要在长短期限品种上分散投资以分散风险,使一些风险能够相互抵消。

三、货币市场基金的风险管理方法

(一)货币市场基金的概念及特点

货币市场基金是指投资于货币市场上短期品种(包括短期国债、银行存款、短期融资券以及信用等级很高的短期票券等)的一类基金。一般而言,货币市场基金的风险很小,是短期投资的良好选择。

货币市场基金以收益稳定、流动性强、购买限额低、资产安全性高等特点不断吸引投资者的关注。

(二)衡量货币市场基金的风险指标

衡量货币市场基金风险的指标主要有投资组合平均剩余期限和平均剩余存续期、融资回购比例、浮动利率债券投资情况以及投资对象的信用评级等。

1. 投资组合平均剩余期限和平均剩余存续期

货币市场基金投资组合平均剩余期限和平均剩余存续期分别是货币基金所持有的各项资产的剩余期限和剩余存续期的加权平均值。投资组合平均剩余期限和平均存续期越短,货币市场基金的流动性越好,利率风险越低。2016年2月1日起施行的《货币市场基金监督管理办法》规定货币市场基金投资组合的平均剩余期限不得超过120天,平均剩余存续期不得超过240天。

持有人集中度高的货币市场基金应根据实际情况,严格控制投资组合平均剩余期限和平均剩余存续期。中国证监会在2017年8月31日颁布,同年10月1日起施行的《公开募集开放式证券投资基金流动性风险管理规定》,针对货币市场持有人集中度情况,对货币市场基金的投资组合平均剩余期限和平均剩余存续期进行了进一步限制,具体规定如下。

(1)当货币市场基金前10名份额持有人的持有份额合计超过基金总份额的50%时,货币市场基金投资组合的平均剩余期限不得超过60天,平均剩余存续期不得超过120天;投资组合中现金、国债、中央银行票据、政策性金融债券以及5个交易日内到期的其他金融工具占基金资产净值的比例合计不得低于30%。

(2)当货币市场基金前10名份额持有人的持有份额合计超过基金总份额的20%时,货币市场基金投资组合的平均剩余期限不得超过90天,平均剩余存续期不得超过180天;投资组合中现金、国债、中央银行票据、政策性金融债券以及5个交易日内到期的其他金融工具占基金资产净值的比例合计不得低于20%。

2. 融资回购比例

一般情况下货币市场基金的杠杆比例越高,其收益也越高,但风险也越大。因此在考虑比较不同货币市场基金收益率(通常指7日年化收益率)时,应同时考虑其杠杆运用情况。

根据目前法规,除非发生巨额赎回,连续3个交易日累计赎回20%以上或者连续5个交易日累计赎回30%以上的情形外,货币市场基金债券正回购的资金余额不得超过净资产的20%。所以货币市场基金的杠杆风险通常较债券基金低。

3.浮动利率债券投资情况

浮动利率债券,简称浮息债,是指票面利率定价为某一参考基准利率加上发行人规定的利差之和的债券,目前可参考的基准利率有一年定存利率、SHIBOR 和回购利率。

货币市场基金可以投资剩余期限小于 397 天但剩余存续期超过 397 天的浮动利率债券。由于该债券实际剩余存续期往往很长(如 10 年),因此该券种在流动性、信用风险和利率风险上相对其他同样剩余期限的债券要高。在判断基金组合剩余期限分布时应充分考虑其浮息债投资情况。

4.投资对象的信用评级

货币市场基金通常投资的是信用债券中的较高等级券和其他金融工具。《公开募集开放式证券投资基金流动性风险管理规定》对此有详细规定:

(1)货币市场基金投资于主体信用评级低于 AAA 的机构发行的金融工具占基金资产净值的比例合计不得超过 10%,其中单一机构发行的金融工具占基金资产净值的比例合计不得超过 2%。前述金融工具包括债券、非金融企业债务融资工具、银行存款、同业存单、相关机构作为原始权益人的资产支持证券及中国证监会认定的其他品种。

(2)货币市场基金拟投资于主体信用评级低于 AA+的商业银行的银行存款与同业存单的,应当经基金管理人的董事会审议批准,相关交易应当事先征得基金托管人的同意,并作为重大事项履行信息披露程序。

基金管理人可以通过加强信用研究水平、提高信用债券入池要求、紧密跟踪发行人情况、降低组合集中度等方式降低债券信用违约风险。

(三)货币市场基金的估值方法

1.摊余成本法

货币市场基金通常采用摊余成本法进行估值核算,即估值对象以买入成本列示,按照票面利率或商定利率并考虑其买入时的溢价与折价,在其剩余期限内平均摊销,每日计提收益。

这种方法在债券市场价格向上走的时候没问题,但是当债券市场价格下跌时,这种方法则可能高估债券的净值。

2.影子定价法

由于摊余成本法可能会隐藏风险,因此货币市场基金还存在另一种参考计算方法——影子定价法。影子定价就是指基金管理人于每一计价日,采用市场利率和交易价格,对基金持有的计价对象进行重新评估,即"影子定价"。当基金资产净值与影子定价的偏离达到或超过基金资产净值的 0.5%时,或基金管理人认为发生了其他的重大偏离时,基金管理人可以与基金托管人商定后进行调整,使基金资产净值更能公允地反映基金资产价值,确保以摊余成本法计算的基金资产净值不会对基金持有人造成实质性的损害。

影子定价是基金公司根据估算的市场收益率计算出的各类债券的价格,反映了货币市场基金持有债券在现有市场情况下的价格水平。基金公司日常是采用成本摊余法计算资产净值,即根据债券历史成本和摊销的溢价和折价进行估值。如果市场出现较大变化时,影子定价和成本摊余法的估值会有较大的差别。当两者偏离度较大时,基金公司应当根据情况进行调整组合,以控制风险。

摊余成本法配合影子价格的使用是当前市场环境下较优的货币市场基金会计核算方法，而使用公允的影子价格，并严格执行偏离度调整策略，是使用摊余成本估值方法的必要保障措施。

四、指数基金和 ETF 的风险管理方法

(一)指数基金的风险管理

指数基金是以指数成分股为投资对象的基金，主要目的是取得与指数相近的收益率，投资策略为被动投资，因其较低的管理费、申赎费等而具有成本优势，同时具有较高的透明度而受投资者青睐。

1. 完全复制型指数基金

(1)力求按照基准指数的成分和权重进行配置；

(2)其目标是最大限度地减小与标的指数的跟踪误差。

2. 增强型指数基金

(1)在将大部分资产按照基准指数权重配置的基础上，也用一部分资产进行积极的投资；

(2)其目标是在紧密跟踪基准指数的同时获得高于基准指数的收益。

3. 标的指数基金

(1)不同的指数基金跟踪不同的标的指数，指数基金的投资策略固定。有些跟踪市场指数，如上证 50 指数、沪深 300 指数等，有些跟踪风格指数，如红利指数、中小板指数等。

(2)指数基金所投资的标的指数成分股一般不能低于基金净资产的 90%，这就意味着，如果标的指数进入单边下跌趋势，指数基金仍需跟踪标的指数，无法降低基金仓位和变换跟踪标的。

指数基金的风险指标主要是跟踪误差：

(1)跟踪误差越大，反映其跟踪标的偏离度越大，风险越高；

(2)跟踪误差越小，反映其跟踪标的偏离度越小，风险越低。

管理人可以从基金分红、基金费用、现金留存和抽样复制等入手，实现对跟踪误差的控制。

(二)指数基金和 ETF 的风险管理

ETF 属于开放式基金的一种特殊类型，它结合了封闭式基金和开放式基金的运作特点，投资者既可以向基金管理公司申购或赎回基金份额，同时，又可以像封闭式基金一样在二级市场上按市场价格买卖 ETF 份额，不过申购赎回必须以一篮子股票换取基金份额或者以基金份额换回一篮子股票。由于同时存在证券市场交易和申购赎回机制，投资者可以在 ETF 市场价格与基金单位净值之间存在差价时进行套利交易。套利机制的存在，使得 ETF 避免了封闭式基金普遍存在的折价问题。

根据投资方法的不同，ETF 可以分为指数基金和积极管理型基金，国外绝大多数 ETF 均是指数基金。目前国内推出的 ETF 也是指数基金。投资者买卖一只 ETF，就等同于买卖了它所跟踪的指数，可取得与该指数基本一致的收益。ETF 指数基金通常采用完全被动式的管理方法，以拟合某一指数为目标，兼具股票和指数基金的特色。

ETF 的风险主要有申购赎回清单出错、基金投资运作风险以及 ETF 认购期风险等。

(1)对于 ETF 的第一大风险点"申购赎回清单出错"，基金公司的事前防范措施是尽量减少人工调整指数权重，多渠道保证数据源正确性，特别关注成分股公司行为，基金分红等处理要减少手工、严格权限、专门审核，设置成分股现金替代标志及标志设置完毕前再次确认等制

度和行为要求。此外,要审慎对待异常情况。

(2)与其他指数基金一样,首先 ETF 会不可避免地承担所跟踪指数面临的系统性风险。其次,尽管套利交易的存在使得二级市场交易价格不会偏离基金份额净值太多,但受供求关系的影响,二级市场价格常常会高于或低于基金份额净值。此外,ETF 的收益率与所跟踪指数的收益率之间往往存在跟踪误差。抽样复制、现金留存、基金分红以及基金费用等都会导致跟踪误差。

五、跨境投资所面临的风险和相应的管理方法

我国涉及跨境投资的基金,有 QDII 基金和港股通基金以及非本地基金公司管理的互认基金。

(一)跨境投资风险分类

跨境投资风险主要分为政治风险、汇率风险、税收风险、投资研究风险、交易和估值风险、合规风险六个部分。

1. 政治风险

基金所投资的国家或地区宏观政策、社会经济环境一旦发生变化,都有可能导致市场波动而影响基金收益。

2. 汇率风险

基金投资于多个国家或地区的证券时,需要将人民币与外汇进行汇出与汇入兑换,与国内市场投资相比,需要面临因本币与外币之间汇率的变化而引起投资损失。

3. 税收风险

各国或地区的税收法律法规的规定可能变化,或者加以具有追溯力的修订,所以可能须向相关国家或地区缴纳资产管理计划销售或估值当日并未预计的额外税项。

4. 投资研究风险

投资研究风险主要关注债券信用风险和衍生证券风险。

5. 交易和估值风险

证券交易和估值风险是指在交易执行、估值清算等环节中存在的潜在风险。

6. 合规风险

由于各个国家或地区的法规和制度不完全相同,对境外资金的监管限制也有所不同,因此应限制投资合规风险。

(二)跨境投资风险管理

跨境投资的风险管理主要有以下两点:

(1)通过不同国家和地区的资产组合配置分散风险。

由于海外市场之间的关联性相对较低,基金可通过实施多个国家和地区之间的资产组合配置来有效分散系统性风险。当一个市场出现下跌时,其他市场的上升能够化解投资于单一市场所面临的风险,有助于提高经风险调整后的投资回报水平。

(2)多币种投资和汇率避险操作相结合。

QDII 基金投资于全球多币种市场,不仅可有效降低投资单一市场所面临的汇率风险,还可分享比人民币走势更好的货币对人民币升值带来的好处。此外,QDII 基金还可通过一些外汇远期合约和货币互换等衍生工具来进行汇率的避险操作。

第四节　江岳基金公司基金产品风险管理
方法的应用案例

西安江岳基金管理有限公司是从事证券类投资基金的私募基金公司。风险管理的主要目标是争取将风险控制在限定的范围之内,使基金在风险和收益之间取得最佳的平衡,以实现风险和收益相匹配的目标。

公司奉行全面风险管理体系的建设,董事会主要负责公司风险管理战略和控制政策、协调突发重大风险等事项;风控部负责投资限制指标体系的设定和更新,对于指标体系的执行进行监查;业务部门负责人为所在部门的风险控制第一责任人,对本部门业务范围内的风险负有管控、及时报告的义务;员工在其岗位职责范围内承担相应的风险管理责任。

该公司在基金投资运作中的风险管理方法主要是通过定性分析和定量分析的方法去估测各种风险。从定性分析的角度,判断风险损失的严重程度和出现同类风险损失的频度。从定量分析的角度,通过特定的风险指标、模型,确定风险损失的限度,并通过相应决策,将风险控制在可承受的范围内。以下简要介绍其基金产品使用的风险管理方法。

一、风险管理概述

1. 风险管理的概念、目标、组织架构

该公司风险管理的主要目标简述为:争取将风险控制在限定的范围之内,使基金在风险和收益之间取得最佳的平衡,以实现风险和收益相匹配的目标。

参见中国证券投资基金业协会《基金管理公司风险管理指引(试行)》。

2. 风险管理的主要环节

依据《基金管理公司风险管理指引(试行)》,风险管理中的主要环节为:风险识别、风险评估、风险应对、风险报告和监控、风险管理体系的评价。

该公司的风险管理环节简述为:采取定量和定性相结合的方法进行风险评估(使用定性方法,即判断风险损失的严重程度和出现同类风险损失的频度。使用定量方法,即通过特定的风险指标、模型来评估风险,确定风险的大小程度),并采取相应的风险应对措施,将风险控制在可承受的范围内。

本案例主要介绍的是风险定量评估的方法、风险应对的方法(措施)。

3. 风险分类

《基金管理公司风险管理指引(试行)》规定:"公司应当重点关注市场风险、信用风险、流动性风险、操作风险、合规风险、声誉风险和子公司管控风险等各类主要风险。"

本案例主要介绍的是市场风险的评估和应对。

二、风险评估方法

(一)运用定量风险模型,分析投资组合市场风险的暴露:模拟方法

这里介绍的是利用蒙特卡洛模拟来模拟出股票组合的盈亏(见图 11-2)。

蒙特卡洛模拟是一种用来模拟大量数据的统计学方法。它可以用来模拟股价,于是就可以模拟出股票组合的盈亏状况和在险价值(VaR),甚至进行压力测试。

它的好处是并不局限于历史数据,因为它得到的数据都是模拟出来的,并不是历史真实发

生的数据,可以得到历史上并没有出现过的很多数据,数据量很大,这样分析就可以更加全面一些,做出一个更全面的预测。

一般做蒙特卡洛模拟先要根据历史数据的特征拟合出随机数的概率分布(比如:对数正态分布),这样就是告诉计算机怎么生成随机数。

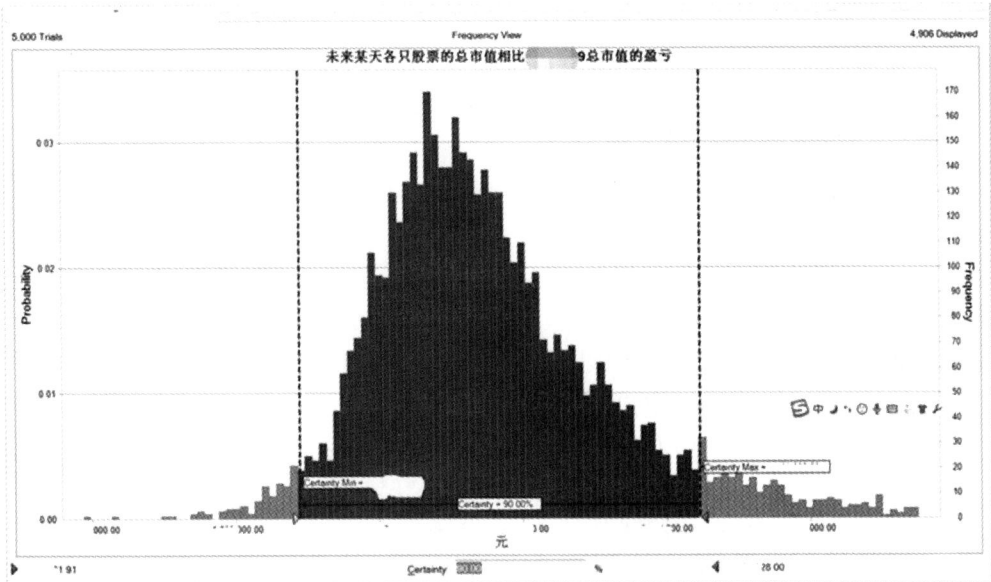

图 11-2　通过蒙特卡洛模拟来预测股票组合的盈亏

(二)运用定量风险模型,分析投资组合市场风险的暴露:VaR 方法

这里介绍的是应用 VaR 方法评估市场风险。

VaR 方法,称为风险价值模型,也称受险价值方法、在险价值方法,常用于金融机构的风险管理。其含义指:在市场正常波动下,某一金融资产或证券组合的最大可能损失。更为确切的是指,在一定概率水平(置信度)下,某一金融资产或证券组合价值在未来特定时期内的最大可能损失(可以是绝对值,也可以是相对值)。

VaR 的特点主要有:第一,可以用来简单明了表示市场风险的大小,没有任何专业背景的投资者和管理者都可以通过 VaR 值对金融风险进行评判;第二,可以事前计算风险,不像以往风险管理的方法都在事后衡量风险大小;第三,不仅能计算单个金融工具的风险,还能计算由多个金融工具组成的投资组合风险。

我们利用 VaR 方法进行风险管理,可以确切明了本公司每只基金产品有多大的风险,并设置 VaR 限额,进行风险限额的控制。

VaR 数值的两种计算方法如下:

(1)模拟法:又可分为历史模拟法和蒙特卡洛模拟法两种。

①蒙特卡洛模拟法(前面已经介绍):随机生成场景。

②历史模拟法:指使用历史上实际发生的场景作为模拟场景,然后计算当前组合在历史场景下的损益情况。

(2)参数法:在变量满足某种概率分布的假设上,确定整个分布,然后求出 VaR 数值。

在应用 VaR 模型时都隐含了前提假设,即金融资产(组合)的未来走势与过去相似,但金融市场的一些突发事件(金融市场存在"肥尾现象""黑天鹅事件")表明,有时未来的变化与过去没有太多的联系,因此 VaR 方法并不能全面地度量金融资产的市场风险,必须结合压力测试等方法进行分析。

(三)运用压力测试技术,评估投资组合对于大幅和极端市场波动的承受能力

压力测试是指通过测算基金产品在极端不利情况下的净值变动或流动性变化情况等,评估这些变化对基金的负面影响。我们对基金产品进行压力测试,主要针对的是基金产品的净值变动风险、流动性风险,从而评估风险承受能力,并采取必要的应对措施(包括调整产品持仓结构、变更投资标的等)。

压力测试的情景假设一般分为轻度、中度和重度三种假设程度。假设的风险因素一般包括股票市场下跌程度、投资者赎回情况等。

我们应用自己设计的压力测试模板,对基金产品的净值变动风险进行压力测试。压力测试的参数可以根据个人的理解来自由调整,测试的结果自动随之调整。我们从结果中就可以看到我们能否承受股票指数下跌的风险,如果不能承受,我们将采取必要的应对措施。

(四)关注投资组合的收益质量风险

《基金管理公司风险管理指引(试行)》规定,"关注投资组合的收益质量风险,可以采用夏普(Sharp)比率、特雷诺(Treynor)比率和詹森(Jensen)比率等指标衡量"。

这些指标不难计算,不再详述。

(五)对产品业绩进行绩效评估,找出影响产品投资组合收益的关键因素

有一些方法可以对基金产品业绩进行绩效评估,比如分析个股的盈亏、各行业的盈亏。这里主要讨论 Brinson 归因,它的意思是:我们寻找一个基准收益与我们的投资组合收益作为对比,考察我们的投资组合与基准(常用沪深 300 作为基准)相比存在的差异,并认为这样的差异是我们获得与基准不同收益的原因,于是也就对我们取得的收益进行了拆分。进行拆分就能看到,我们的投资组合在行业配置、个股选择两方面的能力。

利用 Brinson 归因就能看到,我们的收益究竟来源于哪里。

我们也将下述这些指标归到这个类别中,因为它们也是影响产品投资组合收益的因素:波动率、β 值、相关系数、久期、"因果检验"得出的原因。这些方法不再展开详述。

三、风险应对方法(措施)

(一)应对系统性风险的简述

《基金管理公司风险管理指引(试行)》规定,"密切关注宏观经济指标和趋势,重大经济政策动向,重大市场行动,评估宏观因素变化可能给投资带来的系统性风险,定期监测投资组合的风险控制指标,提出投资调整应对策略"。

市场大的系统性风险,主要有三个来源:第一是估值泡沫;第二是基本面有大的恶化;第三是央行大幅收紧流动性,资金成本迅速提高。

私募基金产品以绝对收益为目标,要有应对系统性风险的能力,要控制产品的回撤和波动率,也要和私募基金持有人建立信任关系。

1.选股应对

用选股来抵御系统下行的风险。我们投资的股票绝大部分估值合理、流动性较高,于是在市场调整的过程中大体稳定、跌幅有限。

2. 仓位控制

通过评估系统性风险的程度,来决定整个组合仓位与风险敞口。

市场震荡向下时,将股票仓位设置在相对不高的区间,虽然没有使得收益更高,但对于规避系统性风险、控制业绩波动来说,这是策略上的一个选择。选择流动性好的标的,如果出现系统性风险,可以快速减仓。

有时候用减仓的方式比用股指期货对冲更好一些,用最有信心把握的股票,它会给我们带来最好的风险收益比。

注意,降低仓位意味着可能丢失系统性机遇。

3. 衍生品对冲的简述

总体上,衍生品还是需要使用的系统性风险对冲工具。合理利用衍生品做对冲(又分为完全对冲、不完全对冲),可以减少组合损失、减小产品回撤,锁定系统性下行风险。

使用衍生品对冲时,要注意对冲的成本(对冲的损失),如果用高成本对冲的方式去对冲,在市场上涨时,实际上对股票收益率会有较大损害。

应对系统性风险的精选个股＋衍生品对冲的办法如下:面对市场未来的不确定(系统性风险),保持较高的股票仓位(精选的个股,指优秀而便宜的公司),如果市场未来上涨,通过精选的个股的收益,除了可以弥补衍生品对冲的成本,还可以逐渐积累收益。如果市场未来下跌,衍生品部位可以对冲掉股票部位的损失,就锁定了原投资组合已经获取的投资收益。选择对冲的衍生品时,也要注意选择合适的衍生品合约,从而降低衍生品对冲的资金占用。

(二)期权动态对冲方法

这里介绍的是对股票组合进行 Delta 中性动态对冲——使用场内期权进行套期保值。(本案例没有严格区分"对冲"和"套期保值"两个概念,这两个概念严格来说是有区别的。)

Delta 一般称为套期保值比率或者是套头比,表示当标的股票价格发生变化时,相应期权价格的变动数目,也就是期权价格对股价的一阶偏导数。

Delta 中性就是构造一个组合,使得这个组合的 Delta 值之和为零。当此时,不管标的资产价格如何变化,含有期权头寸的组合市值始终不变,免除了市场波动带来的风险。

我们购买期权进行 Delta 中性对冲的目的是保护股票头寸,相当于为股票头寸购买一个保险。在行情不确定的情况下,我们认为股票价格会发生比较大的波动,此时可以付出一定权利金购买认沽期权(比如,上证 50ETF 期权合约中的认沽期权合约)。当股票部位价值下跌时,期权部位价值的上涨可以弥补股票部位的损失,于是避免了股票价格波动带来的损失,期权就保护了我们的仓位不受损失。若股票部位价值明显上涨,这时我们不用严格调整期权持仓进行完全对冲、保持组合的 Delta 值为零,而是放弃期权的权利、损失一部分权利金,或者逐渐将期权合约进行平仓处理(平掉期权的仓位,也只是花掉了一点点的时间价值成本),于是就从个股价格的大幅上涨中获利。

关于 Delta 动态对冲的一些补充说明:在实际交易中,期权的 Delta 是时刻变化的,因此,我们作为专业机构投资者,需要动态调整 Delta 对冲的头寸,以保持 Delta 中性。

当持仓的股票不是复制了市场指数(比如上证 50 指数),而仅为其中的个别股票,或者超出了市场指数的范围,这样就会给计算 Delta 中性时期权合约的持有量带来一些麻烦,这是可以克服的。

　　做股票部位的期权对冲,要考虑自己所选择股票和市场指数(比如上证50指数、沪深300指数)的相关性,相关性很强,可以通过指数期权、ETF期权来进行风险对冲,但如果相关性不强,或者对冲错误,反倒会扩大自己的风险。

　　至于选择哪一个期权合约(名称、代码),还要考虑期权合约剩余的有效期、平值虚值。

　　期权交易属于衍生品交易,较为复杂,还需谨慎对待。

(三)期货对冲方法

　　期货对冲指的是把股指期货当成对冲风险、降低净值波动的工具。这里介绍的是利用股指期货对股票组合进行贝塔加权套期保值。

　　β系数是用来衡量某一种证券(或一组证券)相对于整个证券市场(可用沪深300股指反映)的风险程度的指标。在股价指数期货(可用沪深300股指期货)的套期保值中,β系数是确定套期保值比率的重要因素。这种根据β系数确定套期保值比率,从而对现货实施套期保值的方式,就是贝塔加权套期保值。在计算套期保值所需的期货合约数时,不是简单地根据现货价值与期货价值的对比求出,而是在此基础上再乘上现货股票(或证券组合)的β系数,用公式表示即:

　　套期保值所需的期货合约数=现货股票(或证券组合)的总值×β系数/一份期货合约的价值

　　由上述公式可知,当现货股票(或证券组合)的总值、一份期货合约的价值都一定时,β系数越大,则所需的期货合约数就越多;β系数越小,则所需的期货合约数就越少。

　　通过这样的套期保值,在现货市场的损失正好被期货市场的盈利所抵消。能否准确地估计现货的β系数,并据以确定套期保值比率,是决定套期保值效果的重要环节。

　　如果利用期货进行上述方法的完全对冲,无论现货股票价格如何变化,整个组合收益都将为0,也就是投资者在对下跌风险进行对冲的时候,也放弃了股票上涨时的收益。而如果利用期货进行不完全的少量对冲,在个股价格大幅上涨的情况下,整个组合收益将为正数。

　　期货交易属于衍生品交易,较为复杂,还需谨慎对待。

(四)分散非系统性风险

　　《基金管理公司风险管理指引(试行)》规定,"密切关注行业的周期性、市场竞争、价格、政策环境和个股的基本面变化,构造股票投资组合,分散非系统性风险"。

　　我们要充分认识到自己的能力边界,并对市场本身保持敬畏。所以,适当的组合分散仍然是必要的,但这个组合的每只股票都一定要建立在深度研究基础之上。

　　组合的股票只要超过一定的数量,风险分散效果就不错,业绩的波动也就不大。

(五)若干风控指标的设置

　　(1)制订和控制某类资产的总持仓比例(与基金净值关联);制订和控制某行业股票的持仓比例,以及单只股票的持仓比例、交易额、交易执行价格、止损止盈。

　　一般来说,上述这些控制是通过在PB系统中进行风控指标设置来实现的。在PB系统中设置的指标类别通常有如下这些:证券持仓市值、资产类别市值、交易额控制、证券买卖控制、执行价格控制、风险监控设置-净值监控、证券市值按行业控制、股票只数行业数控制、存款资产控制、盈亏控制。

　　(2)实时监控、预警。

　　注意监控和预警不能对基金经理形成干扰。如果风控人员对股票的认识没有达到很高的层次,很容易被市场上的信息牵引,那还不如回避信息。

产品净值每下跌到一定区间就减仓,仓位可能逐渐就很少了。但这样严格控制仓位,可能影响了股票收益,不利于创造收益。所以,与基金净值挂钩严格限定总持仓比例,这个做法是需要慎重的。

(3)设置基金净值的预警线、止损线,控制股票最大回撤。

基金净值的预警线、止损线一般在基金合同中就有约定。

控制股票最大回撤也要慎重,不能对基金经理形成干扰。

(4)风险平价策略。目前不太使用。

四、结束语

风险控制本来就应该是投资的固有部分,必须是时时刻刻的。在任何时候都要有风控,而不是选择性风控。

本章小结

1.风险是指未来的不确定性导致不利结果发生的可能性,风险管理是证券投资基金的基本任务之一。正确认识风险,应把握以下要素:

(1)风险是以事物的不确定性为基础的一种客观存在。人们无法决定风险存在与否,而只能在充分认识风险的基础上采取适当的对策,降低风险水平。

(2)风险与人们的行为有关。风险是行为后果的不确定性或不良后果的可能性。正因为如此,许多风险种类是依据行为名称命名的,如投资风险、经营风险、决策风险等。

(3)风险成立的前提是存在承担行为后果的主体(个人或组织),即风险行为人必须是行为后果的实际承担人。如果有某位投资者对其投资后果不需要承担任何责任,或者只承担盈利的责任,那么投资风险对他就没有任何意义,就不是风险。

(4)所谓风险损失是可能的实际结果与目标发生的负偏离,即没有达到预期目标的差距。

2.证券投资基金投资风险的主要类型包括:体现市场价格变动的市场风险,体现借款方还债的能力和意愿的信用风险,体现在规定时间和价格范围内买卖证券难度的流动性风险。

3.风险的度量是风险管理的基础,也是建立一个有效风险管理体系的前提。风险度量的质量,很大程度上决定了风险管理的有效性。风险度量分事前和事后两类:①事前风险度量,是在风险发生前,衡量投资组合在将来的表现和风险情况。②事后风险度量,是在风险发生后的分析,主要目的是研究投资组合在历史上的表现和风险情况,常用来衡量风险调整后的收益情况。

4.β系数是评估证券或投资组合系统性风险的指标,反映的是投资对象对市场变化的敏感度。在金融投资领域,人们常用β系数来测量某一风险金融资产相对于其所在市场的风险程度。投资组合波动率在风险管理中最常见的定义是单位时间收益率的标准差。

5.理解跟踪误差、主动比重的概念,理解最大回撤、下行标准差的概念、计算方法、应用。

6.常用的证券投资基金风险分析方法包括方差模型、VaR模型以及压力测试这三种模型。理解风险价值VaR的概念、应用;理解预期损失的概念、应用;了解压力测试的方法和应用。

7.掌握股票型基金与混合型基金的风险管理方法;掌握债券型基金与货币市场基金的风险管理方法;了解指数基金和 ETF 的风险管理方法;了解跨境投资所面临的风险和相应的管理方法。

8.分析江岳基金的产品风险管理案例,理解并掌握证券投资基金投资风险的度量方法和管理原理。

思考与练习

1.如何正确认识不确定性和风险? 两者的关系是什么?

2.证券投资基金风险的一般分类是什么?

3.举例说明不同类型基金所面临风险的区别。

4.评估基金投资风险的方法有哪些?

5.如何降低证券投资基金的风险?

6.投资基金风险管理的流程是什么?

7.股票型基金与混合型基金的风险管理方法分别是什么?

8.债券型基金的风险管理方法是什么?

9.货币市场基金的风险管理方法是什么?

10.分析江岳基金的风险管理案例,说明风险管理的概念、目标、组织架构,风险管理的主要环节,风险应对措施。

第四篇 基金职业道德与业务规范

第十二章 基金职业道德

本章提要

职业道德是极为重要的基本职业操守和基本品质。基金职业道德不仅是对基金从业人员在职业活动中行为的总要求,更是行业职业对社会所负道德责任与义务的体现。它是约束基金管理人行为,调节人与人之间、人与社会之间关系的重要力量。本章的主要内容包括基金职业道德概念、基金职业道德规范与基金职业道德教育与修养。通过本章的学习,掌握基金职业道德并内化于心,在从业中外化于行。

第一节 道德与职业道德

要清晰地了解"基金职业道德"这个概念,那我们需先了解何为道德。

一、道德概述

(一)道德的含义

所谓道德,是一种社会意识形态,是由一定的社会经济基础决定并形成的,以是与非、善与恶、美与丑、正义与邪恶、公正与偏私、诚实与虚伪等范畴为评价标准,依靠社会舆论、传统习俗和内心信念等约束力量,实现调整人与人之间、人与社会之间关系的行为规范的总和。

(二)道德的特征

1.道德具有差异性

道德具有差异性主要表现在两个方面:

首先,不同的社会有不同的道德。社会经济基础和社会关系的不同就决定了道德的差异性。

其次,基本道德规范与特定道德规范之间的差异。在一定的社会条件下,会存在着人们普遍认同的相对稳定的道德规范,即基本道德规范,也称为一般社会道德。而基本道德规范在社会不同领域又会表现为一系列特定道德规范。

2.道德具有继承性

决定或者影响道德形成和发展的各种因素具有历史延续性,所以,道德也必然与文化、特征民俗、宗教、伦理等一样有着历史的传承。因此,在历史沿革上,道德具有继承性。

3.道德具有约束性

道德对全体社会成员具有约束的作用,但是道德并不像法律那样依靠国家强制力保证其实施,其约束力是有限的。

4.道德具有具体性

相对于法律规范、制度规范等行为规范,道德也称为道德规范。道德规范既可以是成文的,表现为制定的"公约""守则""行为准则""行为规则""行为规范"等;也可以是不成文的,存在于人们的内心观念中。道德规范虽然是具体的,但仍有层次的划分。

(三)道德与法律的关系

道德与法律是社会行为规范最主要的两种形式,二者既有区别又有联系:

(1)道德与法律的区别:表现形式不同、内容结构不同、调整范围不同、调整手段不同。

(2)道德与法律的联系:目的一致、内容转化、功能互补、相互促进。

二、职业道德概述

在了解了有关道德的一些知识之后,我们来进一步理解职业道德的含义。

(一)职业道德的含义

职业道德,也称职业道德规范,是一般社会道德在职业活动和职业关系中的特殊表现,是与人们的职业行为紧密联系的符合职业特点要求的道德规范的总和,它既是对从业人员在职业活动中行为的要求,同时又是职业对社会所负的道德责任与义务的体现。

(二)职业道德的特征

1.职业道德具有特殊性

相对于一般社会道德,职业道德具有特殊性。职业道德与一般社会道德之间的关系是特殊与一般、个性与共性之间的关系;不同的职业道德,其各自有特殊性。

2.职业道德具有继承性

从职业道德的发展轨迹来看,与一般社会道德一样,具有历史的继承性。

3.职业道德具有规范性

职业道德相比于一般社会道德以及其他领域的道德,具有规范性更强的特征。所谓规范性,是指具有完整的规范结构和有保证的约束力。

4.职业道德具有具体性

虽然不同职业道德的内容有所不同,但其作为行为规范,具有具体性。

(三)职业道德的作用

职业道德具有引导、规范、评价和教化的功能,可以发挥调整职业关系、提升职业素质和促进行业发展的作用。

案例12-1

22岁的汪某,毕业后被分配到某市人民出版社财务科当出纳员。一次,他核对账目总差8元钱,于是他随手拿起一张已经报销过的发票冲抵,这样不仅平了账面,还多出了几元钱零花。就此汪某产生了歹念。这钱来得容易,何不自筹资金出国?于是采用旧发票重复报销、直接开支票提取现金等手段在短短一年里贪污3万多元。可好景不长,单位对他经手的账目进行清查,这时汪某才明白自己走的是一条犯罪的道路。

通过这个案例,你是否了解到了职业道德的作用以及不遵守职业道德的危害和教训?

第二节　基金职业道德规范

在上一节,我们简要分析了道德与职业道德的基本内容。本节阐述政策法规要求基金从业人员必须遵守的具体职业道德规范。

一、基金从业人员职业道德的含义

基金从业人员职业道德规范,简称为基金职业道德规范或基金职业道德。基金职业道德是一般社会道德、职业道德基本规范在基金行业的具体化,是基于基金行业以及基金从业人员所承担的特定的职业义务和责任,在长期的基金职业实践中所形成的职业行为规范。

我国基金职业道德主要包括以下内容:守法合规、诚实守信、专业审慎、客户至上、忠诚尽责、保守秘密。

二、守法合规的含义及基本要求

(一)守法合规的含义

守法合规是对基金从业人员职业道德的最为基础的要求,其所调整的是基金从业人员与基金行业及基金监管之间的关系。

守法合规,是指基金从业人员不但要遵守国家法律、行政法规和部门规章,还应当遵守与基金业相关的自律规则及其所属机构的各种管理规范,并配合基金监管机构的监管。其目的是避免基金从业人员自己实施或者参与违法违规的行为,或者为他人违法违规的行为提供帮助。

(二)守法合规的基本要求

守法合规要求基金从业人员要熟悉并自觉遵守法律法规等行为规范,积极配合监管,主动向监管机构提供违法违规的线索,举报违法违规的行为。

1.熟悉法律法规等行为规范

守法合规的前提是熟悉相关的法律法规等行为规范。

(1)基金从业人员应当通过各种途径、方式及时全面地学习和掌握相关的法律法规等行为规范,领会其内容实质,防止因为对法律法规等行为规范的曲解而做出违法违规的行为。

(2)对于基金机构而言,一方面,要注重培养从业人员的守法合规意识,完善各项规章制度,强化工作流程管理,在机构内部形成守法合规的企业文化;另一方面,要建立健全重视法律法规等行为规范,学习和运用法律法规等行为规范的各项机制,为从业人员熟悉法律法规等行为规范创造条件。

2.遵守法律法规等行为规范

基金从业人员在熟悉法律法规等行为规范的基础上,要自觉遵守这些规范。具体而言,遵守法律法规等行为规范包括以下要求:

(1)基金从业人员应当严格遵守法律法规等行为规范,当不同效力级别的规范对同一行为均有规定时,应选择遵守更为严格的规范。

(2)基金从业人员应当自觉遵守《基金从业人员执业行为自律准则》规定的各类行为规范。

（3）基金从业人员应当积极配合基金监管机构的监管。

（4）负有监督职责的基金从业人员，要忠实履行自己的监督职责，及时发现并制止违法违规行为，防止违法违规行为造成更加严重的后果。

（5）普通的基金从业人员，尽管不负有监督职责，但是也应当监督他人的行为是否符合法律法规的要求。一旦发现违法违规的行为，应当及时制止并向上级部门或者监管机构报告。

案例分析 12 - 2

浙江证监局 2017 年 10 月 24 日对浙江某基金公司发出责令整改的决定。决定显示，浙江省证监局在核查中发现，该公司 2017 年 5 月 18 日进行的"理财节"活动存在以奖励基金份额方式销售基金的行为，此类销售行为违反了《证券投资基金销售管理办法》第八十二条第二项的规定。根据《证券投资基金销售管理办法》第八十七条规定，浙江省证监局要求该公司全面开展自查自纠，并于 11 月 10 日前提交整改报告。

在此之后，吉林证监局于 2017 年 12 月 8 日对某银行发出责令整改的决定。根据该文件，吉林证监局在核查中发现，该银行分管基金业务的部门负责人不具备基金从业资格，不符合《证券投资基金销售管理办法》第十条第四款"公司主要分支机构基金销售业务负责人均已取得基金从业资格"的规定。吉林证监局要求该银行在 12 月 20 日前完成整改，并提交相关整改报告。

2017 年 12 月 14 日，江苏证监局对扬州某基金公司出具警示函。根据该文件，江苏证监局在检查中发现，该公司的基金销售业务存在两大问题：一是该公司 2017 年 3 月变更法定代表人兼总经理时，未在变更前向江苏证监局报备，违反了《证券投资基金销售管理办法》第二十二条的规定；二是该公司的工作人员资质存在违规情形，2017 年 8 月至 10 月，该公司取得基金从业资格的人员持续少于 10 人，且未在 5 个工作日内向江苏证监局报告，也未在 30 个工作日内将人员调整至规定要求，同样违反了《证券投资基金销售管理办法》第二十二条的相关规定。根据《证券投资基金销售管理办法》第八十七条的相关规定，江苏省证监局要求该公司加强基金销售业务的合规管理，强化公司内部控制，对存在的问题切实整改，12 月 31 日前提交书面报告。

（案例来自天天基金网）

通过学习这几个典型案例，希望大家能够时时牢记守法合规的要求并认真履行。

三、诚实守信的含义及基本要求

（一）诚实守信的含义

诚实守信也称为诚信，就是真诚老实、表里如一、言而有信、一诺千金。诚实守信是调整各种社会人际关系的基本准则。

诚实守信是基金职业道德的核心规范。基金行业要健康发展必须以诚实守信为本，而诚实守信必然要落实到基金从业人员的执业行为上，体现为基金职业道德的核心内容。

（二）诚实守信的基本要求

诚实守信要求基金从业人员不得欺诈客户，在证券投资活动中不得有内幕交易和操纵市场行为，不得与同行进行不正当竞争。

1. 不得欺诈客户

诚实守信就是不欺诈。所谓欺诈，是指利用虚构事实或者隐瞒真相的方式欺骗客户，使客户产生错误的认识，最终做出错误的判断。欺诈的方式主要有两种，一是虚假陈述，二是舞弊行为。这两种欺诈方式主要发生在宣传销售基金产品和信息披露领域。

在宣传销售基金产品时,基金从业人员应当以诚实的态度和合法的方式执业,如实告知投资人可能影响其利益的重要情况,正确向其揭示投资风险,不得做出不当承诺或者保证。具体而言:

(1)基金从业人员在宣传、推介和销售基金产品时应当客观、全面、准确地向投资者推介基金产品、揭示投资风险。

(2)基金从业人员对基金产品的陈述、介绍和宣传,应当与基金合同、招募说明书等相符,不得进行虚假或误导性陈述,或者出现重大遗漏。

(3)基金从业人员在陈述所推介基金或同一基金管理人管理的其他基金的过往业绩时,应当客观、全面、准确,并提供业绩信息的原始出处,不片面夸大过往业绩,也不得预测所推介基金的未来业绩。

(4)基金从业人员分发或公布的基金宣传推介材料应为基金管理机构或基金代销机构统一制作的材料。

(5)基金从业人员不得违规向投资人做出投资不受损失或保证最低收益的承诺。

(6)基金从业人员不得从事隐匿、伪造、篡改或者损毁交易数据等舞弊的行为,或做出任何与执业声誉、正直性相背离的行为。

2. 不得进行内幕交易和操纵市场

(1)内幕交易,是指利用内幕信息进行证券交易,为自己或者他人牟取利益。所谓内幕信息,是指能够影响证券价格的重要非公开信息。内幕信息的构成要素有三方面:一是来源可靠的信息;二是"重要"的信息,即该信息对于证券价格的影响明确;三是"非公开"的信息。

(2)操纵市场,是指通过扭曲证券价格形成机制或人为控制交易量等方式而意图误导市场参与者的行为。操纵市场的构成要素有两方面:一是有误导市场参与者的意图。该方面是判定是否构成"操纵市场"的关键因素。二是实施了歪曲证券价格或者人为控制交易量等不当影响证券价格的行为。

3. 不得进行不正当竞争

竞争是市场经济的核心机制。诚实守信规范要求基金从业人员不得进行不正当竞争,不得以排挤竞争对手为目的,压低基金的收费水平,低于基金销售成本销售基金;不得采取抽奖、回扣或者赠送实物、保险、基金份额等方式销售,基金从业人员应当公平、合法、有序地进行竞争。

(1)公平竞争是正当竞争的前提,要求竞争的内容要公平。基金行业的竞争应当是产品和服务的竞争,而不应该是其他非市场因素的竞争。基金从业人员应当在法律允许的范围内,在相同的条件下,依靠专业水平和服务质量开展竞争。

(2)合法竞争是正当竞争的基础,要求竞争的手段要合法。基金从业人员不得借助行政手段或其他不合法手段开展业务,不得给客户或承诺给予客户不正当利益。同时,基金从业人员应当尊重竞争对手,不诋毁、贬低或负面评价同业或非合作关系方及其从业人员,也不诋毁、贬低或负面评价同业或非合作关系方的产品或服务。

(3)有序竞争是正当竞争的表现,正当竞争是在公平、合法的基础上,依据市场经济基本规则进行的有秩序的竞争。那些依靠回扣拉客户以及诋毁、贬低或负面评价竞争对手等恶意竞争行为,必定会造成基金市场的混乱和无序,并影响我国基金业的健康发展。

四、专业审慎的含义及基本要求

(一)专业审慎的含义

专业审慎是调整基金从业人员与职业之间关系的道德规范。每种职业都要求其从业人员具备特定的职业技能。专业审慎,是指基金从业人员应当具备与其执业活动相适应的职业技能,应当具备从事相关活动所必需的专业知识和技能,并保持和提高专业胜任能力,勤勉审慎开展业务,提高风险管理能力,不得做出任何与专业胜任能力相背离的行为。这是对基金从业人员专业素质和执业能力方面的道德要求。

基金行业属于智力服务型行业,基金从业人员的职业技能如何,直接关系客户的利益和整个行业的形象。基金从业人员必须具备能够胜任专业工作的职业技能,并审慎开展相关活动。

(二)专业审慎的基本要求

专业审慎对于基金从业人员的基本要求体现在三个方面:持证上岗、持续学习、审慎开展执业活动。

1.持证上岗

持证上岗,是指基金从业人员应当具备从事相关活动所必需的法律法规、金融、财务等专业知识和技能,必须通过基金从业人员资格考试,取得基金从业资格,并经由所在机构向基金业协会申请执业注册后,方可执业。

(1)持证上岗的目的在于保证基金从业人员具备必要的执业能力和专业水平。基金从业人员应当具备从事基金活动所必需的专业知识和技能,基金从业人员在执业之前通过资格考试取得执业证书是从业的入门要求,说明其已经基本掌握了必要的专业基础知识。

(2)注册监管,可以保证基金从业人员的执业活动处于监管机构的监督之下。

2.持续学习

持续学习,是指基金从业人员应当热爱本职工作,努力钻研业务,注重业务实践,积极参加基金业协会和所在机构组织的后续职业培训,完成规定的后续职业培训学时(包括必修学时与选修学时)。

3.审慎开展执业活动

基金从业人员在努力提高并保持自身专业水平的同时,应当本着对投资者高度负责的态度执业,在执业过程中应当审慎处理各项业务,具体而言,包括以下基本要求。

(1)基金从业人员在进行投资分析、提供投资建议、采取投资行动时,应当具有合理充分的依据,有适当的研究和调查支撑,保持独立性与客观性,坚持原则,不得受各种外界因素的干扰。

(2)基金从业人员在执业活动中,必须保持合理的谨慎,做出审慎的判断,应该牢固树立风险控制意识,强化投资风险管理,提高专业化风险管理水平。

(3)基金从业人员应当合理分析、判断影响投资分析、建议或行动的重要因素。

(4)基金从业人员应当区分投资分析和建议演示中的事实、观点和假设。

(5)基金从业人员必须记载和保留适当的记录,以支持投资分析、建议、行动等相关事项。

(6)基金从业人员在销售基金或者为投资者提供咨询服务时,应当向客户和潜在客户披露用于分析投资、选择证券、构建投资组合的投资过程的基本流程和一般原则。

(7)基金从业人员在向客户推荐或者销售基金时,应充分了解客户的投资需求和投资目标以及客户的财务状况、投资经验、流动性要求和风险承受能力等信息，坚持销售适用性原则，向客户推荐或者销售合适的基金。

五、客户至上的含义及基本要求

（一）客户至上的含义

客户至上是调整基金从业人员与投资人之间关系的道德规范。这里的"客户"指投资人，也即基金份额持有人。

客户至上，是指基金从业人员的执业活动应一切从投资人的根本利益出发。其基本含义有两点：

（1）客户利益优先。客户利益优先是指当客户的利益与机构的利益、从业人员个人的利益相冲突时，要优先满足客户的利益。

（2）公平对待客户。公平对待客户是指当不同客户之间的利益发生冲突时，要公平对待所有客户的利益。

（二）客户至上的基本要求

1. 客户利益优先

客户利益优先要求基金从业人员必须全心全意地忠实于客户，依客户利益行事，当发生利益冲突时，将客户的利益置于个人及所在机构的利益之上。具体而言，基金从业人员应当遵守下列规则：

（1）不得从事与投资人利益相冲突的业务。

（2）应当采取合理的措施避免与投资人发生利益冲突。

（3）在执业过程中遇到自身利益或相关方利益与投资人利益发生冲突时，应以投资人利益优先，并应及时向所在机构报告。

（4）不得侵占或者挪用基金投资人的交易资金和基金份额。

（5）不得在不同基金资产之间、基金资产和其他受托资产之间进行利益输送。

（6）不得在执业活动中为自己或他人牟取不正当利益。

（7）不得利用工作之便向任何机构和个人输送利益，损害基金持有人利益。

2. 公平对待客户

公平对待客户要求基金从业人员应当尊重所有客户并公平对待所有客户，不能因为基金份额多或者其他原因而厚此薄彼；要求基金从业人员在进行投资分析、提供投资建议、采取投资行动或从事其他专业活动时，应当公平地对待所有客户。

六、忠诚尽责的含义及基本要求

（一）忠诚尽责的含义

忠诚尽责，是调整基金从业人员与其所在机构之间关系的职业道德规范。基金从业人员与其所在机构之间是委托代理关系或雇佣关系，基金机构是委托人或者雇主，基金从业人员是受托人或者雇员。

忠诚，是指基金从业人员应当忠实于所在机构，避免与所在机构利益发生冲突，不得损害所在机构的利益。尽责，是指基金从业人员应当以对待自己事情一样的谨慎和注意来对待所在机构的工作，勤勉履行岗位职责。

(二)忠诚尽责的基本要求

忠诚尽责要求基金从业人员在工作中要做到两个方面:一是忠诚廉洁;二是勤勉尽责。

1.忠诚廉洁

忠诚廉洁要求基金从业人员在执业活动中,做到公私分明和廉洁自律,自觉维护所在机构的利益和基金行业的形象。

具体而言,基金从业人员应当做到以下九点:

(1)应当与所在机构签订正式劳动合同或其他形式的聘任合同,保证自身在相应机构对其进行直接管理的条件下从事执业活动。

(2)应当保护所在机构财产与信息安全,防止所在机构资产损失、丢失,信息泄露。

(3)应当严格遵守所在机构的各项管理制度和操作流程。

(4)不得接受利益相关方的贿赂或对其进行商业贿赂,如接受或赠送礼物、回扣、补偿或报酬等。

(5)不得利用基金财产或者所在机构固有财产为自己或者他人牟取非法利益。

(6)不得利用职务之便或者机构的商业机会为自己或者他人牟取非法利益。

(7)不得侵占或者挪用基金财产或者机构固有财产。

(8)不得为了迎合客户的不合理要求而损害社会公共利益、所在机构或者他人的合法权益,不得私下接受客户委托买卖证券期货。

(9)不得从事可能导致与投资者或所在机构之间产生利益冲突的活动。

2.勤勉尽责

勤勉尽责要求基金从业人员以高度负责的态度、勤勉的敬业精神履行岗位职责,从事执业活动。具体而言,基金从业人员应当做到以下几点:

(1)秉持勤勉的工作态度,爱岗敬业,恪尽职守,严谨务实,做好本职工作。

(2)在执业活动中,相互支持,团结协作,提高工作效率与工作质量,不推诿扯皮,贻误工作。

(3)应当严格遵守所在机构的授权制度,在授权范围内履行职责;超出授权范围的,应当按照所在机构制度履行批准程序。

(4)应当严格遵守所在机构工作纪律,服从领导,认真执行上级决定。但对来自上级、同事、亲友等各种关系因素的不当干扰,应坚持原则、自觉抵制、客观公正地履行职责。

(5)基金从业人员提出辞职时,应当按照聘用合同约定的期限提前向公司提出申请,并积极配合有关部门完成工作移交。已提出辞职但尚未完成工作移交的,从业人员应认真履行各项义务,不得擅自离岗;已完成工作移交的从业人员应当按照聘用合同的规定,认真履行保密、竞业禁止等义务。

七、保守秘密的含义及基本要求

(一)保守秘密的含义

保守秘密,是指基金从业人员不应泄露或者披露客户和所属机构或者相关基金机构向其传达的信息,除非该信息涉及客户或潜在客户的违法活动,或者属于法律要求披露的信息,或者客户或潜在客户允许披露此信息。

保守秘密是基金从业人员的一项法定义务,也是基金职业道德的一项基本规范,对所有的基金从业人员均有约束效力。

基金从业人员在执业活动中接触到的秘密主要包括三类：

1.商业秘密

商业秘密是指不为公众所知悉的、能够带来经济利益、具有实用性并被采取保密措施的技术信息和经营信息。具体而言，从机构运营的角度看，可以包括对证券市场的分析报告、对某一行业的研究报告、投资组合、投资计划等；从机构内部治理的角度看，可以包括内控制度、防火墙制度、员工激励机制、人事管理制度、工作流程等。

2.客户资料

客户资料主要是指客户的个人资料，包括客户个人的身份证信息、移动电话号码、家庭成员信息、财务状况、投资需求等。这些资料往往属于客户不愿意让他人知晓的隐私。保护客户隐私不仅是法律的要求，也是职业道德的要求。另外这些具有投资需求客户的名单，本身也是一种商业资源，一般也属于机构的商业秘密。

3.内幕信息

内幕信息是指会对证券价格产生影响的重要的非公开的信息。这些内幕信息也属于基金从业人员需要保守秘密的信息。

(二)保守秘密的基本要求

保守秘密，要求基金从业人员不得向第三者透露秘密信息，也不得公开尚处于禁止公开期间的信息。具体而言，基金从业人员应当做到以下几点：

(1)应当妥善保管并严格保守客户秘密，非经许可不得泄露客户资料和交易信息。且无论是在任职期间还是离职后，均不得泄露任何客户资料和交易信息。

(2)不得泄露在执业活动中所获知的各相关方的信息及所属机构的商业秘密，更不得用以为自己或他人牟取不正当的利益。

(3)不得泄露在执业活动中所获知的内幕信息。

基金从业人员应当严格遵守所在机构的保密制度，不打听不属于自己业务范围的秘密，不与同事交流自己获知的秘密。如果某一秘密已经被泄露，应当尽快通知有关部门做出补救措施，防止损失进一步扩大。

第三节　基金职业道德教育与修养

上一节我们学习了基金职业道德规范的有关内容。然而，基金从业人员的职业道德素质不仅仅是颁布基金职业道德规范就能够提高的，要提高职业道德素质，则需对从业人员进行基金职业道德教育，使从业人员培养基金职业道德观念和自觉遵守基金职业道德规范，将基金职业道德观念和规范灌输到基金从业人员的头脑中，这样才能使其知道、认同并自觉遵守基金职业道德规范。

一、基金职业道德教育的内容与途径

(一)基金职业道德教育的含义

职业道德教育，是指通过受教育者自身以外的力量，对其进行职业行为规范、职业义务和责任等职业道德核心内容的教育活动。职业道德教育的目的就是通过外在教育帮助和引导受教育者实现由被动接受教育到主动自我教育。

基金职业道德教育，是指根据基金行业工作的特点，有目的、有组织、有计划地对基金从业人员施行的职业道德影响，促使其形成基金职业道德品质，正确履行基金职业道德义务的教育活动，是提高基金从业人员职业道德素养的基本手段。

（二）基金职业道德教育的内容

基金职业道德教育的主要目的，是帮助和引导基金从业人员培养基金职业道德观念和遵守基金职业道德规范，也即通过一定的教育方式和方法，将基金职业道德观念和规范灌输到基金从业人员的头脑中，使其知道、认同并自觉遵守基金职业道德规范。因此，基金职业道德教育的内容主要包括以下两个方面：

1. 培养基金职业道德观念

基金职业道德教育，首先是职业道德观念教育。通过基金职业道德教育，要使基金从业人员深刻认识到基金职业道德的重要意义，牢固树立基金职业道德观念。

通过强化职业道德观念教育，使基金从业人员不仅要重视专业技能和监管法规，也要重视职业道德；不仅要认识到遵守基金职业道德规范的重要意义，也要牢记违反基金职业道德规范将受到的惩戒和处罚。

基金职业道德观念教育是基金职业道德规范教育的基础和保障，只有牢固树立了基金职业道德观念，才能使得基金从业人员在职业活动中，潜移默化地提升职业道德素养，进而把职业道德规范变成自发自觉的职业行为。

2. 灌输基金职业道德规范

基金职业道德规范教育，是指对基金从业人员开展的以基金职业道德具体规范为内容的教育。基金职业道德规范的主要内容是守法合规、诚实守信、专业审慎、客户至上、忠诚尽责、保守秘密。这是基金职业道德教育的核心内容，应贯穿于基金职业道德教育的始终。

基金职业道德规范教育的作用在于把基金职业道德规范灌输到基金从业人员的意识中，引导基金从业人员能够依据具体的职业道德规范实行自我监督、自我评价和自我行为调整。自觉遵循基金职业道德规范从事基金活动，是基金从业人员正常发挥职业能力和职业作用的基本保障，也是基金从业人员维护其职业形象和职业信用的关键因素。

（三）基金职业道德教育途径

基金职业道德教育的途径主要有以下五种：

1. 岗前职业道德教育

岗前教育，是指在基金从业人员就业上岗前，对其所进行的入职必备知识和职业道德的教育。岗前教育主要是通过基金从业资格考试和基金从业人员所在机构在其入职后上岗前对其进行教育等途径来督促完成的。

基金职业道德教育需要完成三个方面目标：

（1）使拟从业者了解基金职业道德规范的主要内容。

（2）使拟从业者了解基金职业所面临的道德风险。

（3）培养拟从业者的基金职业道德情感和观念。

岗前教育，可以使得基金从业人员在上岗之前就熟悉职业道德的要求，为其就职以后爱岗敬业、秉持正确的职业价值观而从事职业活动奠定良好的基础。

2.岗位职业道德教育

岗位教育,是指在基金从业人员就业上岗后,对其所进行的业务能力和职业道德的继续教育。岗位教育主要通过在职培训的方式来完成。

基金机构应当重视岗位职业道德教育,通过采取各种各样的教育形式,不断提升从业人员的职业道德素质,保证继续教育的实效性。同时,在机构内应当营造严格遵守职业道德的文化氛围,并建立有效的职业道德建设机制,把职业道德培养与工作实践结合起来,以职业道德建设促进机构业务质量的提升。

3.基金业协会的自律

基金业协会是基金行业的自律性组织,是联系政府监管机构与会员的纽带。从监管职责分工的角度来看,基金业协会在基金职业道德建设方面应该发挥更为重要的作用。

无论是从基金机构的整体和长远利益出发,还是从基金行业健康发展的角度考虑,基金业协会都应该在基金职业道德建设方面有所作为。基金职业道德不同于基金监管法律法规,其实施主要依赖于基金从业人员的自律。因此,基金职业道德教育就显得尤为重要,是基金职业道德得以实施的重要保障。基金业协会应当采取切实有效的措施,加强基金职业道德教育。一方面要制定完备的基金职业道德规范,宣传并组织基金从业人员学习和领会职业道德规范;另一方面还应建立必要的职业道德奖惩机制,促进和保证基金职业道德的实施。

4.树立基金职业道德典型

基金职业道德教育要与基金市场以及基金实践活动的环境结合起来,既要有正面事例的引导,也要有反面案例的警示,坚持宣传正面典型与剖析反面典型相结合。通过对违反基金职业道德行为和违反基金法律行为典型案例的展示和分析,警示基金从业人员增强法律意识和职业道德观念,严格遵守基金职业道德规范,做到自重、自治、自警和自律。

5.社会各界持续监督

基金职业道德教育是基金职业道德建设的一个重要方面。基金职业道德建设,是一项复杂的系统性工程,涉及基金行业各相关主体的利益,也关系到社会公共利益。因此,社会各界应当齐抓共管,共同抓好基金职业道德教育工作。社会各界的监督,不仅是对基金职业道德教育成果的检验环节,监督本身也是教育的有效组成部分。

基金市场投资者是基金职业道德教育成效最直接的受益者,对于基金职业道德教育有着切身的感受,因此,投资者实施监督的动力最足,监督也最深、最细。要使投资者监督真正发挥教育作用,需要基金行业自律组织和各个基金机构为投资者的监督意见设置一个顺达的通道,并对投资者的监督和举报行为给予激励。

各种新闻媒体也可以在基金职业道德教育方面发挥积极作用。其作用一方面是对基金职业道德的宣传,另一方面是对基金职业道德实施情况的舆论监督。

二、基金职业道德修养的含义与方法

(一)基金职业道德修养的含义

基金职业道德修养,是指基金从业人员通过主动自觉的自我学习、自我改造、自我完善,将基金职业道德外在的职业行为规范内化为职业道德情感、认知和信念,使自己形成良好的职业道德品质和达到一定的职业道德境界。

(二)基金职业道德修养的方法

1. 正确树立基金职业道德观念

基金职业道德修养必须首先解决内在动力问题,也即必须正确树立基金职业道德观念。

任何一种社会职业,都有其存在的社会价值和道德价值,提高对其所从事职业的社会价值和道德价值的认知,是正确树立职业道德观念的前提。任何一个基金从业人员,如果对基金职业的社会价值和道德价值缺乏正确的认识,不了解基金职业所担负的职业义务和责任,就不可能真正热爱自己的职业,就不会有职业使命感和责任感,也就不会有自觉遵守职业道德的内在动因。道德是以善与恶、是与非、正与邪等对立范畴作为评价标准的,而职业道德是社会基本道德在特定职业中的反映,因此,科学的世界观、人生观和价值观是正确树立职业道德观念的基础。一个人没有确立科学的世界观、人生观和价值观,就不可能树立正确的职业道德观念。

2. 深刻领会基金职业道德规范

基金职业道德规范是基金职业道德修养的具体内容,基金职业道德修养不能脱离基金职业道德规范,一定是针对基金职业道德规范的自我教育、自我改造和自我完善。只有深刻领会基金职业道德规范的基本含义、社会意义和具体要求,准确把握和领悟其精髓,才能在执业活动中自觉自愿地遵守。

基金职业道德修养,一方面要自我学习基金职业道德规范,另一方面要主动接受基金职业道德教育。

3. 积极参加基金职业道德实践

树立基金职业道德观念和领会基金职业道德规范的根本目的在于践行基金职业道德。积极参加基金职业道德实践,是基金职业道德修养的有效途径。

基金从业人员应当积极参加基金业道德实践,在基金执业活动中践行职业道德,以基金职业道德来指导自己的职业判断和约束自己的执业行为,不断地自我改造、自我完善,并通过外在的评价强化自己的职业道德观念,通过反复的实践—修正—再实践的过程,养成良好的职业道德习惯。

基金从业人员在实践中,还应当虚心向先进人物学习。榜样的力量是无穷的,可以给人以巨大的感染力和影响力。向遵守基金职业道德的榜样学习,有利于基金从业人员的职业道德修养在潜移默化中达到更高的境界。

本章小结

1. 职业道德,是一般社会道德在职业活动和职业关系中的特殊表现,是与人们的职业行为紧密联系的符合职业特点要求的道德规范的总和;它既是对从业人员在职业活动中行为的要求,同时又是职业对社会所负的道德责任与义务的体现。它具有特殊性、继承性、规范性、具体性。

2. 基金职业道德是一般社会道德、职业道德基本规范在基金行业的具体化,是基于基金行业以及基金从业人员所承担的特定的职业义务和责任,在长期的基金职业实践中所形成的职业行为规范。我国基金职业道德主要包括以下内容:守法合规、诚实守信、专业审慎、客户至上、忠诚尽责、保守秘密。

3.基金职业道德教育,是指根据基金行业工作的特点,有目的、有组织、有计划地对基金从业人员施行的职业道德影响,促使其形成基金职业道德品质,正确履行基金职业道德义务的教育活动,是提高基金从业人员职业道德素养的基本手段。

4.基金职业道德修养,是指基金从业人员通过主动自觉的自我学习、自我改造、自我完善,将基金职业道德外在的职业行为规范内化为职业道德情感、认知和信念,使自己形成良好的职业道德品质和达到一定的职业道德境界。

基金职业道德修养的方法:

(1)正确树立基金职业道德观念;

(2)深刻领会基金职业道德规范;

(3)积极参加基金职业道德实践。

思考与练习

1.职业道德的含义是什么?

2.我国投资基金职业道德主要包括哪些内容?

3.基金职业道德教育的主要内容是什么?

4.提高基金职业道德修养的途径与方法有哪些?

第十三章 投资基金合规管理

本章提要

　　合规可以帮助基金管理人规避风险的发生,减少违规行为带来的风险损失与声誉损害,有非常显著的现实意义。第一节介绍基金合规管理的意义、目标和基本原则;第二节介绍合规管理的部门设置;第三节介绍合规管理的主要内容;第四节介绍合规风险的类型与管理措施。

第一节 基金合规管理概述

　　基金合规管理是帮助基金有效规避风险的重要手段。随着我国基金市场的不断发展完善,基金合规管理也越来越引起重视。

一、合规管理基本概念

　　"合规"指的是合乎规矩,它与违规相对应。在基金市场上合规有着更为精确的意义:是指证券基金经营机构及其工作人员的经营管理和执业行为符合法律、法规、规章及规范性文件、行业规范和自律规则、公司内部规章制度,以及行业普遍遵守的职业道德和行为准则(以下统称法律法规和准则)。

　　基金管理人的合规管理可以定义为"证券基金经营机构制定和执行合规管理制度,建立合规管理机制,防范合规风险发生的措施"。

　　上述相关规则包括:立法机关和证监会发布的基本法律规则;基金业协会和证券业协会等自律性组织制定的适用于全行业的规范、标准、惯例等;公司章程、企业的各种内部规章制度以及应当遵守的诚实、守信的职业道德。

二、合规管理的意义

　　合规管理的意义大致可以从以下两个角度来理解。

　　首先,从基金管理人的运作流程看,基金的设立、基金投资管理和基金信息披露等主要环节出现的违规行为会带来风险损失和名誉损害,加强基金的合规管理具有非常重要的现实意义。

　　我们应特别注意,合规管理要真正发挥作用,还应确保合规独立性的存在。合规独立性是指基金管理人的合规管理应当在体制机制、组织架构、人力资源、管理流程等诸多方面独立于内部其他风险部门、业务部门、内部审计部门等。独立性原则是指合规管理应当独立于基金管理人的业务经营活动,以真正起到牵制与制约的作用,是合规管理的关键性原则。

　　合规独立性包括部门、机制和问责等独立性,其中,合规部门的独立性最为重要。合规管理部门的独立性主要包括以下要素：

（1）合规管理部门在公司内部享有正式的地位，并在公司的合规政策或其他正式文件中予以规定。

（2）在合规风险管理部门员工特别是合规风险管理部门负责人的职位安排上，应避免其合规风险管理职责与其承担的任何其他职责之间产生可能的利益冲突。

（3）合规管理部门员工为履行职责，能够享有相应的资源，应能够获取和接触必需的信息和人员。

其次，从基金管理人的内部控制角度来讲，保障基金管理人的合规与合规部门的独立性确有必要。根据监管规则和基金公司内部控制和防范合规风险的要求，在基金公司内部建立和完善合规风险管理的体制机制，建立独立的合规部门，鼓励和保障合规部门独立发表合规管理意见，使其能够更好地履行合规风险管理的职能；使法律规则和监管部门的监管规则及监管意图在基金公司得到全面有效的贯彻落实；避免基金管理人遭受法律制裁或监管处罚、重大财务损失或声誉损失的风险。

三、合规管理的目标

基金管理人的合规管理目标是建立健全基金管理人合规风险管理体系，实现对合规风险的有效识别和管理、促进基金管理人全面风险管理体系的建设，确保基金管理人依法合规经营。

（1）基金管理人应当建立良好的内部治理结构，明确股东会、董事会、监事会和高级管理人员的职责权限，保证基金管理人各部门的合规运作。

（2）公司组织结构应当体现职责明确、相互制约的原则，各部门有明确的授权分工，操作上相互独立。

（3）公司应当建立决策科学、运营规范、管理高效的运行机制，包括民主、透明的决策程序和管理议事规则，高效、严谨的业务执行系统，以及健全、有效的内部监督和反馈系统。

（4）基金管理人可以开展合规自律探讨和合规文化活动，提高全体员工对合规重要性的认识，有效实现合规管理的目标。

四、合规管理的基本原则

（1）独立性原则，主要是指合规部门和督察长在基金公司组织体系中应当有独立地位，合规管理应当独立于其他各项业务经营活动。

（2）客观性原则，是指合规人员应当依照相关法规对违规事实进行客观评价，避免出现合规人员自身与业务人员合谋的违规行为。

（3）公正性原则，是指合规人员在对业务部门进行核查时，应当坚持统一标准来对违规行为风险进行评估和报告。

（4）专业性原则，是指合规人员应当熟悉业务制度，了解基金管理人各种业务的运作流程，并准确理解和把握法律法规的规定和变动趋势。

（5）协调性原则，是指合规人员应当正确处理与公司其他部门及监管部门的关系，努力形成公司的合规管理合力，避免内部消耗。

第二节 合规管理部门设置

从上一节内容中,我们已经了解了合规管理的一些基本概念、意义、目标与原则,以及合规的重要性。那么是谁来具体完成合规管理工作呢?本节就具体执行合规管理的部门设置及其责任进行阐述。通过本节的学习可以了解到合规管理部门的设置及其责任的知识,进而体会到合规管理机构对达成合规管理目标、执行合规管理原则的重要意义。

一、合规管理部门的设置及其责任

根据基金管理人的实际情况,负责合规管理的部门可能是专门的合规部,也有的称为法律合规部,也有的称为监察稽核部。基金管理人在董事会和管理层会设立专门的风险控制委员会,公司督察长负责合规管理工作。合规管理部门对督察长负责,按照公司规定和督察长的安排履行合规管理职责。证券基金经营机构应当明确合规管理部门与其他内部控制部门之间的职责分工,建立内部控制部门协调互动的工作机制。

合规管理部门是负责基金公司合规工作的具体组织和执行部门,依照所规定的职责、权限、方法和程序独立开展工作,负责公司各部门和全体员工的合规管理工作。

合规管理部门人员应具备较高的思想素质和法制观念,坚持原则、忠于职守、廉洁奉公、公正无私,并具备相应的专业知识。合规管理部门必须制订相应的人员岗位责任制,明确任务,落实责任。合规管理部门工作人员同样应遵守公司各种规章制度和规定。

合规管理部门依据国家及有关部门的法律法规、公司章程、基金合同和公司内部管理制度,在所赋予的权限内,按照所规定的程序和方法,对行为对象进行公正客观的检查监督并提出处理建议。

合规管理部门应在督察长的管理下协助高级管理层有效识别和管理所面临的合规风险,履行以下基本职责:

(1)持续关注法律、规则和准则的最新发展,正确理解法律、规则和准则的规定及其精神,准确把握法律、规则和准则对基金经营的影响,及时为高级管理层提供合规建议。

(2)制订并执行风险为本的合规管理计划。

(3)审核评价基金管理人各项政策、程序和操作指南的合规性,确保各项政策、程序和操作指南符合法律、规则和准则的要求。

(4)协助相关培训和教育部门对员工进行合规培训,并成为员工咨询有关合规问题的内部联络部门。

(5)组织制订合规管理程序以及合规指南,并评估合规管理程序和合规指南的适当性。

(6)积极主动地识别和评估与基金管理人经营活动相关的合规风险。

(7)收集、筛选可能预示潜在合规问题的数据,建立合规风险监测指标,按照风险矩阵衡量合规风险发生的可能性和影响,确定合规风险的优先考虑序列。

(8)实施充分且有代表性的合规风险评估和测试,确保各项政策和程序符合法律、规则和准则的要求。

(9)保持与监管机构日常的工作联系,跟踪和评估监管意见和监管要求的落实情况。

案例 13-1

监管对合规的重视日益提升,又有两家券商因为"合规问题"被罚。2020年1月3日,证监会对广发证券和东方证券出具行政处罚措施。过去半个月,共有7家券商因为"合规问题"被采取行政监管措施,监管层对于券商合规的监管态度日益趋严。

证监会在检查广发证券合规业务时发现,广发证券在合规领域存在四大问题:

一是该公司合规部门中,具有3年以上相关领域工作经历的合规人员数量占比不足1.5%;部分投行异地团队未配置专职合规人员。

二是部分合规人员薪酬低于公司同级别平均水平。

三是合规考核独立性不足,包括对合规总监考核指标包含业绩等影响合规考核独立性的指标;部分合规管理人员由业务部门考核或者允许业务部门对考核评级进行调整,合规总监对子公司督察长的考核权重不足100%。

四是部分重大决策、新产品和新业务未经合规总监合规审查等。

证监会表示,上述情况违反了《证券公司和证券投资基金管理公司合规管理办法》第十三条、第二十二条、第二十三条、第二十四条、第二十五条、第二十七条、第二十八条以及《证券公司合规管理实施指引》第二十七条、第二十八条、第三十一条的规定。按照《证券公司和证券投资基金管理公司合规管理办法》第三十二条的规定,证监会决定对广发证券采取出具警示函的行政监管措施。

广发证券经营管理层应当按照《证券公司和证券投资基金管理公司合规管理办法》的要求,切实履行合规管理职责,为合规总监、合规部门、合规人员履职提供充分的人力、物力、财力、技术支持和保障。

同样,证监会在对东方证券进行检查时也发现,东方证券在合规领域存在五大问题:

一是未将合规职责与风控职责严格区分,合规部内设风险经理岗,承担财富管理业务部、场外业务部、托管业务部风险管理职责。

二是部分分支机构合规人员不具备3年以上相关工作经验。

三是部分合规人员薪酬低于公司同级别平均水平。

四是对下属子公司现场合规检查不足,近三年仅开展过1次。

五是对合规有效性评估中发现问题的规范力度不足,2017年合规有效性评估发现的54项问题中,有22项尚未完成落实规范。

证监会表示,上述情况违反了《证券公司和证券投资基金管理公司合规管理办法》第二十一条、第二十三条、第二十四条、第二十八条、第三十一条以及《证券公司合规管理实施指引》第十八条、第二十二条的规定。

按照《证券公司和证券投资基金管理公司合规管理办法》第三十二条的规定,证监会决定对东方证券采取责令改正的行政监管措施。东方证券应当对上述问题予以整改,并于收到本决定之日起3个月内向上海证监局提交整改报告。公司经营管理层应当按照《证券公司和证券投资基金管理公司合规管理办法》的要求,切实履行合规管理职责,为合规总监、合规部门、合规人员履职提供充分的人力、物力、财力、技术支持和保障。

(案例来自证券时报)

通过上述典型案例,你可从中吸取哪些经验教训?

二、董事会的合规责任

基金管理人董事会设定公司的合规管理目标,审核、监督公司风险控制制度的有效执行,对合规管理的有效性承担责任。董事会可以下设合规与风险管理委员会,负责对公司经营管理与基金运作的风险控制及合法合规性进行审议、监督和检查,草拟公司风险管理战略,评估公司风险管理状况。

董事会履行以下合规管理职责:

(1)审议批准合规管理的基本制度。

(2)审议批准公司年度合规报告。

(3)决定解聘对发生重大合规风险负有主要责任或者领导责任的高级管理人员。

(4)决定督察长的聘任、解聘、考核及薪酬事项。

(5)建立与督察长的直接沟通机制。

(6)评估合规管理有效性,督促解决合规管理中存在的问题。

(7)公司章程规定的其他合规管理职责。

此外,中国证监会对基金管理公司的监管要求、整改通知及处罚措施等应当列入董事会的通报事项。经理层制订的整改方案以及公司合规运作情况的汇报应当列入董事会的审议范围。

三、监事会的合规责任

基金管理人设监事会,监事会向股东会负责。监事会依法行使下列职权:

(1)对公司董事和高级管理人员履行合规管理职责的情况进行监督。

(2)对发生重大合规风险负有主要责任或者领导责任的董事和高级管理人员提出罢免的建议。

监事会负责合规监督,这种监督职能的履行既要求会计监督,又要求业务监督,并且要求全方位监督即事前、事中与事后监督。监事会对经营管理的业务监督要求为:当董事或经理人员执行业务违反法律法规、公司章程以及从事登记营业范围之外的业务时,监事有权通知他们停止其行为;通知业务机构停止其违法行为。

四、督察长的合规责任

基金管理人应保证督察长的独立性。证券基金经营机构设督察长。督察长是高级管理人员,直接向董事会负责,对本公司及其工作人员的经营管理和执业行为的合规性进行审查、监督和检查。督察长不得兼任与合规管理职责相冲突的职务,不得负责管理与合规管理职责相冲突的部门。

证券基金经营机构的章程应当对督察长的职责、任免条件和程序等做出规定。

证券基金经营机构督察长应当组织拟定合规管理的基本制度和其他合规管理制度,督导下属各单位实施。合规管理的基本制度应当明确合规管理的目标、基本原则、机构设置及其职责、违法违规行为及合规风险隐患的报告、处理和责任追究等内容。法律法规和准则发生变动的,督察长应当及时建议董事会或高级管理人员并督导有关部门,评估其对合规管理的影响,修改、完善有关制度和业务流程。督察长应当对证券基金经营机构内部规章制度、重大决策、新产品和新业务方案等进行合规审查,并出具书面合规审查意见。

中国证监会及其派出机构、自律组织要求对证券基金经营机构报送的申请材料或报告进行合规审查的,督察长应当审查,并在该申请材料或报告上签署合规审查意见。其他相关高级管理人员等人员应当对申请材料或报告中基本事实和业务数据的真实性、准确性及完整性负责。

证券基金经营机构不采纳督察长的合规审查意见的,应当将有关事项提交董事会决定。

督察长应当按照中国证监会及其派出机构的要求和公司规定,对证券基金经营机构及其工作人员经营管理和执业行为的合规性进行监督检查。

督察长应当协助董事会和高级管理人员建立和执行信息隔离墙、利益冲突管理和反洗钱制度,按照公司规定为高级管理人员、下属各单位提供合规咨询、组织合规培训,指导和督促公司有关部门处理涉及公司和工作人员违法违规行为的投诉和举报。

督察长应当按照公司规定,向董事会、经营管理主要负责人报告证券基金经营机构经营管理合法合规情况和合规管理工作开展情况。

督察长发现证券基金经营机构存在违法违规行为或合规风险隐患的,应当依照公司章程规定及时向董事会、经营管理主要负责人报告,提出处理意见,并督促整改。督察长应当同时督促公司及时向中国证监会相关派出机构报告;公司未及时报告的,应当直接向中国证监会相关派出机构报告;有关行为违反行业规范和自律规则的,还应当向有关自律组织报告。

督察长应当及时处理中国证监会及其派出机构和自律组织要求调查的事项,配合中国证监会及其派出机构和自律组织对证券基金经营机构的检查和调查,跟踪和评估监管意见和监管要求的落实情况。

督察长应当将出具的合规审查意见、提供的合规咨询意见、签署的公司文件、合规检查工作底稿等与履行职责有关的文件、资料存档备查,并对履行职责的情况做记录。

五、管理层的合规责任

证券基金经营机构的高级管理人员负责落实合规管理目标,对合规运营承担责任,履行合规管理职责:

(1)建立健全合规管理组织架构,遵守合规管理程序,配备充足、适当的合规管理人员,并提供必要、充分的人力、物力、财力、技术支持和保障。

(2)发现违法违规行为及时报告、整改,落实责任追究。

(3)公司章程或者董事会确定的其他要求。

六、业务部门的合规责任

基金管理人各自的业务部门设置虽然存在差异,但是各业务部门及其员工都应当遵守合规规定。证券基金经营机构全体工作人员应当遵守与其执业行为有关的法律、法规和准则,主动识别、控制其执业行为的合规风险,并对其执业行为的合规性承担责任。

下属各单位及工作人员发现违法违规行为或者合规风险隐患时,应当主动及时向督察长报告。

案例分析 13-2

深圳铮峰巨业投资控股股东、董事长吴××实际控制25人名下的25个账户,集中资金优势,采用盘中拉升、对倒交易等方式操纵"丰华股份"等5股股价,共计获利1279.5万元。证监会决定对吴××"没一罚一",罚没金额合计达到2559.1万元。

证监会向深圳铮峰巨业投资有限公司控股股东、董事长吴××下达行政处罚决定书。根据吴××自认、其他涉案人员陈述、账户名义持有人指认、账户资金来源与去向、账户交易终端信息、账户交易特征等事实和证据,可以认定在2016年2月2日至6月3日期间,吴××实际控制使用安某、程某华、邓某、方某娟、高某、黄某斌、黄某凡、寇某妮、雷某德、李某梅、林某兰、林某兴、刘某娣、刘某艳、潘某、宋某欣、孙某蕾、魏某、吴某、吴某健、易某翔、余某、袁某1、袁某2、周某琴等25人名下的25个账户(以下简称账户组)。行政处罚决定书显示,2016年2月

2日至6月3日期间,吴××控制账户组先后操纵"丰华股份""拓日新能""粤水电""澳柯玛""海信科龙"等5只股票股价,证监会决定没收吴××违法所得12795320.60元,并处以12795320.60元的罚款。

(案例来自中国基金报)

通过这个案例的学习,我们应该清晰地认识到公司全体员工在市场行为和遵纪守法方面应保持最高标准,必须遵守相关的法律法规。

第三节　合规管理主要内容

前两节介绍了合规管理的概念以及具体机构设置。接下来我们就要对合规管理的主要内容进行学习。经过多年的发展完善,如今的合规管理内容已经涵盖了基金运行的方方面面,已经相对充实完整,在学习的时候要仔细理解、认真体会。

一、合规管理活动概述

基金管理人的合规管理旨在构造公司监督系统,对公司的决策系统、执行系统进行全程、动态的合规监控,监督的对象覆盖公司经营管理的全过程。基金管理人的合规管理涉及风险控制、公司治理、投资管理、监察稽核等内容。具体内容包括:

(1)定期传达监管要求,营造公司合规文化,提高员工合规意识。

(2)审核各业务部门对外签订的合同,控制风险,防范商业贿赂;审核业务部门修订的制度;负责审核公司对外披露的各类信息。

(3)根据法律法规及公司制度的要求,检查评估基金发行及日常运作中(销售、投资、运营)各项活动的合规性,防范运作风险。

(4)梳理整合各项法律法规、规章制度,开展合规培训。

(5)参与基金管理人的组织构架和业务流程再造、为新产品提供合规支持。

(6)开展法律咨询,协助外部律师共同处理公司法律纠纷以及投诉。

二、合规文化

你可能会问:为什么将合规文化放在合规管理活动的第一位呢? 合规文化说到底不过是"务虚",它有这么重要吗? 我们都知道,思想指导行为,如果一个企业在思想上都不重视合规文化,我们又怎能期望它行动上合规呢? 反过来,如果一个企业在思想上高度重视合规管理,用合规思想指导工作,即使该企业在具体执行中可能还有一定的瑕疵,我们也可以对其抱有厚望。

总而言之,合规文化建设是合规管理的重要组成部分。基金管理人的合规文化建设在现行体制下需要管理层亲自参与和重视,董事会和高级管理层应采取一系列措施,推进基金管理人的组织文化建设,促使所有员工包括高层管理人员在开展业务时都能遵守法律、规则和标准。基金管理人在组建内部的合规部门时,应遵循合规原则,而合规部门则应支持业务部门以职业操守为基础,建设蓬勃向上、富有活力的合规文化,从而促进形成高效的公司治理环境。同时,公司通过各种文化活动,来形成员工自觉合规的公司文化环境。

基金管理人加强合规文化建设,还应在以下四个方面努力:

(1)管理层对合规文化建设工作高度重视。

(2)加强合规管理部门与业务部门之间的信息交流和良好互动,实现资源共享。

(3)有效落实合规考核机制。

（4）积极推行全员合规理念，加强合规文化教育。

基金管理人可以通过完善公司治理来促进合规文化建设。公司治理应当强化制衡机制，明确股东会、董事会、监事会、经理层、督察长的职责权限，完善决策程序，形成协调高效、相互制衡的制度安排。上述组织机构和人员应当在法律、行政法规、中国证监会规定和公司章程规定的范围内行使职权。基金管理公司应当结合基金行业特点建立长效激励约束机制，营造规范、诚信、创新、和谐的合规文化。

三、合规政策

合规政策是基金管理人体现合规理念、培育合规文化、实现合规目标的纲领性、指导性的文件，对基金管理人开展合规工作提出了原则性要求。

（一）合规政策的制定

基金管理人的高级管理层负责制定书面的合规政策，并根据合规风险管理现状以及法律规则和准则的变化情况适时修订合规政策，报经董事会审议批准后传达给全体员工；定期评价各项合规政策和执行状况；若发现重大的合规问题，管理层必须立即向董事会汇报。

基金管理人的合规政策应明确所有员工和业务条线需要遵守的基本原则，以及识别和管理合规风险的主要程序，并对合规管理职能的有关事项做出规定，至少应包括：

①合规管理部门的功能和职责。

②合规管理部门的权限，包括享有与任何员工进行沟通并获取履行职责所需的任何记录或档案材料的权利等。

③督察长的合规管理职责。

④保证督察长和合规管理部门独立性的各项措施，包括确保督察长和合规管理人员的合规管理职责与其承担的任何其他职责之间不产生利益冲突等。

⑤合规管理部门与其他部门之间的协作关系。

⑥设立业务条线和分支机构合规管理部门的原则。

（二）合规政策的落实

公司经理层贯彻执行合规政策，确保发现违规事件时及时采取适当的纠正措施，并追究违规责任人的相应责任。

各业务部门应当遵循公司合规政策，研究制订本部门或业务单元业务决策和运作的各项制度流程并组织实施，定期对本部门的合规风险进行评估，对其合规管理的有效性负责。合规管理部门为合规风险的日常管理部门，主要负责识别、评估和监控基金管理人面临的合规风险，并向高级管理层和董事会提出合规建议和报告。

四、合规审核

合规审核是基金管理人的内部合规管理活动，随着基金行业合规要求的不断加强，基金行业合规审核越来越必要，其目标是把外部监督可能发现的问题及时在内部发现并进行有效的处理。合规审核能把公司可能受到的处罚降到最低。

一般来说，基金管理人的合规审核包含以下程序。

（一）制订合规审核机制

基金管理人在开展合规工作时，首先需要制订合规审核计划，需要列出审核的目标、步骤和流程。一旦审核开始，不能随意变更计划。一旦审核工作扩大规模，也需要及时修正审核机制。

（二）合规审核调查

基金管理人在公司内部开展合规审核时，可能出现内部人员不配合，刻意隐瞒实情，需要合规部门人员进行审核调查的情况。合规审核调查需要利用先进的技术包括数据分析技术，但审核调查手段不能干扰公司日常的业务运作。

（三）合规审核评价

合规审核工作需要进行阶段性的评估，这种评估可以引入第三方评估，将合规审核评价作为制订下一次审核计划的重要决策依据，同时，对审核工作人员的工作绩效也是一种评价，以便改进合规部门的工作。

五、合规检查

合规检查的主要目标是制度、程序和流程的执行情况。无论是基金公司的财务管理、公司治理结构，还是投资管理，这些检查的每项内容都有专门的法律法规及公司制度进行规范，合规检查主要看基金管理人业务部门是否落实了这些法律法规和公司制度。

一般来说，基金管理人合规部门的合规检查包括：

（1）公司是否独立运作。

（2）公平交易制度建设及执行情况。

（3）重大关联交易的执行情况。

（4）公司员工特别是投资、研究人员及其配偶、利害关系人的证券投资活动管理制度是否健全有效，是否存在利用基金未公开信息获取利益的情况。

（5）基金公司投资决策的依据，以及公司的规定和投资决策流程是否被突破。

（6）风险管理制度是否涵盖了不同风险控制环节；是否涵盖了对各类产品、业务的各类风险的管理；是否涵盖了基金运作及公司日常管理主要的业务风险；是否建立了有效的子公司业务风险管理制度和母子公司业务防火墙制度、关联交易制度等，防范可能出现的风险传递、利益冲突和利益输送。

六、合规培训

有效进行合规培训管理，通过一套完善的系统监控、跟踪和评估的流程，保证员工能够符合国家的法律和法规以及公司最新的合规政策、流程规范等，从而帮助公司全面实现既定目标，有效降低运作风险，并最终使合规培训成为基金管理人降低成本的关键。

基金管理人合规培训的具体内容包括：

（1）国家制定颁布的与基金行业有关的法律法规。

（2）公司内部的员工守则和各项业务的合规制度。

（3）案例警示教育。

这些内容涉及基金管理人风险管理指引、风险管理经验、基金公司及子公司内控评价、相关案例讲解等，也包括了解公司管理层的合规要求及经理层合规要求等。

七、合规投诉处理

正确处理投诉，是合规管理中的重要项目。合规部门收集事实并调查准确数据以便确认真正问题所在，记录相关投诉信息并处理，强调共同利益并且负责任地承诺解决问题，可以降低基金公司运作风险。

近年来，基金管理人的投诉集中在对部分基金业绩不理想、销售服务机构服务质量较差等方面。大多数基金公司建立了客户投诉的管理办法或处理流程等制度,建立了完整的投诉处理流程,明确了客服中心负责受理客户通过电话、传真、网络、信函、来访等方式提交的投诉,区分普通与重大投诉,规定了相关处理权限范围、处理流程与时限等。

第四节　合规风险的类型与管理措施

上一节我们学习了合规管理的主要内容,接下来我们要进一步分析主要类型的合规风险以及相应的管理措施,从而真正做到规避风险、预防损失,使合规管理真正落到实处,而非仅仅流于纸面。

一、合规风险的种类

合规风险是指因公司及员工违反法律法规、基金合同和公司内部规章制度等而导致公司可能遭受法律制裁、监管处罚、重大财务和声誉损失的风险。合规风险的主要种类包括投资合规性风险、销售合规性风险、信息披露合规性风险和反洗钱合规性风险。

合规风险不能简单视同于操作风险、声誉风险和道德风险:操作风险主要表现在操作环节和操作人员身上,但其背后往往潜藏着操作环节的不合理和操作人员缺乏合规守法意识;声誉风险是指由基金管理人经营、管理及其他行为或外部事件导致利益相关方对公司负面评价的风险;道德风险主要是指基金管理人员工为谋求私利故意采取不利于公司和行业的行为导致的风险。

合规风险在绝大多数情况下发生于基金管理人的制度决策层面和各级管理人员身上,往往带有制度缺陷和治理结构缺失。

二、合规风险的主要管理措施

(一)投资合规性风险

投资合规性风险是指基金管理人投资业务人员违反相关法律法规和公司内部规章遭到的处罚和损失可能性。基金管理投资合规性风险涉及的内容有:

(1)基金管理人未按法规及基金合同规定建立和管理投资对象备选库;基金管理人利用基金财产为基金份额持有人以外的第三方牟取利益。

(2)利用职务便利获取的内幕信息以外的其他未公开信息,从事或者明示、暗示他人从事相关交易活动,运用基金财产从事操纵证券交易价格及其他不正当的证券交易活动。

(3)不公平对待不同投资组合,直接或者通过与第三方的交易安排在不同投资组合之间进行利益输送。

(4)基金收益分配违规失信以及公司内控薄弱、从业人员未勤勉尽责,导致基金操作失误等风险事件。

根据《基金管理公司风险管理指引(试行)》,投资合规性风险管理主要措施包括:

(1)建立有效的投资流程和投资授权制度。

(2)通过在交易系统中设置风险参数,对投资的合规风险进行自动控制,对于无法在交易系统中自动控制的投资合规限制,应通过加强手工监控、多人复核等措施予以控制。

(3)重点监控组合投资中是否存在内幕交易、利益输送和不公平对待不同投资者等行为。

（4）对交易异常行为进行定义，并通过事后评估对交易行为进行监控，加强对异常交易的跟踪、监测和分析。

（5）每日跟踪合规性指标执行情况，确保合规性指标符合法律法规和基金合同的规定。

（6）关注估值政策和估值方法隐含的风险，定期评估第三方估值服务机构的估值质量。

（二）销售合规性风险

基金管理人的销售环节是基金市场竞争的核心，相关业务人员为了提高销售业绩和争抢客户，出现违反相关法律法规和公司规章，为基金管理人带来处罚和声誉损失的风险，称为销售合规性风险。

根据《基金管理公司风险管理指引（试行）》等规定，销售合规性风险管理主要措施包括：

（1）对宣传推介材料进行合规审核。

（2）对销售协议的签订进行合规审核，对销售机构签约前进行审慎调查，严格选择合作的基金销售机构。

（3）制定适当的销售政策和监管措施，防范销售人员违法违规和违反职业操守。

（4）加强销售行为的规范和监督，防止延时交易、商业贿赂、误导、欺诈和不公平对待投资者等违法违规行为的发生。

（三）信息披露合规性风险

基金管理人信息披露合规性风险是指基金管理人在信息披露过程中，违反相关法律法规和公司规章，对基金投资者形成了误导或对基金行业造成了不良影响，受到处罚和声誉损失的风险。根据《基金管理公司风险管理指引（试行）》，信息披露合规性风险管理主要措施包括：

（1）建立信息披露风险责任制，将应披露的信息落实到各相关部门，并明确其对提供的信息的真实、准确、完整和及时性负全部责任。

（2）信息披露前应经过必要的合规性审查。

（四）反洗钱合规性风险

反洗钱合规性风险是基金管理人违反相关法律法规和公司内部规章，违反公平交易原则，利用不同身份账户进行非法资金转移，受到相关处罚和损失的风险。

根据《基金管理公司风险管理指引（试行）》，反洗钱合规性风险管理措施主要包括：

（1）建立风险导向的反洗钱防控体系，合理配置资源。

（2）制订严格有效的开户流程，规范对客户的身份认证同授权资格的认定，对有关客户的身份证明材料予以保存。

（3）从严监控客户核心资料信息修改、非交易过户和异户资金划转。

（4）严格遵守资金清算制度，对现金支付进行控制和监控。

（5）建立符合行业特征的客户风险识别和可疑交易分析机制。

本章小结

1. 基金管理人的合规管理指证券基金经营机构制定和执行合规管理制度，建立合规管理机制，防范合规风险的行为。

2. 合规管理的基本原则有独立性原则、客观性原则、公正性原则、专业性原则与协调性原则。

3.掌握合规管理机构设置及其责任。了解董事会、监事会、督察长、管理层以及业务部门的合规管理职责。

4.掌握合规管理主要内容包括：加强合规文化建设，认真开展合规政策的制定与执行，加强合规审核与检查，进行合规培训，出现投诉时及时正确处理。

5.合规风险的主要种类包括投资合规性风险、销售合规性风险、信息披露合规性风险和反洗钱合规性风险。

思考与练习

1.什么是基金管理人的合规管理？合规管理的重要意义是什么？

2.合规管理部门设置的原则及其责任有哪些？

3.合规管理主要内容是什么？

4.合规风险的主要种类包括什么？如何管理每种风险？

5.进一步分析讨论案例13-1,有什么值得引起警示的教训？

第十四章　投资基金信息披露

本章提要

　　基金信息披露对于约束基金管理人行为、规避风险、保护相关人员合法权益和促进我国基金市场发展有着极为重要的意义。第一节介绍投资基金信息披露的作用、原则和内容以及禁止行为;第二节介绍基金主要当事人的信息披露义务;第三节介绍基金募集信息披露;第四节介绍基金运作信息披露;第五节介绍特殊基金品种的信息披露。

第一节　投资基金信息披露概述

　　我们常说"阳光是最好的消毒剂",投资基金信息披露有助于人们更加深入地了解和信任基金、使基金接受社会监督,可以提升人们对基金市场的信心。

一、基金信息披露的作用、原则和内容

　　基金信息披露是指基金市场上的有关当事人在基金募集、上市交易、投资运作等一系列环节中,依照法律法规规定向社会公众进行的信息公开。

(一)基金信息披露的作用

　　依靠强制性信息披露,培育和完善市场运行机制,增强市场参与各方对市场的理解和信心,是世界各国(地区)证券市场监管的普遍做法,基金市场作为证券市场的组成部分也不例外。基金信息披露的作用主要表现在四个方面。

　　1.有利于投资者的价值判断

　　在基金份额的募集过程中,投资者能根据信息披露文件选择适合自己风险偏好和收益预期的基金产品。在基金运作过程中,持有人可以根据信息披露文件了解基金投资是否符合基金合同的承诺,从而判定该基金产品是否值得继续持有。

　　2.有利于防止利益冲突与利益输送

　　基金信息披露可以改变投资者的信息弱势地位,增加资本市场的透明度,防止利益冲突与利益输送,增加对基金运作的公众监督,限制和防范基金管理不当和欺诈行为的发生。

　　3.有利于提高证券市场的效率

　　强制性信息披露,能迫使隐藏的信息得以及时和充分的公开,从而消除逆向选择和道德风险等问题带来的低效无序状况,提高证券市场的效率。

　　4.能有效防止信息滥用

　　如果法规不对基金信息披露进行规范,任由不充分、不及时、虚假的信息得以传播,那么市

场上便会充斥着各种猜测,投资者可能会受这种市场"噪声"的影响而做出错误的投资决策,甚至给基金运作带来致命性打击,这将不利于整个行业的长远稳定发展。

(二)基金信息披露的原则

1.从披露内容上看

披露内容要贯彻真实性原则、准确性原则、完整性原则、及时性原则、公平性原则等五项原则。

(1)真实性原则。该原则是基金信息披露最根本、最重要的原则,它要求披露的信息应当以客观事实为基础,以没有扭曲和不加粉饰的方式反映真实状态。

(2)准确性原则。该原则要求用精确的语言披露信息,在内容和表达方式上不使人误解,不得使用模棱两可的语言。

(3)完整性原则。该原则要求披露所有可能影响投资者决策的信息,在披露某一具体信息时,必须对该披露信息的所有重要方面进行充分的披露,不仅披露对信息披露义务人有利的信息,更要披露对信息披露义务人不利的各种风险因素。

(4)及时性原则。该原则要求以最快的速度公开信息,体现在基金管理人应在法定期限内披露基金招募说明书、定期报告等文件,在重大事件发生之日起 2 日内披露临时报告(及时性原则还要求公开披露信息处于最新状态)。

(5)公平性原则。该原则要求将信息向市场上所有的投资者平等公开地披露,而不是仅向个别机构或投资者披露。

2.从披露形式上看

披露形式要贯彻规范性、易解性、易得性三项原则。

(1)规范性原则。该原则要求基金信息必须按照法定的内容和格式进行披露,以保证披露信息的可比性。

(2)易解性原则。该原则要求信息披露的表述应当简明扼要、通俗易懂,避免使用冗长、技术性用语。

(3)易得性原则。该原则要求公开披露的信息易为一般公众投资者获取。

(三)我国的基金信息披露制度体系

我国的基金信息披露制度体系可分为国家法律、部门规章、规范性文件与自律性规则四个层次。

(1)第一个层次,国家法律:《中华人民共和国证券投资基金法》。

(2)第二个层次,部门规章:《公开募集证券投资基金信息披露管理办法》。

(3)第三个层次,规范性文件:《证券投资基金信息披露编报规则》《证券投资基金信息披露XBRL 模板》《证券投资基金信息披露内容与格式准则》等。

(4)第四个层次,自律性规则:证券交易所业务规则、证券交易所 ETF 业务实施细则、证券交易所 LOF 业务规则与业务指引等。

(四)基金信息披露的内容

基金信息披露的内容包括以下方面:

(1)基金招募说明书。

(2)基金合同。

（3）基金托管协议。

（4）基金产品资料概要。

（5）基金份额发售公告。

（6）基金募集情况。

（7）基金份额上市交易公告书。

（8）基金资产净值、基金份额净值。

（9）基金份额申购、赎回价格。

（10）基金定期报告，包括年度报告、半年度报告和季度报告（含资产组合季度报告）。

（11）临时报告。

（12）基金份额持有人大会决议。

（13）基金管理人、基金托管人的专门基金托管部门的重大人事变动。

（14）涉及基金财产、基金管理业务、基金托管业务的诉讼或者仲裁。

（15）澄清公告。

（16）清算报告。

（17）中国证监会规定的其他信息。

二、基金信息披露的禁止行为

基金信息披露的禁止行为包括：

（1）虚假记载、误导性陈述或者重大遗漏（扰乱市场正常秩序、侵害投资者合法权益，属于严重的违法行为）。

①虚假记载是指信息披露义务人将不存在的事实在基金信息披露文件中予以记载的行为。

②误导性陈述是指使投资者对基金投资行为发生错误判断并产生重大影响的陈述。

③重大遗漏是指披露中存在应披露而未披露的信息以至于影响投资者做出正确决策。

（2）对证券投资业绩进行预测。对基金的证券投资业绩水平进行预测并不科学，应予以禁止。

（3）违规承诺收益或者承担损失。如果基金信息披露中违规承诺收益或承担损失，则将被视为对投资者的诱骗及进行不正当竞争。

（4）诋毁其他基金管理人、基金托管人或者基金销售机构。如果基金管理人、托管人或者基金销售机构对其他同行进行诋毁、攻击，借以抬高自己，则将被视为违反市场公平原则，扰乱市场秩序，构成一种不正当竞争行为。

（5）登载任何自然人、法人或者其他组织的祝贺性、恭维性或推荐性的文字。

（6）中国证监会禁止的其他行为。

第二节 基金主要当事人的信息披露义务

在了解了基金信息披露的基本知识之后，本节我们要进一步学习基金主要当事人的信息披露的主要内容。只有具体了解各主要当事人都要具体披露哪些内容，我们才能对基金信息披露有一个更加全面的了解。

一、基金管理人信息披露的主要内容

(1)向中国证监会提交基金合同草案、托管协议草案、招募说明书草案等募集申请材料。

(2)在基金合同生效的次日,在指定报刊和管理人网站上登载基金合同生效公告。

(3)开放式基金合同生效后每6个月结束之日起45日内,将更新的招募说明书登载在管理人网站上,更新的招募说明书摘要登载在指定报刊上;在公告的15日前,应向中国证监会报送更新的招募说明书,并就更新内容提供书面说明。

(4)基金拟在证券交易所上市的,应向交易所提交上市交易公告书等上市申请材料。

(5)至少每周公告一次封闭式基金的资产净值和份额净值。

(6)在每年结束后90日内,在指定报刊上披露年度报告摘要,在管理人网站上披露年度报告全文。

(7)当发生对基金份额持有人权益或者基金价格产生重大影响的事件时,应在2日内编制并披露临时报告书,并分别报中国证监会及地方证监局备案。封闭式基金还应在披露临时报告前,送往基金上市的证券交易所审核。

(8)当媒体报道或市场流传的消息可能对基金价格产生误导性影响或引起较大波动时,管理人应在知悉后立即对该消息进行公开澄清,将有关情况报告中国证监会及基金上市的证券交易所。

(9)管理人召集基金份额持有人大会的,应至少提前30日公告大会的召开时间、会议形式、审议事项、议事程序和表决方式等事项。会议召开后,应将持有人大会决定的事项报中国证监会核准或备案,并予公告。

(10)基金管理人职责终止时,应聘请会计师事务所对基金财产进行审计,并将审计结果予以公告,同时报中国证监会备案。

除依法披露基金财产管理业务活动相关的事项外,对管理人运用固有资金进行基金投资的事项,基金管理人也应履行相关披露义务。

二、基金托管人信息披露的主要内容

基金托管人的信息披露义务主要是办理与基金托管业务活动有关的信息披露事项,具体涉及基金资产保管、代理清算交割、会计核算、净值复核、投资运作监督等环节。

(1)在基金份额发售的3日前,将基金合同、托管协议登载在托管人网站上。

(2)对公开披露的相关基金信息进行复核、审查,并向基金管理人出具书面文件或者盖章确认。

(3)在基金半年度报告及年度报告中出具托管人报告。

(4)当基金发生涉及托管人及托管业务的重大事件时,托管人应当在事件发生之日起2日内编制并披露临时公告书,并报中国证监会及地方证监局备案。

(5)基金托管人召集基金份额持有人大会的,应至少提前30日公告大会的召开时间、会议形式、审议事项、议事程序和表决方式等事项。会议召开后,应将持有人大会决定的事项报中国证监会核准或备案,并予公告。

(6)基金托管人职责终止时,应聘请会计师事务所对基金财产进行审计,并将审计结果予以公告,同时报中国证监会备案。

三、基金份额持有人的信息披露义务

基金份额持有人的信息披露义务主要体现在与基金份额持有人大会相关的披露义务。根据《中华人民共和国证券投资基金法》,当代表基金份额 10％以上的基金份额持有人就同一事项要求召开持有人大会,而基金份额持有人大会的日常机构、基金管理人和托管人都不召集的时候,代表基金份额 10％以上的持有人有权自行召集,并报中国证监会备案。此时,该类持有人应至少提前 30 日公告持有人大会的召开时间、会议形式、审议事项、议事程序和表决方式等事项。会议召开后,如果基金管理人和托管人对持有人大会决定的事项不履行信息披露义务的,召集基金持有人大会的基金份额持有人应当履行相关的信息披露义务。另外,有时公开披露的基金信息需要由中介机构出具意见书。

第三节　基金募集信息披露

基金信息披露除了当事人的披露业务,还包括其他方面的信息披露,这其中就有本节要阐述的基金募集信息披露内容。

基金合同、基金托管协议和基金招募说明书是基金募集期间的三大信息披露文件。

一、基金合同、托管协议等法律文件应包含的重要内容

（一）基金合同

基金合同是约定基金管理人、基金托管人和基金份额持有人权利义务关系的重要法律文件。

1.基金合同的主要披露事项

（1）募集基金的目的和基金名称。

（2）基金管理人、基金托管人的名称和住所。

（3）基金运作方式。基金管理人运用基金财产进行证券投资,采用资产组合方式的,其资产组合的具体方式和投资比例,也要在基金合同中约定。

（4）封闭式基金的基金份额总额和基金合同期限,或者开放式基金的最低募集份额总额。

（5）确定基金份额发售日期、价格和费用的原则。

（6）基金份额持有人、基金管理人和基金托管人的权利与义务。

（7）基金份额持有人大会召集、议事及表决的程序和规则。

（8）基金份额发售、交易、申购、赎回的程序、时间、地点、费用计算方式以及给付赎回款项的时间和方式。

（9）基金收益分配原则、执行方式。

（10）作为基金管理人、基金托管人报酬的管理费、托管费的提取、支付方式与比例。

（11）与基金财产管理、运用有关的其他费用的提取、支付方式。

（12）基金财产的投资方向和投资限制。

（13）基金资产净值的计算方法和公告方式。

（14）基金募集未达到法定要求的处理方式。

（15）基金合同解除和终止的事由、程序以及基金财产清算方式。

（16）争议解决方式。

2.基金合同所包含的重要信息

（1）基金投资运作安排和基金份额发售安排方面的信息。例如:基金运作方式,运作费用,

基金发售、交易、申购、赎回的相关安排,基金投资基本要素,基金估值和净值公告等事项。此类信息一般也会在基金招募说明书中出现。

(2)基金合同特别约定的事项。

①基金当事人的权利和义务,特别是基金份额持有人的权利。

②基金持有人大会的召集、议事及表决的程序和规则。根据《中华人民共和国证券投资基金法》,提前终止基金合同、转换基金运作方式、提高管理人或托管人的报酬标准、更换管理人或托管人等事项均需要通过基金份额持有人大会审议通过。持有人大会是基金份额持有人维权的一种方式,基金合同当事人应当在基金合同中明确约定持有人大会的召开议事规则等事项。

③基金合同终止的事由、程序及基金财产的清算方式。基金合同一旦终止,基金财产就进入清算程序,对于清算后的基金财产,投资者享有分配权。

(二)基金托管协议

基金托管协议是基金管理人和基金托管人签订的协议,主要目的在于明确双方在基金财产保管、投资运作、净值计算、收益分配、信息披露及相互监督等事宜中的权利、义务及职责,确保基金财产的安全,保护基金份额持有人的合法权益。基金托管协议包含两类重要信息:

(1)基金管理人和基金托管人之间的相互监督和核查。例如,基金托管人应依据法律法规和基金合同的约定,对基金投资对象、投资范围、投融资比例、投资禁止行为、基金参与银行间市场的信用风险控制等进行监督;基金管理人应对基金托管人履行账户开设、净值复核、清算交收等托管职责情况进行核查。

(2)协议当事人权责约定中事关持有人权益的重要事项。例如,当事人在净值计算和复核中重要环节的权责,包括基金管理人与基金托管人依法自行商定估值方法的情形和程序,基金管理人或基金托管人发现估值未能维护持有人权益时的处理,估值错误时的处理及责任认定,等等。

二、招募说明书的重要内容

基金招募说明书是基金管理人为发售基金份额而依法制作的,供投资者了解管理人基本情况、说明基金募集有关事宜、指导投资者认购基金份额的规范性文件。其编制原则是,基金管理人应将所有对投资者做出投资判断有重大影响的信息予以充分披露,以便投资者更好地做出投资决策。

(一)招募说明书的主要披露事项

(1)招募说明书摘要。

(2)基金募集申请的核准文件名称和核准日期。

(3)基金管理人、基金托管人的基本情况。

(4)基金份额的发售日期、价格、费用和期限。

(5)基金份额的发售方式、发售机构及登记机构名称。

(6)基金份额申购、赎回的场所、时间、程序、数额与价格,拒绝或暂停接受申购、暂停赎回或延缓支付、巨额赎回的安排等。

(7)基金的投资目标、投资方向、投资策略、业绩比较基准、投资限制。

(8)基金资产的估值。

(9)基金管理人和基金托管人的报酬及其他基金运作费用的费率水平、收取方式。

（10）基金认购费、申购费、赎回费、转换费的费率水平、计算公式、收取方式。

（11）出具法律意见书的律师事务所和审计基金财产的会计师事务所的名称和住所。

（12）风险警示内容。

（13）基金合同和基金托管协议的内容摘要。

（二）招募说明书包含的重要信息

作为投资者，应对招募说明书中的下列信息予以重点关注：

（1）基金运作方式。不同运作方式的基金，其交易场所和方式不同，基金产品的流动性不同：

①封闭式基金主要通过交易所进行交易；开放式基金主要在基金的直销和代销网点申购和赎回。

②个别开放式基金品种，如 ETF 既可在交易所上市交易，也可在一级市场上以组合证券进行申购和赎回。

（2）从基金资产中列支的费用的种类、计提标准和方式。不同类别基金的管理费和托管费水平存在差异。即使是同一类别的基金，计提管理费的方式也可能不同：

①有的管理人会在招募说明书中约定，如果基金资产净值低于某一标准将停止计提管理费。

②对于一些特殊的基金品种，如货币市场基金，不仅计提管理费和托管费，还计提销售服务费用。

（3）基金份额的发售、交易、申购、赎回的约定，特别是买卖基金费用的相关条款。例如，不同开放式基金的申购、赎回费率可能不同。即使是同一开放式基金品种，由于买卖金额不同、收费模式不同（如前端收费和后端收费），也可能采用不同的费率水平。有的基金品种，如货币市场基金是不收取申购和赎回费的。

（4）基金投资目标、投资范围、投资策略、业绩比较基准、风险收益特征、投资限制等。这是招募说明书中最为重要的信息，因为它体现了基金产品的风险收益水平，可以帮助投资者选择与自己风险承受能力和收益预期相符的产品。与此同时，投资者通过将此信息同基金存续期间披露的运作信息进行比较，可以判断基金管理人遵守基金合同的情况，从而决定是否继续信赖管理人。

（5）基金资产净值的计算方法和公告方式。由于开放式基金是按照基金份额净值进行申购和赎回的，而封闭式基金的交易价格一般也是围绕基金份额净值上下波动的，因此，基金资产净值与投资基金的成本息息相关。对于投资者来说，除了解基金估值的原则和方法外，还应清楚基金资产净值的公告方式，便于及时了解净值信息。

（6）基金风险提示。在招募说明书封面的显著位置，管理人一般会做出"基金过往业绩不预示未来表现；不保证基金一定盈利，也不保证最低收益"等风险提示。在招募说明书正文，管理人还会就基金产品的各项风险因素进行分析，并列明与特定基金品种、特定投资方法或特定投资对象相关的特定风险。

（7）招募说明书摘要。该部分出现在每 6 个月更新的招募说明书中，主要包括基金投资基本要素、投资组合报告、基金业绩和费用概览、招募说明书更新说明等内容，可谓是招募说明书内容的精华。在基金存续期的募集过程中，投资者只需阅读该部分信息，即可了解基金产品的基本特征、过往投资业绩、费用情况以及近 6 个月来与基金募集相关的最新信息。

第四节　基金运作信息披露

基金运作信息披露文件主要包括基金净值公告、基金定期公告以及基金上市交易公告书等。

一、基金净值公告的种类及披露时效性要求

(一)基金净值公告的种类

普通基金净值公告主要包括基金资产净值、份额净值和份额累计净值等信息。

(二)披露时效性要求

封闭式基金和开放式基金在披露净值公告的周期上有所不同,具体如下:

(1)封闭式基金一般至少每周披露1次资产净值和份额净值。

(2)开放式基金在其开放申购和赎回前,一般至少每周披露1次资产净值和份额净值;开放申购和赎回后,则会披露每个开放日的份额净值和份额累计净值。

二、货币市场基金信息披露的特殊规定

(一)收益公告

货币市场基金每日分配收益,份额净值保持1元不变,因此,货币市场基金不像其他类型基金那样定期披露份额净值,而是需要披露收益公告,包括每万份基金收益和最近7日年化收益率。按照披露时间的不同,货币市场基金收益公告可分为三类:封闭期的收益公告、开放日的收益公告和节假日的收益公告。

(二)偏离度公告

当影子定价所确定的基金资产净值超过摊余成本法计算的基金资产净值(即产生正偏离)时,表明基金组合中存在浮盈;反之,当存在负偏离时,则基金组合中存在浮亏,此时,若基金投资组合的平均剩余期限和融资比例仍较高,则该基金隐含的风险较大。

目前,按我国基金信息披露法规要求,当偏离达到一定程度时,货币市场基金应刊登偏离度信息,主要包括以下三类:

(1)在临时报告中披露偏离度信息。

(2)在半年度报告和年度报告中披露偏离度信息。

(3)在投资组合报告中披露偏离度信息。

三、基金定期公告的相关规定

(一)基金季度报告

基金管理人应当在每个季度结束之日起15个工作日内,编制完成基金季度报告,并将季度报告登载在指定报刊和网站上。基金合同生效不足2个月的,基金管理人可以不编制当期季度报告、半年度报告或年度报告。

基金季度报告主要包括基金概况、主要财务指标和净值表现、管理人报告、投资组合报告、开放式基金份额变动等内容。

(二)基金半年度报告

基金管理人应当在上半年结束之日起60日内,编制完成基金半年度报告,并将半年度报告正文登载在指定网站上,将半年度报告摘要登载在指定报刊上。与年度报告相比,半年度报

告的披露有以下特点:

(1)半年度报告不要求进行审计。

(2)半年度报告只需披露当期的主要会计数据和财务指标,而年度报告应提供最近3个会计年度的主要会计数据和财务指标。

(3)半年度报告披露净值增长率列表的时间段与年度报告有所不同。

(4)半年度报告无须披露近3年每年的基金收益分配情况。

(5)半年度报告的管理人报告无须披露内部监察报告。

(6)财务报表附注的披露不同。

(7)重大事件揭示中,半年度报告只报告期内改聘会计师事务所的情况,无须披露支付给聘任会计师事务所的报酬及事务所已提供审计服务的年限等。

(三)基金年度报告

基金年度报告是基金存续期信息披露中信息量最大的文件。应当在每年结束之日起90日内编制完成基金年度报告,并将年度报告正文登载于指定网站上,将年度报告摘要登载在指定报刊上。基金年度报告的财务会计报告应当经过审计。具体而言,基金年度报告的主要内容如下:

1.基金管理人和托管人在年度报告披露中的责任

(1)管理人是基金年度报告的编制者和披露义务人,因此,管理人及其董事应保证年度报告的真实、准确和完整,承诺其中不存在虚假记载、误导性陈述或重大遗漏,并就其保证承担个别及连带责任。为了进一步保障基金信息质量,法规规定基金年度报告应经2/3以上独立董事签字同意,并由董事长签发;如个别董事对年度报告内容的真实、准确、完整无法保证或存在异议,应当单独陈述理由和发表意见;未参会董事应当单独列示其姓名。

(2)托管人在年度报告披露中的责任主要是一些与托管职责相关的披露责任。

2.正文与摘要的披露

目前基金年度报告采用在管理人网站上披露正文、在指定报刊上披露摘要两种方式,基金管理人披露的正文信息应力求充分、详尽,摘要应力求简要揭示重要的基金信息。

3.关于年度报告中的重要提示

为明确信息披露义务人的责任,提醒投资者注意投资风险,目前法规规定应在年度报告的扉页就以下方面做出提示:

(1)管理人和托管人的披露责任。

(2)管理人管理和运用基金资产的原则。

(3)投资风险提示。

(4)年度报告中注册会计师出具非标准无保留意见的提示。

4.基金财务指标的披露

基金年度报告中应披露以下财务指标:本期利润、本期利润扣减本期公允价值变动损益后的净额、加权平均份额本期利润、期末可供分配利润、期末可供分配份额利润、期末资产净值、期末基金份额净值、加权平均净值利润率、本期份额净值增长率和份额累计净值增长率等。其中,净值增长指标是目前较为合理的评价基金业绩表现的指标。

5.基金净值表现的披露

基金资产净值信息是基金资产运作成果的集中体现。目前,法规要求在基金年度报告、半年度报告、季度报告中以图表形式披露基金的净值表现。

6.管理人报告的披露

管理人报告是基金管理人就报告期内管理职责履行情况等事项向投资者进行的汇报。

7.基金财务会计报告的编制与披露

(1)基金财务报表包括报告期末及其前一个年度末的比较式资产负债表,该两年度的比较式利润表,该两年度的比较式所有者权益(基金净值)变动表。

(2)财务报表附注的披露。基金财务报表附注主要是对报表内未提供的或披露不详尽的内容做进一步的解释说明。

8.基金投资组合报告的披露

基金年度报告中的投资组合报告应披露以下信息:期末基金资产组合,期末按行业分类的股票投资组合,期末按市值占基金资产净值比例大小排序的所有股票明细,报告期内股票投资组合的重大变动,期末按券种分类的债券投资组合,期末按市值占基金资产净值比例大小排序的前5名债券明细,投资贵金属、股指期货、国债期货等情况,投资组合报告附注等。

9.基金持有人信息的披露

基金年度报告披露的持有人信息主要有:

(1)上市基金前10名持有人的名称、持有份额及占总份额的比例。

(2)持有人结构,包括机构投资者、个人投资者持有的基金份额及占总份额的比例。

(3)持有人户数及户均持有基金份额。

10.开放式基金份额变动的披露

法规要求在年度报告中披露开放式基金合同生效日的基金份额总额、报告期内基金份额的变动情况。报告期内基金合同生效的基金,应披露自基金合同生效以来基金份额的变动情况。

四、基金上市交易公告书和临时信息披露的相关规定

(一)基金上市交易公告书的相关规定

凡是根据有关法律法规发售基金份额并申请在证券交易所上市交易的基金,基金管理人均应编制并披露基金上市交易公告书。目前,披露上市交易公告书的基金品种主要有封闭式基金、上市开放式基金(LOF)和交易型开放式指数基金(ETF)以及分级基金子份额。

基金上市交易公告书的主要披露事项包括:基金概况、基金募集情况与上市交易安排、持有人户数、持有人结构及前10名持有人、主要当事人介绍、基金合同摘要、基金财务状况、基金投资组合报告、重大事件揭示等。

(二)基金临时信息披露的相关规定

1.关于基金信息披露的重大性标准

各国(地区)信息披露所采用的"重大性"概念有以下两种标准:

(1)影响投资者决策的标准。按照这一种标准,如果可以合理地预期某种信息将会对理性投资者的投资决策产生重大影响,则该信息为重大信息,应及时予以披露。

（2）影响证券市场价格的标准。按照这一种标准，如果相关信息足以导致或可能导致证券价值或市场价格发生重大变化，则该信息为重大信息，应予披露。

2. 基金临时报告

对于重大性的界定，我国基金信息披露法规采用较为灵活的标准，即"影响投资者决策的标准"或者"影响证券市场价格的标准"。如果预期某种信息可能对基金份额持有人权益或者基金份额的价格产生重大影响，则该信息为重大信息，相关事件为重大事件，信息披露义务人应当在重大事件发生之日起 2 日内编制并披露临时报告书。

基金的重大事件可包括：基金份额持有人大会的召开，提前终止基金合同，延长基金合同期限，转换基金运作方式，更换基金管理人或托管人，基金管理人的董事长、总经理及其他高级管理人员、基金经理和基金托管人的基金托管部门负责人发生变动，涉及基金管理人、基金财产、基金托管业务的诉讼，基金份额净值计价错误金额达基金份额净值的 0.5%，开放式基金发生巨额赎回并延期支付，等等。

3. 基金澄清公告

在基金合同期限内，任何公共媒体中出现的或者在市场上流传的消息可能对基金份额价格或者基金投资者的申购、赎回行为产生误导性影响的，相关信息披露义务人知悉后应当立即对该消息进行公开澄清。

第五节　特殊基金品种的信息披露

在前几节我们学习了一些基金信息披露的常规知识，接下来我们将学习一些特殊基金品种的信息披露的要点，这其中包括一些之前没有提及的、需要特别加以注意的要求与规定。

一、QDII 信息披露的特殊规定及要求

QDII 基金将其全部或部分资金投资于境外证券，基金管理人可能会聘请境外投资顾问为其境外证券投资提供咨询或组合管理服务，基金托管人可能会委托境外资产托管人负责境外资产托管业务。

（一）信息披露所使用的语言及币种选择

QDII 基金在披露相关信息时，可同时采用中文和英文，并以中文为准，可单独或同时以人民币、美元等主要外汇币种计算并披露净值信息。当涉及币种之间转换的，应披露汇率数据来源，并保持一致性。

（二）基金合同、招募说明书中的特殊披露要求

（1）境外投资顾问和境外托管人信息。基金管理公司在管理 QDII 基金时，如委托境外投资顾问、境外托管人，应在招募说明书中披露境外投资顾问和境外托管人的相关信息，包括境外投资顾问和境外托管人的名称、注册地址、办公地址、法定代表人、成立时间，境外投资顾问最近一个会计年度资产管理规模，主要负责人教育背景、从业经历、取得的从业资格和专业职称介绍，境外托管人最近一个会计年度实收资本、托管资产规模、信用等级等。

（2）投资交易信息。如 QDII 基金投资金融衍生品，应在基金合同、招募说明书中详细说明拟投资的衍生品种及其基本特性，拟采取的组合避险有效管理策略及采取的方式、频率。如 QDII 基金投资境外基金，应披露基金与境外基金之间的费率安排。

（3）投资境外市场可能产生的风险信息，包括境外市场风险、政府管制风险、政治风险、流动性风险、信用风险等的定义、特征及可能发生的后果。

（三）净值信息的披露频率要求

QDII 基金也是开放式基金，在其开放申购、赎回前，一般至少每周披露 1 次资产净值和份额净值；开放申购、赎回后，则需要披露每个开放日的份额净值和份额累计净值。QDII 基金的净值在估值日后 1～2 个工作日内披露。

（四）定期报告中的特殊披露要求

（1）境外投资顾问和境外资产托管人信息。在基金定期报告的产品概况部分中披露境外投资顾问和境外资产托管人的基本情况，在定期报告的管理人报告部分中披露境外投资顾问为基金提供投资建议的主要成员的情况。

（2）境外证券投资信息。在基金投资组合报告中，QDII 基金将根据证券所在证券交易所的不同，列表说明期末在各个国家（地区）证券市场的权益投资分布情况，除股票投资和债券投资明细外，还会披露基金投资明细及金融衍生品组合情况。

（3）外币交易及外币折算相关的信息。例如，在报表附注中披露外币交易及外币折算采用的会计政策，计入当期损益的汇兑损益等。

（五）临时公告中的特殊披露要求

当 QDII 基金发生变更境外托管人、变更投资顾问、投资顾问主要负责人变动、涉及境外诉讼等重大事件时，应在事件发生后及时披露临时公告，并在更新的招募说明书中予以说明。

二、ETF 信息披露的特殊规定及要求

（1）在基金合同和招募说明书中，需明确基金份额的各种认购、申购、赎回方式，以及投资者认购、申购、赎回基金份额涉及的对价种类等。

（2）基金上市交易之后，需按交易所的要求，在每日开市前披露当日的申购、赎回清单，并在交易时间内即时揭示基金份额参考净值（IOPV）。

①在每日开市前，基金管理人需向证券交易所、证券登记结算机构提供 ETF 的申购、赎回清单，并通过基金公司官方网站和证券交易所指定的信息发布渠道予以公告。对于当日发布的申购、赎回清单，当日不得修改。申购、赎回清单主要包括最小申购、赎回单位对应的各组合证券名称、证券代码及数量、现金替代标志等内容。

②交易日的基金份额净值除了按规定于次日（跨境 ETF 可以为次 2 个工作日）在指定报刊和管理人网站披露外，也将通过证券交易所的行情发布系统于次个交易日（跨境可以为次 2 个工作日）揭示。

③在交易时间内，证券交易所根据基金管理人提供的基金份额参考净值计算方式、申购和赎回清单中的组合证券等信息，实时计算并公布基金份额参考净值。可见，基金份额参考净值是指在交易时间内，申购和赎回清单中组合证券（含预估现金部分）的实时市值，主要供投资者交易、申购和赎回基金份额时参考。

（3）对 ETF 的定期报告，按法规对上市交易指数基金的一般要求进行披露，无特别的披露事项。

本章小结

1.基金信息披露是指基金市场上的有关当事人在基金募集、上市交易、投资运作等一系列环节中,依照法律法规规定向社会公众进行的信息公开。基金信息披露的作用主要表现在四个方面:

(1)有利于投资者的价值判断。

(2)有利于防止利益冲突与利益输送。

(3)有利于提高证券市场的效率。

(4)能有效防止信息滥用。

2.基金合同、基金托管协议和基金招募说明书是基金募集期间的三大信息披露文件。

3.基金运作信息披露文件主要包括基金净值公告、基金定期公告以及基金上市交易公告书等。

4.了解 QDII 基金与 ETF 基金信息披露中的特殊规定与要求。

思考与练习

1.什么是基金信息披露? 基金信息披露的意义是什么?

2.基金信息披露的原则有哪些?

3.请简要介绍我国的基金信息披露法律制度体系。

4.基金募集期间的三大信息披露文件有哪些?

5.基金运作信息披露文件主要有哪些?

第十五章　证券投资基金的监管

本章提要

基金监管对于约束基金管理人和其他基金服务机构(基金托管人、基金销售机构以及基金注册登记机构等)行为、保护投资者的合法权益、维护我国金融市场秩序稳定发展有着重要的意义。第一节介绍基金监管的概念、特征、监管体系、监管原则和监管目标;第二节介绍基金监管机构和行业自律组织;第三节介绍对基金管理人的监管;第四节介绍对公开募集基金的监管;第五节介绍对非公开募集基金的监管。

第一节　基金监管概述

这一节我们来讨论基金监管的概念、特征、监管体系、监管原则和监管目标。

一、基金监管的概念和特征

(一)基金监管的概念

基金监管,依据监管主体范围的不同,有广义和狭义两种理解。

(1)广义的基金监管是指有法定监管权的行政机构、基金行业自律组织、基金机构内部监督部门以及社会力量对基金市场、基金市场主体及其活动的监督或管理。

(2)狭义的基金监管一般专指行政监管,即有法定监管权的政府机构依法对基金市场、基金市场主体及其活动的监督和管理。

(二)基金监管的特征

(1)监管对象具有广泛性。行政监管机构对所有的基金机构及其从业人员乃至基金行业自律组织均有权监管。

(2)监管时间具有连续性。行政监管活动贯穿基金机构从设立直至终止的全过程,包括市场进入、市场活动和市场退出的各个方面,体现为事前、事中和事后监管的连续活动。

(3)监管主体及权限具有法定性。基金行业相关的法律法规明确规定行政监管机构及其权限和职责,行政监管机构依法行使其职权。

(4)监管活动具有强制性。基金监管的法律规定具有强制性规范的性质。行政监管机构依法行使审批权、检查权、禁止权、撤销权、行政处罚权等监管权,均具有法律效力,具有强制性。这是政府对基金行业有效监管的保证。

二、基金监管的体系

基金监管的体系,即基金监管活动各要素及其相互间的关系。基金监管活动的要素主要包括目标、体制、内容和方式等。

(1)基金监管目标,是指基金监管活动所要达到的目的和效果。

(2)基金监管体制,是指基金监管活动主体及其职权的制度体系。

(3)基金监管内容,是指基金监管具体对象的范围,既包括基金市场活动的主体,也包括基金市场主体的活动。

(4)基金监管方式,是指基金监管所采用的方法和形式,也称基金监管的手段和措施。广义的监管方式,包括对基金市场主体即基金机构的市场准入、市场行为的监管以及对基金机构各种违法违规行为或出现某些法定情形后的处置措施,也即对基金机构的审核注册、对基金机构行为的检查以及检查后对存在问题的基金机构的各种行政处置措施,分别体现了事前监管、事中监管和事后监管。狭义的监管方式,也称为监管措施,通常不包括市场准入监管,而仅仅包括检查及其后续的处置措施。

三、基金监管的基本原则

基金监管的基本原则,是贯穿于基金监管活动始终的、起基础性和指导作用的基本准则。作为基本原则,应该集中体现基金监管的本质属性和根本价值,它具有基础性和宏观性的特征。基金监管的基本原则包括以下六个方面:

(一)保障投资人利益原则

保障投资人利益原则是基金监管活动的目的和宗旨的集中体现,基金监管应以保障投资人即基金份额持有人的利益为首要目标。

(二)适度监管原则

行政监管体现了政府对经济的干预。市场经济的实践及经济学的理论都已经证明,市场不是万能的,而是存在其自身无法克服的种种缺陷,即市场失灵,因此,政府干预是必要的。但也要适时适度,要有适当性、必要性和相称性。因此市场失灵要求政府干预,但现代市场经济的政府干预应是"适度"的干预,即行政监管应适度。

(三)高效监管原则

高效监管原则首先要求行政监管机构具有权威性,要赋予行政监管机构以合法的监管地位和合理的监管权限与职责。高效监管原则还要求确定合理的监管内容体系、监管模式,要管得有效率。同时,对于违法行为,要规定明确的法律责任和制裁手段。

另外,在现代市场经济条件下,有效的监管协调、规范的监管程序、科学的监管技术、现代化的监管手段也是基金业高效监管的有力保证。

(四)依法监管原则

所谓依法监管原则,是指监管机构的设置及其监管职权的取得,必须有法律依据;监管职权的行使,必须依据法律程序,既不能超越法律的授权滥用权力,也不能怠于行使法定的责任;对违法行为的制裁,必须依据法律的明确规定,公正执法,不偏不倚。依法监管原则是行政法治原则的集中体现和保障,行政监管必须坚持依法监管原则。

我国基金监管活动的主要依据是证券投资基金法以及中国证监会、基金业协会、证券交易所发布的一系列相关的部门规章、规范性文件和自律规则。

（五）审慎监管原则

审慎监管原则是金融业特有的一项监管原则,旨在通过偿付能力监管和风险防控制度体系,维护投资人或者存款人对金融机构和金融市场的信心。

基金监管也要遵循审慎监管原则,基金监管机构在制定监管规范以及实施监管行为时,注重基金机构的偿付能力和风险防控,以确保基金运行稳健和基金财产安全。审慎监管原则贯穿于基金市场准入和持续监管的全过程,体现为基金监管机构对基金机构内部治理结构、内部稽核监控制度、风险控制制度以及资本充足率、资产流动性等方面的监管。

（六）公开、公平、公正监管原则

公开、公平、公正监管原则,也称"三公"原则,是证券市场活动以及证券监管的基本原则,同样也适用于基金活动和基金监管。

（1）公开原则,不仅要求作为证券监管对象之一的基金市场具有充分的透明度,实现市场信息公开化,而且要求基金监管机构的监管规则和处罚应当公开,这也是政务公开原则的体现。

（2）公平原则,是指基金市场主体平等,要求基金监管机构依照相同的标准对待同类监管对象的行为。

（3）公正原则,要求基金监管机构在公开、公平基础上,对监管对象公正对待、一视同仁。基金监管的"三公"原则,重在"公正",即公正监管、公正执法,是依法监管原则的要求。

四、基金监管的目标

基金监管的目标是基金监管活动的出发点和目的。《中华人民共和国证券投资基金法》第一条就列出了"为了规范证券投资基金活动,保护投资人及相关当事人的合法权益,促进证券投资基金和资本市场的健康发展"的立法宗旨,这也是基金监管的目标。基金监管的目标具体包括:

（一）保护投资人及相关当事人的合法权益

保护投资者利益是基金监管工作的重中之重。投资者是市场的支撑者,保护和维护投资者的利益是我国基金监管的首要目标。相关当事人是指除基金份额持有人以外的参与投资基金活动的其他当事人,包括基金管理人、基金托管人、基金销售机构、为基金出具审计报告的会计师事务所、为基金出具法律意见书的律师事务所以及为基金提供资产评估或者验证服务的其他中介机构等。依法保护相关当事人的合法权益,也是基金监管的重要目标。

（二）规范证券投资基金活动

规范证券投资基金活动,是保护投资人及相关当事人合法权益的监管目标的必然要求。只有有效地规范证券投资基金活动,投资人及相关当事人的行为才能依法、合规,才能切实保护投资基金参与各方的合法权益。在这个意义上,规范证券投资基金活动是基金监管的出发点,也是促进证券投资基金和资本市场健康发展的前提条件。

（三）促进证券投资基金和资本市场的健康发展

证券投资基金是资本市场的重要资金来源,是投资者对专业理财和理性投资的客观需要。基金监管保证市场的公平、效率和透明。证券市场中,通过信息披露保证市场高效率的运行,信息完全公开,让投资者都能看清楚证券市场运行是安全的并且没有任何内幕交易。基金监管降低系统风险。监管要求基金管理机构满足资本充足率和一定的运营条件以及其他谨慎要求。监管要求投资者将承担的风险限制在能力范围之内,并且监控过度的风险行为。这些都可以促进证券投资基金和资本市场的健康发展。

第二节 基金监管机构和行业自律组织

基金监管体制,是指基金监管活动主体及其职权的制度体系。依据证券法和证券投资基金法的规定,国务院证券监督管理机构即中国证监会是我国基金市场的监管主体,依法对基金市场主体及其活动实施监督管理。基金业协会作为行业自律性组织,对基金业实施行业自律管理。另外,证券交易所负责组织和监督基金的上市交易,并对上市交易基金的信息披露进行监督。本节我们就要对上述基金监管机构和行业自律组织进行了解与学习。

一、中国证监会对基金市场的监管职责

中国证监会依法担负国家对证券市场实施集中统一监管的职责。中国证监会派出机构即各地方证监局是中国证监会的内部组成部门,依照中国证监会的授权履行职责。

(一)中国证监会的职责

中国证监会依法履行下列职责:

(1)制定有关证券投资基金活动监督管理的规章、规则,并行使审批、核准或者注册权。

(2)办理基金备案。

(3)对基金管理人、基金托管人及其他机构从事证券投资基金活动进行监督管理,对违法行为进行查处,并予以公告。

(4)制定基金从业人员的资格标准和行为准则,并监督实施。

(5)监督检查基金信息的披露情况。

(6)指导和监督基金业协会的活动。

(7)法律、行政法规规定的其他职责。

(二)证券基金机构监管部的职责

证券基金机构监管部主要负责下列职责:

(1)涉及证券投资基金行业的重大政策研究。

(2)草拟或制定证券投资基金行业的监管规则。

(3)对有关证券投资基金的行政许可项目进行审核。

(4)全面负责对基金管理公司、基金托管银行及基金销售机构的监管。

(5)指导、组织和协调证监局、证券交易所等部门对证券投资基金的日常监管。

(6)对证监局的基金监管工作进行督促检查。

(7)对日常监管中发现的重大问题进行处置。

(三)各地证监局的职责

各地证监局负责对经营所在地在本辖区内的基金管理公司进行日常监管,主要包括:

(1)公司治理和内部控制、高级管理人员、基金销售行为、开放式基金信息披露的日常监管。

(2)负责对辖区内异地基金管理公司的分支机构及基金代销机构进行日常监管。

二、中国证监会对基金市场的监管措施

依据《中华人民共和国证券投资基金法》的规定,中国证监会依法行使职责,有权采取下列监管措施:

（一）检查

检查是基金监管的重要措施，属于事中监管方式。检查可分为日常检查和年度检查，也可分为现场检查和非现场检查。

中国证监会可以根据实际情况，定期或不定期地对基金机构的合规监控、风险管理、内部稽核、行为规范等方面进行检查。中国证监会有权对基金管理人、基金托管人、基金服务机构进行现场检查，并要求其报送有关的业务资料。现场检查是指基金监管机构的检查人员亲临基金机构业务场所，通过现场察看、听取汇报、查验资料等方式进行实地检查。

（二）调查取证

为便于查明事实、获取和保全证据，《中华人民共和国证券投资基金法》赋予中国证监会以下职权：

（1）进入涉嫌违法行为发生场所调查取证。

（2）询问当事人和与被调查事件有关的单位和个人，要求其对与被调查事件有关的事项做出说明。

（3）查阅、复制与被调查事件有关的财产产权登记、通信记录等资料。

（4）查阅、复制当事人和与被调查事件有关的单位和个人的证券交易记录、登记过户记录、财务会计资料及其他相关文件和资料；对可能被转移、隐匿或者毁损的文件和资料，可以予以封存。

（5）查询当事人和与被调查事件有关的单位和个人的资金账户、证券账户和银行账户；对有证据证明已经或者可能转移或者隐匿违法资金、证券等涉案财产或者隐匿、伪造、毁损重要证据的，经中国证监会主要负责人批准，可以冻结或者查封。

（三）限制交易

《中华人民共和国证券投资基金法》赋予中国证监会限制证券交易权。中国证监会在调查操纵证券市场、内幕交易等重大证券违法行为时，经中国证监会主要负责人批准，可以限制被调查事件当事人的证券买卖，但限制的期限不得超过 15 个交易日；案情复杂的，可以延长 15 个交易日。

（四）行政处罚

中国证监会应当对相关机构和人员或者相关机构对违法违规行为直接负责的主管人员和其他责任人员依法进行行政处罚。中国证监会可以采取的行政处罚措施主要包括没收违法所得、罚款、责令改正、警告、暂停或者撤销基金从业资格、暂停或者撤销相关业务许可、责令停业等。

三、中国证监会工作人员的义务和责任

中国证监会工作人员依法履行职责，进行调查或者检查时，不得少于 2 人，并应当出示合法证件；对调查或者检查中知悉的商业秘密负有保密的义务。

中国证监会工作人员在任职期间，或者离职后在《中华人民共和国公务员法》规定的期限内，不得在被监管的机构中担任职务。

依据《中华人民共和国公务员法》以及中国证监会制定的《中国证监会工作人员任职回避和公务回避规定（试行）》《中国证监会工作人员行为准则》等规范性文件的规定，中国证监会领导干部离职后 3 年内，一般工作人员离职后 2 年内，不得到与原工作业务直接相关的机构任职。但经过中国证监会批准，可以在基金管理公司、证券公司、期货公司等机构担任督察长、合规总监、首席风险官等职务。

四、行业自律组织对基金行业的自律管理

(一)中国基金业协会的性质和组成

1. 中国基金业协会的性质

中国基金业协会是证券投资基金行业的自律性组织,是社会团体法人。基金管理人、基金托管人和基金服务机构,应当依法成立基金业协会,进行行业自律、协调行业关系、提供行业服务、促进行业发展。

2. 中国基金业协会的组成

基金管理人、基金托管人应当加入协会;基金服务机构等其他机构可以加入协会成为会员;按照规定在协会登记的基金服务机构,应当按照法律法规的规定加入协会成为会员。

基金行业协会会员包括普通会员、联席会员、观察会员和特别会员。

(1)公募基金的基金管理人、基金托管人加入协会的,为普通会员。

(2)私募基金管理人和从事私募资产管理业务的金融机构加入协会,应当先申请成为观察会员,自成为观察会员之日起满1年,同时符合资产管理规模标准及合规经营标准的,可申请成为普通会员。

(3)联席会员包括按照国务院证券监督管理机构或协会规定注册、备案或登记的从事基金销售、份额登记、估值、评价、信息技术系统服务等基金服务业务的机构,以及为基金业务提供法律和会计等专业服务的律师事务所和会计师事务所。

(4)特别会员包括证券期货交易所等全国性交易场所,登记结算机构等为基金行业提供重要基础设施的服务机构,与基金行业相关的全国性社会团体,对基金行业有重要影响的地方股权交易中心等地方性交易场所以及地方性社会团体,对基金行业有重要影响的境外机构,基金行业的重要机构投资者,其他对基金行业具有重要影响的机构。

(二)中国基金业协会的职责

依据《中华人民共和国证券投资基金法》的规定,基金行业协会的职责包括:

(1)教育和组织会员遵守有关证券投资的法律、行政法规,维护投资人合法权益。

(2)依法维护会员的合法权益,反映会员的建议和要求。

(3)制定和实施行业自律规则,监督、检查会员及其从业人员的执业行为,对违反自律规则和协会章程的,按照规定给予纪律处分。

(4)制定行业执业标准和业务规范,组织基金从业人员的从业考试、资质管理和业务培训。

(5)提供会员服务,组织行业交流,推动行业创新,开展行业宣传和投资人教育活动。

(6)对会员之间、会员与客户之间发生的基金业务纠纷进行调解。

(7)依法办理非公开募集基金的登记、备案。

(8)协会章程规定的其他职责。

五、证券市场的自律管理者:证券交易所

证券交易所是为证券集中交易提供场所和设施,组织和监督证券交易,实行自律管理的法人。证券交易所具有监管者和被监管者的双重身份。依据《证券投资基金监管职责分工协作指引》的规定,证券交易所负责对基金在交易所内的投资交易活动进行监管;负责交易所上市基金的信息披露监管工作。

第三节　对基金管理人的监管

基金机构即基金市场主体,包括基金管理人、基金托管人以及基金销售机构、基金注册登记机构等基金服务机构。本节主要讨论对基金管理人的监管,包括市场准入监管、从业人员的资格和行为的监管等,是基金监管的重要内容。对基金托管人以及基金销售机构、基金注册登记机构等基金服务机构的监管,证券投资基金法和一些规章都有类似明确的规定,本书不再阐述。

一、基金管理人的市场准入监管

(一)基金管理人的法定组织形式

依据《中华人民共和国证券投资基金法》的规定,基金管理人由依法设立的公司或者合伙企业担任。而担任公开募集基金的基金管理人的主体资格受到严格限制,只能由基金管理公司或者经中国证监会按照规定核准的其他机构担任。所谓"中国证监会按照规定核准的其他机构"是指依中国证监会2013年2月18日发布的《资产管理机构开展公募证券投资基金管理业务暂行规定》,在股东、高级管理人员、经营期限、管理的基金财产规模等方面符合规定条件的证券公司、保险资产管理公司以及专门从事非公开募集资金管理业务的资产管理机构,向中国证监会申请开展公开募集资金管理业务,即取得担任公开募集基金的基金管理人业务资格。

(二)管理公开募集基金的基金管理公司的审批

中国证监会作为基金政府监管机构,应当依法履行监管职责,按照法定条件和程序对基金管理公司的设立申请进行严格审查,做出批准或者不予批准的决定。设立管理公开募集基金的基金管理公司,应当具备符合《中华人民共和国证券投资基金法》和《中华人民共和国公司法》规定的章程、注册资本不低于1亿元人民币货币资本等8项条件。

根据《中华人民共和国证券投资基金法》第十四条规定,中国证监会应当自受理基金管理公司设立申请之日起6个月内依照上述条件和审慎监管原则进行审查,做出批准或者不予批准的决定,并通知申请人;不予批准的,应当说明理由。

二、对基金管理人从业人员资格的监管

基金管理人的从业人员是指基金管理人的董事、监事、高级管理人员、投资管理人员以及其他从业人员。

(一)基金管理人的从业人员的资格

依据《中华人民共和国证券投资基金法》的规定,基金管理人的董事、监事和高级管理人员,应当熟悉证券投资方面的法律、行政法规,具有3年以上与其所任职务相关的工作经历;高级管理人员,还应当具备基金从业资格。

根据基金业协会《基金管理公司投资管理人员管理指导意见》(2009年3月修订),基金管理公司投资管理人员,是指在公司负责基金投资、研究交易的人员以及实际履行相应职责的人员,其具体包括:公司投资决策委员会成员,公司分管投资、研究、交易业务的高级管理人员,公司投资、研究、交易部门的负责人,基金经理、基金经理助理以及中国证监会规定的其他人员。

基金经理任职应当具备以下条件:

(1)取得基金从业资格。

（2）通过中国证监会或者其授权机构组织的证券投资法律知识考试。

（3）具有 3 年以上证券投资管理经历。

（4）没有《中华人民共和国公司法》《中华人民共和国证券投资基金法》等法律、行政法规规定的不得担任公司董事、监事、经理和基金从业人员的情形。

（5）最近 3 年没有受到证券、银行、工商和税务等行政管理部门的行政处罚。

基金管理人的从业人员应当遵守法律、行政法规，恪守职业道德和行为规范。对于在从业活动中有违法违规、违背诚信行为的人员，应当禁止其进入公开募集基金行业担任基金管理人的从业人员。

（二）基金管理人从业人员的兼任和竞业禁止

基于基金从业人员不得兼任不相容职务、竞业禁止和防止利益冲突的规则，《中华人民共和国证券投资基金法》规定，公开募集基金的基金管理人的董事、监事、高级管理人员和其他从业人员，不得担任基金托管人或者其他基金管理人的任何职务，不得从事损害基金财产和基金份额持有人利益的证券交易及其他活动。

三、对基金管理人及其从业人员执业行为的监管

（一）基金管理人的法定职责

依据《中华人民共和国证券投资基金法》的规定，公开募集基金的基金管理人应当履行下列职责：

（1）依法募集资金，办理基金份额的发售和登记事宜。

（2）办理基金备案手续。

（3）对所管理的不同基金财产分别管理、分别记账，进行证券投资。

（4）按照基金合同的约定确定基金收益分配方案，及时向基金份额持有人分配收益。

（5）进行基金会计核算并编制基金财务会计报告。

（6）编制中期和年度基金报告。

（7）计算并公告基金资产净值，确定基金份额申购、赎回价格。

（8）办理与基金财产管理业务活动有关的信息披露事项。

（9）按照规定召集基金份额持有人大会。

（10）保存基金财产管理业务活动的记录、账册、报表和其他相关资料。

（11）以基金管理人名义，代表基金份额持有人利益行使诉讼权利或者实施其他法律行为。

（12）中国证监会规定的其他职责。

（二）基金管理人及其从业人员的执业禁止行为

依据《中华人民共和国证券投资基金法》的规定，公开募集基金的基金管理人及其董事、监事、高级管理人员和其他从业人员不得有下列行为：

（1）将其固有财产或者他人财产混同于基金财产从事证券投资。

（2）不公平地对待其管理的不同基金财产。

（3）利用基金财产或者职务之便为基金份额持有人以外的人谋取利益。

（4）向基金份额持有人违规承诺收益或者承担损失。

（5）侵占、挪用基金财产。

（6）泄露因职务便利获取的未公开信息，利用该信息从事或者明示、暗示他人从事相关的

交易活动。

(7)玩忽职守,不按照规定履行职责。

(8)法律、行政法规和中国证监会规定禁止的其他行为。

(三)基金管理人的从业人员证券投资的限制

依据《中华人民共和国证券投资基金法》的规定,基金管理人的董事、监事、高级管理人员和其他从业人员,其本人、配偶、利害关系人进行证券投资,应当事先向基金管理人申报,并不得与基金份额持有人发生利益冲突,公开募集基金的基金管理人应当建立董事、监事、高级管理人员和其他从业人员进行证券投资的申报、登记、审查、处置等管理制度,并向中国证监会备案。

四、对基金管理人内部治理的监管

(一)基金份额持有人利益优先原则

基金份额持有人利益优先原则是基金管理人内部治理的法定基本原则,公开募集基金的基金管理人的股东、董事、监事和高级管理人员在行使权利或者履行职责时,应当遵循基金份额持有人利益优先的原则。当基金管理人及其从业人员的利益与基金份额持有人利益发生冲突时,应以基金份额持有人利益优先。

(二)对基金管理人内部治理结构的监管

建立良好的内部治理结构的基本途径是明确股东会、董事会、监事会和高级管理人员的职责权限,建立长效的激励约束机制,完善监督和内控机制,确保基金管理人合规地行使职权,审慎高效地运作基金,维护基金份额持有人的利益。

(三)对基金管理人的股东、实际控制人的监管

基金管理人的股东、实际控制人应当按照中国证监会的规定及时履行重大事项报告义务并不得有下列行为:

(1)虚假出资或者抽逃出资。

(2)未依法经股东会或者董事会决议擅自干预基金管理人的基金经营活动。

(3)要求基金管理人利用基金财产为自己或者他人谋取利益,损害基金份额持有人利益。

(4)中国证监会规定禁止的其他行为。

(四)风险准备金制度

依据《中华人民共和国证券投资基金法》的规定,公开募集基金的基金管理人应当从管理基金的报酬中计提风险准备金。公开募集基金的基金管理人因违法违规、违反基金合同等原因给基金财产或者基金份额持有人合法权益造成损失,应当承担赔偿责任的,可以优先使用风险准备金予以赔偿。

五、中国证监会对基金管理人的监管措施

(一)对基金管理人违法违规行为的监管措施

对于公开募集基金的基金管理人的一般违法违规行为,包括基金管理人的内部治理结构、稽核监控和风险控制管理不符合规定的情形,尚未造成重大风险的,中国证监会主要采取责令限期改正、限制令、责令更换有关人员等强令整改的监管措施。

依据《中华人民共和国证券投资基金法》的规定,公开募集基金的基金管理人违法违规,或者其内部治理结构、稽核监控和风险控制管理不符合规定的,中国证监会应当令其限期改正;

逾期未改正,或者其行为严重危及该基金管理人的稳健运行、损害基金份额持有人合法权益的,中国证监会可以区别情形,对其采取下列措施:

(1)限制业务活动,责令暂停部分或者全部业务。

(2)限制分配红利,限制向董事、监事、高级管理人员支付报酬、提供福利。

(3)限制转让固有财产或者在固有财产上设定其他权利。

(4)责令更换董事、监事、高级管理人员或者限制其权利。

(5)责令有关股东转让股权或者限制有关股东行使股东权利。

基金管理人整改后,应当向中国证监会提交报告。中国证监会经验收,符合有关要求的,应当自验收完毕之日起 3 日内解除对其采取的有关措施。

(二)对基金管理人出现重大风险的监管措施

依据《中华人民共和国证券投资基金法》的规定,公开募集基金的基金管理人的董事、监事、高级管理人员未能勤勉尽责,致使基金管理人存在重大违法违规行为或者重大风险的,中国证监会可以责令更换。

公开募集基金的基金管理人违法经营或者出现重大风险,严重危害市场秩序、损害基金份额持有人利益的,中国证监会可以对该基金管理人采取责令停业整顿、指定其他机构托管、接管、取消基金管理资格或者撤销等监管措施。

在公开募集基金的基金管理人被责令停业整顿、被依法指定托管、接管或者清算期间,或者出现重大风险时,经中国证监会批准,可以对该基金管理人直接负责的董事、监事、高级管理人员和其他直接责任人员采取下列措施:

(1)通知出境管理机关依法阻止其出境。

(2)申请司法机关禁止其转移、转让或者以其他方式处分财产,或者在财产上设定其他权利。

(三)对基金管理人职责终止的监管措施

依据《中华人民共和国证券投资基金法》的规定,公开募集基金的基金管理人职责终止的事由包括:

(1)被依法取消基金管理资格。

(2)被基金份额持有人大会解任。

(3)依法解散、被依法撤销,或者被依法宣告破产。

(4)基金合同约定的其他情形。

基金管理人职责终止后,如果基金合同不终止,则应当选任新的基金管理人,以使基金运作得以继续正常进行。选任新的基金管理人以及基金管理业务的移交,通常需要经过一段时间,且需办理移交手续和对基金财产的审计,中国证监会应当依法采取必要的监管措施,以保护基金份额持有人的利益。

基金管理人职责终止的,基金份额持有人大会应当在 6 个月内选任新基金管理人;新基金管理人产生前,由中国证监会指定临时基金管理人。指定临时管理人或者选任新的基金管理人前,原基金管理人应当担负妥善保管基金管理业务资料的责任。在临时管理人或者选任新的基金管理人产生后,原基金管理人与其应当及时办理基金管理业务的交接手续。基金管理人职责终止的,应当按照规定聘请会计师事务所对基金财产进行审计,并将审计结果予以公告,同时报中国证监会备案。

第四节　对公开募集基金的监管

一、对基金公开募集的监管

(一)公开募集基金的注册

1.注册制度

我国改革基金募集核准制为基金募集注册制,即对于公开募集基金监管机构不再进行实质性审核,而只是进行合规性审查。依据《中华人民共和国证券投资基金法》的规定,公开募集基金,应当经中国证监会注册,未经注册,不得公开或者变相公开募集基金。上述所称公开募集基金,包括向不特定对象募集资金、向特定对象募集资金累计超过 200 人,以及法律、行政法规规定的其他情形。

2.基金注册的申请

注册公开募集基金,由拟任基金管理人向中国证监会提交下列文件:①申请报告;②基金合同草案;③基金托管协议草案;④招募说明书草案;⑤律师事务所出具的法律意见书;⑥中国证监会规定提交的其他文件。

3.基金注册的审查

中国证监会应当自受理公开募集基金的募集注册申请之日起 6 个月内依照法律、行政法规及中国证监会的规定进行审查,做出注册或者不予注册的决定,并通知申请人;不予注册的,应当说明理由。

(二)公开募集基金的发售

1.基金的发售条件

依据《中华人民共和国证券投资基金法》的规定,发售公开募集基金应符合"基金募集申请经注册后,方可发售基金份额"等 6 项条件和要求。

2.基金的募集期限

基金管理人应当自收到准予注册文件之日起 6 个月内进行基金募集。超过 6 个月开始募集,原注册的事项未发生实质性变化的,应当报中国证监会备案;发生实质性变化的,应当向中国证监会重新提交注册申请。基金募集不得超过中国证监会准予注册的基金募集期限。基金募集期限自基金份额发售之日起计算。

3.基金的备案

基金募集期限届满,封闭式基金募集的基金份额总额达到准予注册规模的 80% 以上,开放式基金募集的基金份额总额超过准予注册的最低募集份额总额,并且基金份额持有人人数符合中国证监会规定的,基金管理人应当自募集期限届满之日起 10 日内聘请法定验资机构验资,自收到验资报告之日起 10 日内,向中国证监会提交验资报告,办理基金备案手续,并予以公告。基金募集期间募集的资金应当存入专门账户,在基金募集行为结束前,任何人不得动用。

4.募集基金失败时基金管理人的责任

投资人交纳认购的基金份额的款项时,基金合同成立;基金管理人依法向中国证监会办理基金备案手续,基金合同生效。

基金募集期限届满,不能满足法律规定的条件,无法办理基金备案手续,基金合同不生效,也即基金募集失败。基金募集失败,基金管理人应当承担下列责任:

①以其固有财产承担因募集行为而产生的债务和费用;

②在基金募集期限满后 30 日内返还投资人已交纳的款项,并加计银行同期存款利息。

二、对公开募集基金销售活动的监管

中国证监会 2013 年发布的《证券投资基金销售管理办法》,对于基金销售机构的条件和资格、基金销售支付结算、基金宣传推介材料、基金销售费用、基金销售业务规范以及监督管理和法律责任等均做了具体的规定。基金销售机构销售公开募集基金应当严格遵守这些规定。对公开募集基金销售活动的监管主要涉及以下内容:

(一)基金销售适用性监管

依据《证券投资基金销售管理办法》的规定,基金销售机构在销售基金和相关产品的过程中,应当坚持投资人利益优先原则,注重根据投资人的风险承受能力销售不同风险等级的产品,把"合适的产品销售给合适的投资人"。

基金销售机构应当建立基金销售适用性管理制度,至少包括以下内容:①对基金管理人进行审慎调查的方式和方法;②对基金产品的风险等级进行设置、对基金产品进行风险评价的方式和方法;③对基金投资人风险承受能力进行调查和评价的方式和方法;④对基金产品和基金投资人进行匹配的方法。

基金销售机构所使用的基金产品风险评价方法及其说明应当向基金投资人公开。基金销售机构应当加强投资者教育,引导投资者充分认识基金产品的风险特征,保障投资者合法权益。

(二)对基金宣传推介材料的监管

基金宣传推介材料,是指为推介基金向公众分发或者公布,使公众可以普遍获得的书面、电子或者其他介质的信息。

依据《证券投资基金销售管理办法》的规定,基金管理人的基金宣传推介材料就应当事先经基金管理人负责基金销售业务的高级管理人员和督察长检查,出具合规管理意见书,并自向公众分发或者发布之日起 5 个工作日内报主要经营活动所在地中国证监会派出机构备案。

基金宣传推介材料必须真实、准确,与基金合同、基金招募说明书相符,不得有下列情形:①虚假记载、误导性陈述或者重大遗漏;②预测基金的证券投资业绩;③违规承诺收益或者承担损失;④诋毁其他基金管理人、基金托管人或者基金销售机构,或者其他基金管理人募集或者管理的基金;⑤夸大或者片面宣传基金,违规使用安全、保证、承诺、保险、避险、有保障、高收益、无风险等可能使投资人认为没有风险的或者片面强调集中营销时间限制的表述;⑥登载单位或者个人的推荐性文字;⑦中国证监会规定的其他情形。

基金宣传推介材料应当含有明确、醒目的风险提示和警示性文字,以提醒投资人注意投资风险,仔细阅读基金合同和基金招募说明书,了解基金的具体情况。

(三)对基金销售费用的监管

依据《证券投资基金销售管理办法》的规定,基金管理人应当在基金合同、招募说明书或者公告中载明收取销售费用的项目、条件和方式,在招募说明书或者公告中载明费率标准及费用计算方法。

基金销售机构办理基金销售业务,可以按照基金合同和招募说明书的约定向投资者收取费用。基金销售机构提供增值服务并以此向投资人收取增值服务费的,应当将统一印制的服务协议向中国证监会备案。基金销售机构收取客户维护费的,应当符合中国证监会关于基金销售费用的有关规定。基金管理人与基金销售机构应当在基金销售协议或者其补充协议中约定,双方在申购(认购)费、赎回费、销售服务费等销售费用的分成比例,并据此就各自实际取得的销售费用确认基金销售收入,如实核算、记账,依法纳税。

三、对公开募集基金投资与交易行为的监管

(一)基金的投资方式和范围

基金管理人运用基金财产进行证券投资,除中国证监会另有规定外,应当采用资产组合的方式。资产组合的具体方式和投资比例,依照法律和中国证监会的规定在基金合同中约定。

基金财产应当用于下列投资:①上市交易的股票、债券;②中国证监会规定的其他证券及其衍生品种。

(二)基金的投资与交易行为的限制

依据《中华人民共和国证券投资基金法》的规定,基金财产不得用于下列投资或者活动:①承销证券;②违反规定向他人贷款或者提供担保;③从事承担无限责任的投资;④买卖其他基金份额,但是中国证监会另有规定的除外;⑤向基金管理人、基金托管人出资;⑥从事内幕交易、操纵证券交易价格及其他不正当的证券交易活动;⑦法律、行政法规和中国证监会规定禁止的其他活动。

四、对公开募集基金信息披露的监管

(一)对基金信息披露的要求

基金管理人、基金托管人和其他基金信息披露义务人应当依法披露基金信息,并保证所披露信息的真实性、准确性和完整性。基金信息披露义务人应当确保应予披露的基金信息在中国证监会规定时间内披露,并保证投资人能够按照基金合同约定的时间和方式查阅或者复制公开披露的信息资料。

(二)基金信息披露的内容

公开披露的基金信息包括基金招募说明书、基金合同、基金托管协议等11项。

(三)基金信息披露的禁止行为

公开披露基金信息,不得有下列行为:①虚假记载、误导性陈述或者重大遗漏;②对证券投资业绩进行预测;③违规承诺收益或者承担损失;④诋毁其他基金管理人、基金托管人或者基金销售机构;⑤法律、行政法规和中国证监会规定禁止的其他行为。

五、基金份额持有人及基金份额持有人大会

(一)基金份额持有人的法定权利

依据《中华人民共和国证券投资基金法》的规定,基金份额持有人享有下列权利:①分享基金财产收益;②参与分配清算后的剩余基金财产;③依法转让或者申请赎回其持有的基金份额;④按照规定要求召开基金份额持有人大会或者召集基金份额持有人大会;⑤对基金份额持有人大会审议事项行使表决权;⑥对基金管理人、基金托管人、基金服务机构损害其合法权益的行为依法提起诉讼;⑦基金合同约定的其他权利。

公开募集基金的基金份额持有人有权查阅或者复制公开披露的基金信息资料,非公开募

集基金的基金份额持有人对涉及自身利益的情况,有权查阅基金的财务会计账簿等财务资料。

(二)基金份额持有人大会及其日常机构

基金份额持有人大会由全体基金份额持有人组成,行使下列职权:①决定基金扩募或者延长基金合同期限;②决定修改基金合同的重要内容或者提前终止基金合同;③决定更换基金管理人、基金托管人;④决定调整基金管理人、基金托管人的报酬标准;⑤基金合同约定的其他职权。

按照基金合同约定,基金份额持有人大会可以设立日常机构,行使下列职权:①召集基金份额持有人大会;②提请更换基金管理人、基金托管人;③监督基金管理人的投资运作、基金托管人的托管活动;④提请调整基金管理人、基金托管人的报酬标准;⑤基金合同约定的其他职权。基金份额持有人大会的日常机构,由基金份额持有人大会选举产生的人员组成;其议事规则,由基金合同约定。

基金份额持有人大会及其日常机构不得直接参与或者干涉基金的投资管理活动。

(三)公开募集基金的基金份额持有人权利行使

1.基金份额持有人大会的召集

依据《中华人民共和国证券投资基金法》的规定,基金份额持有人大会由基金管理人召集。基金份额持有人大会设立日常机构的,由该日常机构召集;该日常机构未召集的,由基金管理人召集。基金管理人未按规定召集或者不能召集的,由基金托管人召集。代表基金份额10%以上的基金份额持有人就同一事项要求召开基金份额持有人大会,而基金份额持有人大会的日常机构、基金管理人、基金托管人都不召集的,代表基金份额10%以上的基金份额持有人有权自行召集,并报中国证监会备案。

召开基金份额持有人大会,召集人应当至少提前30日公告基金份额持有人大会的召开时间、会议形式、审议事项、议事程序和表决方式等事项。基金份额持有人大会不得就未经公告的事项进行表决。

2.基金份额持有人大会的召开

依据《中华人民共和国证券投资基金法》的规定,基金份额持有人大会可以采取现场方式召开,也可以采取通信等方式召开。每一基金份额具有一票表决权,基金份额持有人可以委托代理人出席基金份额持有人大会并行使表决权。

3.基金份额持有人大会的决议规则

基金份额持有人大会就审议事项做出决定,应当经参加大会的基金份额持有人所持表决权的1/2以上通过;但是,转换基金的运作方式、更换基金管理人或者基金托管人、提前终止基金合同、与其他基金合并,应当经参加大会的基金份额持有人所持表决权的2/3以上通过。基金份额持有人大会决定的事项,应当依法报中国证监会备案,并予以公告。

第五节　对非公开募集基金的监管

与公开募集基金相对的是非公开募集基金。非公开募集基金,也称为私募基金,是指以非公开方式向投资者募集资金设立的投资基金。与公开募集基金相比,私募基金投资人人数较少,运作形式灵活,不涉及公众。本节介绍私募基金的具体监管。

我国对于非公开募集基金的监管,坚持适度监管和区别监管的原则,主要采用原则规范和自律管理相结合,在基金管理人市场准入、基金募集、产品管理、基金运作等方面有别于公开募集基金而进行适度监管。

一、非公开募集基金的基金管理人登记事宜

我国对于非公开募集基金的基金管理人没有严格的市场准入限制,担任非公开募集基金的基金管理人无须中国证监会审批,而实行登记制度,即非公开募集基金的基金管理人只需向基金业协会登记即可。

各类私募基金管理人应当根据中国基金业协会的规定,向其申请登记,报送以下基本信息:

(1)工商登记和营业执照正副本复印件;

(2)公司章程或者合伙协议;

(3)主要股东或者合伙人名单;

(4)高级管理人员的基本信息;

(5)中国基金业协会规定的其他信息。

中国基金业协会应当在私募基金管理人登记材料齐备后的 20 个工作日内,通过网站公告私募基金管理人名单及其基本情况的方式,为私募基金管理人办结登记手续。

二、对非公开募集基金募集行为的监管

非公开募集基金募集行为包含推介私募基金、发售基金份额(权益)、办理基金份额(权益)认申购(认缴)、赎回(退出)等活动。

《私募投资基金募集行为管理办法》规定:办理私募基金管理人登记的机构可以自行募集其设立的私募基金,在中国证监会注册取得基金销售业务资格并已成为中国基金业协会会员的机构可以受私募基金管理人的委托募集私募基金。其他任何机构和个人不得从事私募基金的募集活动。

我国对于非公开募集基金的监管的重点集中在募集环节,主要体现为:

(1)确立合格投资者制度。

(2)禁止公开宣传。

(3)规范基金合同必备条款并强化违反监管规定的法律责任。

(一)对非公开募集基金募集对象的限制

依据《中华人民共和国证券投资基金法》的规定,非公开募集基金应当向合格投资者募集,合格投资者累计不得超过 200 人。私募基金的合格投资者是指具备相应风险识别能力和风险承担能力,投资于单只私募基金的金额不低于 100 万元且符合下列相关标准的单位和个人。

(1)净资产不低于 1000 万元的单位。

(2)金融资产不低于 300 万元或者最近 3 年年均收入不低于 50 万元的个人。

上述金融资产包括银行存款、股票、债券、基金份额、资产管理计划、银行理财产品、信托计划、保险产品、期货权益等。

下列投资者视为合格投资者:

①社会保障基金、企业年金、养老基金、慈善基金等社会公益基金。

②依法设立并在基金业协会备案的投资计划。

③投资于所管理私募基金的私募基金管理人及其从业人员。

④中国证监会规定的其他投资者。

以合伙企业、契约等非法人形式，通过汇集多数投资者的资金直接或者间接投资于私募基金的，私募基金管理人或者私募基金销售机构应当穿透核查最终投资者是否为合格投资者，合并计算投资者人数。但是，符合"下列投资者视为合格投资者"第①、②、④项规定的投资者投资私募基金的，不再穿透核查最终投资者是否为合格投资者和合并计算投资者人数。

限制合格投资者的人数的依据在于防止非公开募集基金丧失其私募特征而构成实质上的公开募集基金。证券投资基金法规定的公开发行标准是向不特定对象发行证券或者向特定对象发行证券累计超过 200 人。因此，如果非公开募集基金的募集对象累计人数超过 200 人，就构成了公开募集基金，应当按照公开募集基金接受监管。

（二）对非公开募集基金推介方式的限制

非公开募集基金的募集对象是特定的，这就决定了采用非公开方式推介是其区别于公开募集基金的主要特征。

（1）依据《中华人民共和国证券投资基金法》《私募投资基金监督管理暂行办法》《私募投资基金募集行为管理办法》的规定，非公开募集基金，不得向合格投资者之外的单位和个人募集资金，不得通过下列媒介渠道推介私募基金：

①公开出版资料。

②向社会公众的宣传单、布告、手册、信函、传真。

③海报、户外广告。

④电视、电影、电台及其他音像等公共传播媒体。

⑤公共、门户网站链接广告、博客等。

⑥未设置特定对象确定程序的募集机构官方网站、微信朋友圈等互联网媒介。

⑦未设置特定对象确定程序的讲座、报告会、分析会。

⑧未设置特定对象确定程序的电话、短信和电子邮件等通信媒介；

⑨法律、行政法规、中国证监会规定和中国基金业协会自律规则禁止的其他行为。

（2）依据《私募投资基金监督管理暂行办法》的规定，私募基金管理人、私募基金销售机构不得向投资者承诺投资本金不受损失或者承诺最低收益。

①私募基金管理人自行销售私募基金的，应当采取调查等方式，对投资者的风险识别能力和风险承担能力进行评估，由投资者书面承诺符合合格投资者条件；应当制作风险揭示书，由投资者签字确认。

②私募基金管理人委托销售机构销售私募基金的，私募基金销售机构应当采取上述规定的评估、确认等措施。投资者风险识别能力和承担能力问卷及风险揭示书的内容与格式指引，由基金业协会按照不同类别私募基金的特点制定。

③私募基金管理人自行销售或者委托销售机构销售私募基金，应当自行或委托第三方机构对私募基金进行风险评级，向风险识别能力和风险承担能力相匹配的投资者推介私募基金。

（3）投资者应当如实填写风险识别能力和承担能力问卷，如实承诺资产或者收入情况，并对其真实性、准确性和完整性负责。

（三）规定非公开募集基金的基金合同的必备条款

基金合同是规范基金管理人、基金托管人和基金份额持有人等基金当事人权利义务关系的协议。

1.《私募投资基金合同指引 1 号》

根据《私募投资基金合同指引 1 号》,私募基金管理人通过契约形式募集设立私募证券投资基金的,应制定私募投资基金合同。私募基金合同的名称中须标识"私募基金""私募投资基金"字样。私募基金进行托管的,私募基金管理人、基金托管人以及投资者三方应当共同签订基金合同;基金合同明确约定不托管的,应当在基金合同中明确保障私募基金财产安全的制度措施、保管机制和纠纷解决机制。

2.《私募投资基金合同指引 2 号》

根据《私募投资基金合同指引 2 号》,私募基金管理人通过有限责任公司或股份有限公司形式募集设立公司型私募投资基金的,应当制定公司章程。

3.《私募投资基金合同指引 3 号》

根据《私募投资基金合同指引 3 号》,私募基金管理人通过有限合伙形式募集设立合伙型投资基金的,应当制定有限合伙协议。

三、非公开募集基金产品备案制度、基金的托管及销售

(一)非公开募集基金产品备案制度

我国对于非公开募集基金实行产品备案制度,体现了对于非公开募集基金区别监管的理念。依据《中华人民共和国证券投资基金法》的规定,非公开募集基金募集完毕,基金管理人应当向中国基金业协会备案。对募集的资金总额或者基金份额持有人的人数达到规定标准的基金,中国基金业协会应当向中国证监会报告。

《私募投资基金监督管理暂行办法》规定,各类私募基金募集完毕,私募基金管理人应当根据中国基金业协会的规定,办理基金备案手续,报送基本信息。

(二)非公开募集基金的托管

《中华人民共和国证券投资基金法》允许非公开募集基金的当事人对于设置基金托管人做例外约定,即非公开募集基金应当由基金托管人托管,但是基金合同另有约定除外。

《私募投资基金监督管理暂行办法》规定,除基金合同另有约定外,私募基金应当由基金托管人托管。基金合同约定私募基金不进行托管的,应当在基金合同中明确保障私募基金财产安全的制度措施和纠纷解决机制。

四、非公开募集基金的投资运作行为规范

依据《中华人民共和国证券投资基金法》的规定,非公开募集基金财产的证券投资,包括买卖公开发行的股份有限公司股票、债券、基金份额以及中国证监会规定的其他证券及其衍生品种。《私募投资基金监督管理暂行办法》规定,同一私募基金管理人管理不同类别私募基金的,应当坚持专业化管理原则;管理可能导致利益输送或者利益冲突的不同私募基金的,应当建立防范利益输送和利益冲突的机制。

私募基金管理人、私募基金托管人、私募基金销售机构及其他私募服务机构及其从业人员从事私募基金业务,不得有以下行为:

(1)将其固有财产或者他人财产混同于基金财产从事投资活动。

(2)不公平地对待其管理的不同基金财产。

(3)利用基金财产或者职务之便,为本人或者投资者以外的人谋取利益,进行利益输送。

(4)侵占挪用基金财产。

(5)泄露因职务便利获取的未公开信息,利用该信息从事或者明示、暗示他人从事相关的交易活动。

(6)从事损害基金财产和投资者利益的投资活动。

(7)玩忽职守,不按照规定履行职责。

(8)从事内幕交易、操纵交易价格及其他不正当交易活动。

(9)法律、行政法规和中国证监会规定禁止的其他行为。

五、非公开募集基金的信息披露和报送制度

《私募投资基金监督管理暂行办法》规定,私募基金管理人、私募基金托管人应当按照合同约定,如实向投资者披露基金投资、资产负债、投资收益分配、基金承担的费用和业绩报酬、可能存在的利益冲突情况以及可能影响投资者合法权益的其他重大信息,不得隐瞒或者提供虚假信息。信息披露规则由中国基金业协会另行制定。

私募基金管理人应当根据中国基金业协会的规定,及时填报并定期更新管理人及其从业人员的有关信息、所管理私募基金的投资运作情况和杠杆运用情况,保证所填报内容真实、准确、完整。发生重大事项的,应当在 10 个工作日内向中国基金业协会报告。

私募基金管理人应当于每个会计年度结束后的 4 个月内,向中国基金业协会报送经会计师事务所审计的年度财务报告和所管理私募基金年度投资运作基本情况。

私募基金管理人、私募基金托管人及私募基金销售机构应当妥善保存私募基金投资决策、交易和投资者适当性管理等方面的记录及其他相关资料,保存期限自基金清算终止之日起不得少于 10 年。

本章小结

1.基金监管,依据监管主体范围的不同,有广义和狭义两种理解。

(1)广义的基金监管是指有法定监管权的行政机构、基金行业自律组织、基金机构内部监督部门以及社会力量对基金市场、基金市场主体及其活动的监督或管理。

(2)狭义的基金监管一般专指行政监管,即有法定监管权的政府机构依法对基金市场、基金市场主体及其活动的监督和管理。

2.基金监管的基本原则包括以下六个方面:

(1)保障投资人利益原则;

(2)适度监管原则;

(3)高效监管原则;

(4)依法监管原则;

(5)审慎监管原则;

(6)公开、公平、公正监管原则。

3.基金监管的目标如下:

(1)保护投资人及相关当事人的合法权益;

(2)规范证券投资基金活动;

(3)促进证券投资基金和资本市场的健康发展。

4.基金监管体制,是指基金监管活动主体及其职权的制度体系。依据证券法和证券投资基金法的规定,国务院证券监督管理机构即中国证监会是我国基金市场的监管主体,依法对基

金市场主体及其活动实施监督管理。基金业协会作为行业自律性组织,对基金业实施行业自律管理。另外,证券交易所负责组织和监督基金的上市交易,并对上市交易基金的信息披露进行监督。

5.对基金管理人的监管,包括市场准入监管、从业人员的资格和行为的监管等,是基金监管的重要内容。基金机构即基金市场主体,包括基金管理人、基金托管人以及基金销售机构、基金注册登记机构等基金服务机构。

6.我国对公开募集基金监管比较严格。对公募基金的监管,包括下列监管对象:基金公开的募集、公开募集基金销售活动、公开募集基金投资与交易行为、公开募集基金信息披露、基金份额持有人及基金份额持有人大会等。

7.我国对于非公开募集基金的监管,坚持适度监管和区别监管的原则,主要采用原则规范和自律管理相结合,在基金管理人市场准入、基金募集、产品管理、基金运作等方面有别于公开募集基金而进行适度监管。对于非公开募集基金监管的重点集中在募集环节,主要体现为:①确立合格投资者制度。②禁止公开宣传。③规范基金合同必备条款并强化违反监管规定的法律责任。

思考与练习

1.什么是基金监管? 基金监管的目标和意义是什么?

2.基金监管的基本原则包括哪些方面?

3.以基金管理人为例,基金机构监管的主要内容是什么?

4.对公募基金监管比较严格,体现在哪些方面?

5.对非公开募集基金监管的重点集中在哪些环节? 为什么?

6.非公开募集基金募集对象的限制条件是什么?

第五篇　基金绩效评价

第十六章　投资基金业绩评价

> **本章提要**
>
> 　　科学合理的投资基金业绩评价对于投资人、基金管理人与基金行业都具有重要的意义。第一节介绍投资基金业绩评价的目的和原则；第二节介绍绝对收益率与相对收益率；第三节介绍基金业绩绝对收益归因与相对收益归因；第四节介绍基金主动管理能力、业绩持续性和风格分析；第五节介绍基金业绩评价体系。

第一节　投资基金业绩评价概述

一、投资基金业绩评价的目的

　　投资基金业绩评价是指基金评价机构或评价人对基金的投资收益和风险及基金管理人的管理能力开展评级、评奖或单一指标排名或中国证监会认定的其他评价活动。评级是指基金评价机构及其评价人员运用特定的方法对基金的投资收益和风险或基金管理人的管理能力进行综合性分析，并使用具有特定含义的符号、数字或文字展示分析结果的活动。

　　基金业绩评价是促进基金行业健康发展的重要环节，建立一套完备的基金业绩评价体系，无论对基金管理人、潜在的基金投资者，还是从市场监管部门的角度和从基金业自身发展的角度都具有非常重要的意义。

　　(1)对基金管理人的意义。一方面，信息披露和广告宣传都需要基金公司对所管理的基金产品进行客观的业绩评价；另一方面，通过基金业绩评价有助于帮助基金公司更好地量化分析基金经理的业绩水平，为投资目标匹配、投资计划实施与内部绩效考核提供参考依据。

　　(2)对潜在的基金投资者的意义。投资者投资基金的目标是多样化的，如跑赢通货膨胀、获取较高的绝对收益率、获取较高的风险调整后收益率等，通过基金业绩评价，投资者容易选择具有较强管理能力的基金经理，并通过跟踪基金策略，理性选择与其投资目标相适应、有较强投资能力的基金产品进行投资。

　　(3)从市场监管部门的角度和从基金业自身发展的角度，评级可以促使基金市场有序竞争，健康发展。

二、投资基金业绩评价的原则

根据《证券投资基金评价业务管理暂行办法》，基金业绩评价应遵循以下原则：

1.长期性原则

基金业绩评价应注重对基金的长期评价，培育和引导投资人的长期投资理念。基金评价的目的不仅是对基金经理专业能力和投资水平进行评价，也为未来的投资提供参考信息，而两者都是以基金业绩具备持续性为前提的，这就需要基金业绩评价能够尽量区分投资管理的短期运气和长期能力，不得以短期、频繁的基金评价结果误导投资人。

2.公正性原则

保持中立地位，公平对待所有评价对象，不得歪曲、诋毁评价对象，防范可能发生的利益冲突。

3.全面性原则

全面综合评价基金的投资收益和风险或基金管理人的管理能力，不得将单一指标作为基金评级的唯一标准。

4.客观性原则

基金评价过程和结果客观准确，结果可重复，不得使用虚假信息作为基金评价的依据，不得发布虚假的基金评价结果。

5.一致性原则

基金评价标准、方法和程序保持一致，不得使用未经公开披露的评价标准、方法和程序。

6.公开性原则

使用市场公开披露的信息，不得使用公开披露信息以外的数据。

第二节　绝对收益率与相对收益率

一、衡量绝对收益率和相对收益率的主要指标和计算方法

(一)绝对收益率

收益率计算是基金业绩评价的第一步。绝对收益是证券或投资组合在一定时间区间内所获得的回报，测量的是证券或证券投资组合价值的增加或减少，常用百分比来表示收益率。

绝对收益的计算有如下指标：

1.持有区间收益率

投资者购买证券、基金等投资产品，关心的是在持有期间所获得的收益率。持有区间所获得的收益通常来源于两部分：资产回报和收入回报。资产回报是指股票、债券、房地产等资产价格的增加/减少；收入回报包括分红、利息等。

$$资产回报率 = \frac{期末资产价格 - 期初资产价格}{期初资产价格} \times 100\%$$

$$收入回报率 = \frac{期间收入}{期初资产价格} \times 100\%$$

２．时间加权收益率

时间加权收益率是指在每单位时间期间计算其金额加权收益率后,计算整个时间期间收益率的几何平均数。它是一种类似于几何平均收益率,考虑了资金的时间价值,运用了复利思想的收益率。

时间加权收益率(R)的数学公式表达为

$$R = (1+R_1)(1+R_2)\cdots(1+R_n)-1$$

时间加权收益率的计算方法将收益率计算区间分为子区间,每个子区间可以是一天、一周、一个月等。每个子区间以现金流发生时间划分,将每个区间的收益率以几何平均的方式相连接。这样基金的申购、赎回与分红等资金进出不影响收益率的计算。

３．基金收益率

公募基金的资产净值常常以基金单位资产净值的形式公布,即基金净值除以总份额数,也称份额净值,其计算公式为

期末基金单位资产净值＝期末基金资产净值/期末基金单位总份额

与资产净值不同,基金单位资产净值不受基金份额申购赎回的影响。利用基金单位资产净值计算收益率,只需考虑分红。

假定红利发放后立即对本基金进行再投资,且红利以除息前一日的单位净值为计算基准立即进行再投资,分别计算每次分红期间的分段收益率,考察期间的时间加权收益率可由分段收益率相乘得到:

$$R = [(1+R_1)(1+R_2)\cdots(1+R_n)-1]\times 100\%$$
$$= (\frac{NAV_1}{NAV_0}\times\frac{NAV_2}{NAV_1-D_1}\times\cdots\times\frac{NAV_n}{NAV_{n-1}-D_{n-1}})\times 100\%$$

式中:R_1表示第一次分红前的收益率;R_2表示第一次分红后到第二次分红前的收益率;R_n以此类推;NAV_0表示期初份额净值;$NAV_1,\cdots,NAV_{n-1}$分别表示各期除息日前一日的份额净值;NAV_n表示期末份额净值;$D_1,D_2,\cdots,D_n$分别表示各期份额分红。

以上计算方法的假设前提之一是,红利以除息前一日的单位净值减去每份基金分红后的单位净值为计算基准立即进行了再投资。在实际操作中,基金往往规定红利以除息日的单位净值为计算基准确定再投资份额。

（二）相对收益率

基金的相对收益率,又叫超额收益率,代表一定时间区间内,基金收益率超出业绩比较基准的部分。广义来说,相对收益率的概念也涵盖了主动收益、阿尔法收益等。

相对收益可以采用算术法与几何法两种方法进行计算:

$$ER_a = R_p - R_b$$
$$ER_g = \frac{R_p+1}{R_b+1}-1$$

式中:ER_a代表算术法计算的相对收益;ER_g代表几何法计算的相对收益;R_p为基金收益;R_b为基准收益。

二、超额收益 α 值

α值是证券投资基金绩效评价中常用的一项指标,用于描述被投资证券或组合的非系统性风险,是基金的实际收益和按照β系数计算的期望收益之间的差额。期望收益是β系数和

市场收益的乘积,反映基金由于市场整体变动而获得的收益。其定义为:单个证券或组合超过市场平均收益的幅度,即

$$\alpha = R_p - R_b$$

式中:R_p为单个证券或组合的收益率;R_b为市场平均收益率。

导致 α 值变化的因素很多,主要有分红差异、收益稳定程度、行业前景等。证券投资组合的 α 值来源只有两个:第一是对于组合中资产的配置,对于单个证券和市场组合的超配或者低配在不同的市场情况下,会引起 α 值的不同方向的波动。例如,在市场行情较好的情况下,低配标的指数的市场组合证券资产,超配单个证券会提升 α 值。第二是对于组合中单个证券的选择,如果基金经理投资能力较强,能够较好地识别优质个股或债券,则会为投资组合带来更高的超额收益。

三、风险调整后收益的主要指标的定义、计算方法和应用

根据基金评价的全面性原则,要综合考虑风险和收益,全面综合评价基金的投资收益和风险,重在评价基金投资超额收益能力和风险管理的能力,即基金经风险调整后的超额收益能力。以下讨论风险调整后收益主要指标和实际应用方法。

(一)风险调整后收益的主要指标的定义和计算方法

1. 夏普比率(S_p)

$$S_p = \frac{\overline{R_p} - \overline{R_f}}{\sigma_p}$$

式中:S_p表示夏普比率;$\overline{R_p}$表示基金的平均收益率;$\overline{R_f}$表示平均无风险收益率;σ_p表示基金收益率的标准差。

夏普比率是诺贝尔经济学奖得主威廉·夏普于 1966 年根据资本资产定价模型(CAPM)提出的经风险调整的业绩测度指标。基金收益率和无风险收益率应用平均值的原因,是在测度期间内两者都是不断变化的;夏普比率数值越大,表示单位总风险下超额收益率越高。

2. 特雷诺比率(T_p)

特雷诺指数是由经济学家特雷诺提出的,他基于马科维兹资产组合理论,认为通过分散可以消除组合内单一证券的非系统性风险,那么只需要刻画系统性风险与收益之间的关系即可评价投资业绩。因此,其表示为

$$T_p = \frac{\overline{R_p} - \overline{R_f}}{\beta_p}$$

式中:T_p表示特雷诺比率;$\overline{R_p}$表示基金的平均收益率;$\overline{R_f}$表示平均无风险收益率;β_p表示系统性风险。

特雷诺指数越大,单位系统性风险所获得的溢价越高,基金的绩效越好,基金管理者在管理的过程中所承担的超额风险有利于投资者获利。相反,特雷诺指数越小,单位系统性风险所获得的溢价越低,基金的绩效越差,基金管理者在管理的过程中所承担的超额风险不利于投资者获利。特雷诺指数反映系统性风险的大小,所以并不会体现基金经理对于非系统性风险的分散程度,即无法体现基金经理选股、配股、组合、分散的能力。

3. 詹森 α

詹森 α 值,是基于 CAPM 模型产生的衍生形态。它主要衡量基金经理的投资收益相较于

市场上其他投资经理的收益或组合资产自身的内在收益率之间是否存在超额部分。表示为

$$\alpha_p = (\overline{R_p} - \overline{R_f}) - \beta_p (\overline{R_M} - \overline{R_f})$$
$$= \overline{R_p} - [\overline{R_f} + \beta_p (\overline{R_M} - \overline{R_f})]$$

式中：$\overline{R_p}$ 表示基金的平均收益率；$\overline{R_f}$ 表示平均无风险收益率；β_p 表示系统风险；$\overline{R_M}$ 表示市场平均收益率。

我们可以看到它是用基金投资收益减去 CAPM 模型计算出的内在收益率得出的事后投资业绩评价指标，它们之间的差值越大，詹森系数越大，反映基金经理的投资能力越强。但由于它还是基于 CAPM 模型产生的，会受限于 CAPM 模型本身的一些假设和局限性，以及作为事后参考指标无法指导基金选择行为，所以不太适用于当下的投资环境。相比，前面的超额收益 α 值更具有实际应用意义，晨星评价采用这一 α 系数。

指标的范围及意义：

若 $\alpha_p = 0$，说明基金组合的收益率与处于相同风险水平的市场指数的收益率不存在显著差异；

当 $\alpha_p > 0$ 时，说明基金表现要优于市场指数表现；

当 $\alpha_p < 0$ 时，说明基金表现要弱于市场指数表现。

4. 信息比率（IR）

信息比率是基于马科维茨均值方差模型所衍生出的很好的基金绩效评价指标。它所衡量的是投资组合每一单位超额收益所承担的主动风险或追踪误差风险。基于这一定义，信息比率的公式可以表示为

$$\text{IR} = \frac{\overline{R_p} - \overline{R_b}}{\alpha_{p-b}}$$

式中：$\overline{R_p}$ 表示投资组合的平均收益率；$\overline{R_b}$ 表示业绩比较基准的平均收益率，两者之差即为超额收益；α_{p-b} 表示跟踪误差。

信息比率是对相对收益率进行风险调整的分析指标。

信息比率是对夏普比率的一个补充，它更为强调基金经理主动行为在其中的作用，更多地展示了主动追求超额收益所带来的收益与风险之间的关系。并且它可以视为对基金经理未来投资能力的一个预测指标，因此信息比率还可以通过基金经理预测收益与实际收益的相关系数、基金经理执行投资操作的能力和独立预测能力表示出来。信息比率越大，说明基金经理单位跟踪误差所获得的超额收益越高，因此，信息比率较大的基金的表现要优于信息比率较低的基金。投资者在选择基金时考虑的一个重要因素就是基金公司能否提供一个明确的业绩预期。因此，信息比率对考察基金经理的绩效具有非常重要的意义，因为其奖励的不是绝对业绩，而是持续稳定的业绩。合理的投资目标应该是在承担适度风险的情况下，尽量追求高信息比率。

（二）特雷诺比率、詹森 α 与证券市场线的关系

1. 夏普比率、特雷诺比率、詹森 α 的关系

特雷诺比率与夏普比率相似，均假定风险与收益之间呈线性关系，两者的区别在于特雷诺比率使用的是系统性风险，夏普比率则对总体风险进行了衡量。对于一个充分分散化的基金组合，其总体风险等于系统性风险，因而特雷诺比率等于夏普比率。

詹森 α 与特雷诺比率一样，假定投资组合充分分散化，即投资组合的风险仅为系统性风

险,用 β 系数衡量。詹森 α 指标仅在相同风险等级的基金群体中可以比较,在不同风险等级的基金群体中不可比较。

2.特雷诺比率、詹森 α 与证券市场线的关系

CAPM 是风险调整后收益指标的理论基础。我们使用 CAPM 将投资组合收益分解为与市场风险相关的 β 带来的收益以及超额的 α 收益(见图 16 - 1)。

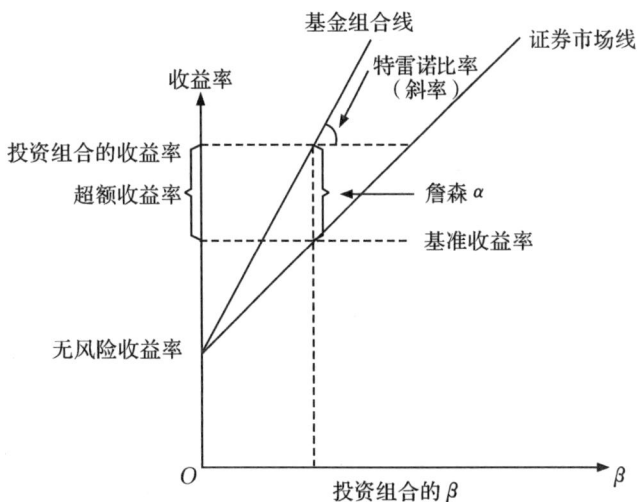

图 16 - 1　特雷诺比率、詹森 α 与证券市场线的关系

图 16 - 1 中,证券市场线表示了市场风险暴露程度以及与之相对应的收益,詹森 α 是投资组合收益扣除市场组合风险回报收益后剩余的超额收益。特雷诺比率是投资组合线的斜率,反映了投资组合承担单位市场风险所获得的收益。很明显,投资组合线的斜率大于市场组合的斜率,具有更高的单位风险回报。

(三)风险调整后收益主要指标的应用方法

以上的内容是理论性的分析。在实际应用 CAPM 进行事后风险调整时,一般采用经验方法。

(1)理论上的无风险收益率是 1 年期国债收益率,实际中并不采用。例如,晨星评价在我国用 1 年期银行定期存款利率代替。这是因为这个利率比较稳定,易获得。

(2)没有普遍接受或使用的具有完全代表性的市场指数。晨星评价采用同类基金的平均收益率水平作为基准指数。

(3)β 系数是随时间变化的。计算一般选取近期的数据。

四、基金业绩评价的基准组合

在基金业绩评价的各种模型中,会涉及基准组合的选取。传统的 CAPM 和 APT 的业绩度量的结果往往存在较大偏差。

实际操作中,一般根据投资范围和投资目标选取基准指数。基准指数可以是全市场指数、风格指数,也可以是由不同指数组合而成的复合指数。如果一个基金的目标是投资特定市场或特定行业就可以选取该市场或行业指数。例如把创业板指数或医药生物行业指数作为业绩比较基准。此外,也可以选取几个指数的组合作为一个基金的业绩比较基准。例如混合型基金经常选取这样的业绩比较基准。

第三节 基金业绩的绝对收益归因 与相对收益归因

基金业绩评价的一个重要方面就是关心基金业绩的来源及原因,即基金业绩归因。这又分为绝对收益归因与相对收益归因。绝对收益归因中,我们考察在特定区间内,每个证券和每个行业对组合整体收益是如何贡献的;相对收益归因是对于追求相对收益的基金,管理人更关心基金是如何跑赢或跑输业绩比较基准的。

一、绝对收益归因

在绝对收益归因中,我们考察在特定区间内,每个证券和每个行业对组合整体收益是如何贡献的。假设在考察区间内没有交易行为,每个证券的贡献为自身的收益率乘以其初始权重,即:

$$C_i = \frac{\text{BMV}_i}{\sum_{i=1}^{n} \text{BMV}_i} R_i$$

式中:BMV 表示证券期初市场价格;R 表示区间收益率;C 表示收益贡献;i 表示单个收益贡献因素;n 表示贡献因素总数量。

二、相对收益归因

(1)对于追求相对收益的基金,管理人和投资者更关心基金是如何跑赢或跑输其业绩比较基准的。

(2)对股票投资组合进行相对收益归因分析,最常用的是 Brinson 模型。Brinson 模型分为两种:BHB 模型和 BF 模型。

(3)投资经理在考虑如何战胜指数时,可以进行各种不同的资产配置或挑选不同的证券。在 Brinson 模型中,资产配置效应是指把资金配置在特定的行业子行业或其他投资组合子集带来的超额收益;选择效应是挑选证券带来的超额收益。

下面以 BHB 模型为例,对资产配置效应和选择效应进行具体分析。

假定 r_{ip} 为投资组合中第 i 项投资子集的收益率,r_{ib} 为基准中第 i 项投资子集的收益率,w_{ip} 为第 i 项投资子集在投资组合中的权重,w_{ib} 为第 i 项投资子集在基准中的权重,则相对收益为

$$\sum r_{ip} w_{ip} - \sum r_{ib} w_{ib}$$

进行项目的加减变化,整理得:

$$= \sum r_{ib} w_{ip} + \sum r_{ib} w_{ip} - \sum r_{ib} w_{ip} - \sum r_{ib} w_{ib}$$

$$= \sum r_{ib} w_{ip} - \sum r_{ib} w_{ip} + \sum r_{ib} w_{ip} - \sum r_{ib} w_{ib}$$

$$= \sum r_{ib} (w_{ip} - w_{ib}) + \sum (r_{ip} - r_{ib}) w_{ip}$$

第一项为资产配置效应,第二项为选择效应。下面具体解释。

(1)资产配置效应。

在一个持有期内,组合第 i 项投资子集的配置效应为该项投资子集在基准中的收益率乘以该项投资子集在投资组合与基准中的权重之差:

$$r_{ib}(w_{ip} - w_{ib})$$

对于投资组合整体而言,资产配置效应为所有投资子集的配置效应之和,即

$$\sum r_{ib}(w_{ip} - w_{ib}) = \sum r_{ib} w_{ip} - \sum r_{ib} w_{ib}$$

这种分析方式是保持基准中的收益率不变,只考察权重配置单因素带来的影响,即资产配置效应。

(2)选择效应。

在一个持有期内,组合第 i 项投资子集的选择效应为该项投资子集在组合和基准中的收益率之差乘以该项投资子集在投资组合中的权重:

$$(r_{ip} - r_{ib})w_{ip}$$

对于投资组合整体而言,选择效应为所有投资子集配置效应之和,也就是每个投资子集超额收益的加权平均:

$$\sum (r_{ip} - r_{ib})w_{ip}$$

这种分析方式是保持投资子集在投资组合中的权重不变,只考察投资子集在组合和基准中的收益率之差的单因素影响,即资产选择效应。

案例 16-1 对基金产品业绩进行绩效评估——Brinson 归因方法

有一些方法可以对基金产品业绩进行绩效评估,比如分析个股的盈亏、各行业的盈亏。这里主要讨论 Brinson 归因,它的意思是:我们寻找一个基准收益与我们的投资组合收益作为对比,考察我们的投资组合与基准相比存在的差异,并认为这样的差异是我们获得与基准不同收益的原因,于是也就对我们取得的收益进行了拆分。进行拆分就能看到,我们的投资组合在行业配置方面的能力和个股选择方面的能力。利用 Brinson 归因就能看到,我们的收益究竟来源于哪里(见表 16-1)。

表 16-1 Brinson 归因

行业	组合		基准		组合-基准	
	期末权重	累计业绩贡献	期末权重	累计业绩贡献	期末权重	累计业绩贡献
材料						
电信服务						
房地产						
工业						
……						

第四节 基金主动管理能力、业绩持续性和风格分析

基金评价是一个复杂的多目标多因素问题,它不仅涉及基金业绩的度量,也包括基金业绩的主动管理能力、业绩持续性以及投资风格等多方面的分析和评估。

一、主动管理能力分析

为有效评价基金主动投资管理能力，学者们提出不同的基于收益率的时间序列回归模型来检验基金经理有效获取超额收益的能力。

(1)使用基于 Carhart 四因子模型的 T-M 四因子模型来评估基金经理选股能力和择时能力。

$$R_p - r_f = a + b(R_m - r_f) + c(R_m - r_f)^2 + d \times SMB + e \times HML + f \times MOM + \varepsilon$$

式中：$R_p - r_f$ 是基金组合的超额收益率；$R_m - r_f$ 是市场组合的超额收益率；SMB 为规模因子，代表小盘股与大盘股之间的溢价；HML 为价值因子，代表价值股与成长股之间的溢价；MOM 为动量因子，代表过去一年内收益率最高的股票与最低的股票之间的溢价。

当 a 显著大于零时，说明基金经理为投资者带来了统计上显著的超额收益，表明基金经理具有正确的选股能力；当 a 显著小于零时，说明基金经理为投资者带来的是负的超额收益，表明基金经理具有错误的选股能力；当 a 接近于零时，说明基金经理没有选股能力。

c 代表基金经理的择时能力。如果它显著大于 0，说明基金经理具有择时能力。

(2)H-M 模型，引入一个带有虚拟变量的模型：

$$R_p - r_f = a + b(R_m - r_f) + c(R_m - r_f)^2 D + \varepsilon_P$$

D 是虚拟变量，当 $R_p - r_f > 0$ 时，$D=1$；否则 $D=0$。如果 D 在统计上显著大于零，表明基金存在时机选择能力。

(3)C-L 模型：

$$R_p - r_f = a + b \times \min(0, R_m - r_f) + c \times \max(0, R_m - r_f) + \varepsilon_P$$

其中 b, c 分别表示空头市场与多头市场下的 β 系数，当 $c - b > 0$ 时，就表示基金经理人存在择时能力。根据市场买卖盘的强弱引进双 β 概念，通过比较两个 β 差值的大小，判断基金的择时能力。

二、基金业绩的持续性分析与预测

基金业绩的持续性是指前期业绩较好的基金在未来一段时间内的业绩也会相对较好，而前期业绩较差的基金在未来一段时间内的业绩也会相对较差的现象。基金业绩的持续性分析着眼于对基金过去表现与未来表现之间关系的研究，亦即对基金业绩是否具有可预测性的研究。

早在夏普和詹森提出基金业绩的分析指标之时，有关基金业绩持续性的分析就已经开展。国外对基金业绩持续性的实证研究成果较多，用到的研究方法主要有以下三种。

1. 基于基金输赢变化的或然表的方法

或然表实际上是一张简单的概率分布表，反映的是所有样本基金在连续两个时期内分别处于"输赢""输输""赢输""赢赢"四种状态的数量。

2. 基金收益序列的回归系数检验

回归系数法主要是通过检验一组基金后期的业绩对前期业绩进行回归的斜率系数是否显著对业绩持续性进行判断。

3. 基金收益率排序的 Spearman 等级相关系数的检验

Spearman 等级相关系数检验法是将基金前后期的业绩进行排序，用 Spearman 等级相关系数检验前后期基金业绩排名顺序是否有变化。如果前后业绩排名具有显著正相关时，则表明基金业绩具有持续性。

三、基金投资风格分析

基金投资风格分析普遍认为具有实际意义，是进行基金业绩评价的前提。识别基金投资风格的方法有事前分析和事后分析两种。事前分析，是根据基金招募说明书中投资目标和投资策略来确定基金的投资风格；事后分析，是根据基金在实际运作期间表现出来的特征来识别其投资风格，具体可以分为两类——基于组合的风格分析和基于收益率的风格分析。学术界及业界一般集中于事后风格分析。

1.基于组合的风格分析

基于组合的风格分析方法是目前评估基金投资风格的常用方法，一般是在某个时点上先将市场上所有股票分别按照某几项特征分档，然后再根据每只基金所持股票的各项特征值计算出该基金在每一项特征上的加权平均值，并比照股票分档点归入某一档，以此确定每只基金在该时点上的投资风格。如大盘、小盘基金。在此基础上，再计算所有基金在某项特征上的平均值，与市场上所有股票在相应特征上的平均值相比较，或者计算某项特征的基金净值占全部基金总净值的比，与相应特征的参考标准对比，以此评价基金的总体投资风格。如描绘股票的价值-成长定位，分为价值型、平衡型、成长型基金。

在实践中，基于组合的风格分析方法被基金公司和评估机构广泛采用，如美国的晨星公司的基金投资风格箱方法。

晨星投资风格箱方法创立于 1992 年，旨在帮助投资人分析基金的投资风格。晨星投资风格箱是一个正方形，划分为九个网格。纵轴描绘股票市值规模的大小，分为大盘、中盘、小盘；横轴描绘股票的价值-成长定位，分为价值型、平衡型、成长型。如基金投资风格为"大盘价值型"。详细见第十七章。

2.基于收益率的风格分析

基于收益率的风格分析是资产收益率的多因素模型在风格分析中的运用，即根据基金的收益率对各种风格资产（以相应的风格指数代表）收益率的敏感性来确定基金的投资风格。

夏普提出了一个十二因素模型用于基金的投资风格分析，该方法是一种有限制的二次型优化方法，即通过在预先设定的一组基金指数上对基金的投资组合回报进行回归，来确定与基金实际行为近似的资产组合。按其描述可以表示为

$$R_{pt} = \sum_{j=1}^{n} \beta_{pj} F_{jt} + \varepsilon_{pt}$$

式中：R_{pt} 为基金的投资组合 p 在 t 时期的收益率；F_{jt} 为第 j 种风格资产在 t 时期的收益率；β_{pj} 为投资组合 p 的收益率对第 j 种风格资产的敏感系数，且 $\beta_{p1}, \beta_{p2}, \cdots, \beta_{pm} \geqslant 0$，$\sum_{j=1}^{n} \beta_{pj} = 1$；残差 ε_{pt} 表示基金投资组合收益率与同风格的被动组合收益率之差，因而可以用来解释基金的选择能力，包括选择证券能力与市场择时能力；$R_{pt} - \varepsilon_{pt}$ 解释了基金的投资风格。

根据上述公式用基金过去若干期的收益率数据与各种风格资产的收益率数据进行多元线性回归，并用统计上的回归方法估计敏感系数 β_{pj}，所有敏感系数中最大者对应的资产类风格就是该基金的投资风格。

此外，一些学者运用数学规划、神经网络、混沌理论等提出了许多新的基金业绩评价方法。由于这些方法属于探索性质，传统的基金业绩评价方法目前仍然是主流。

第五节　基金业绩评价体系

一、国内外主流基金评价体系要点

（一）基金业绩评价业务介绍

2010年5月，中国证券业协会公布了第一批具有协会会员资格的基金评价机构名单，主要包括3家证券投资咨询机构及独立基金评价机构，分别为：晨星资讯（深圳）有限公司、天相投资顾问有限公司、北京济安金信科技有限公司；4家证券公司，分别为：中国银河证券股份有限公司、海通证券股份有限公司、招商证券股份有限公司、上海证券有限责任公司；3家基金评奖机构，分别为：中国证券报社、上海证券报社、深圳证券时报社有限公司。

基金业绩评价包括基金分类、评价指标计算、评价结果发布等多个环节，经过多年的发展和实践，国内外基金评价机构已经形成各具特色、各有侧重的基金业绩评价体系。

（二）国内外主流基金业绩评价体系的特点

1. 基金分类

基金业绩评价机构的业务特色集中于基金类别细分，将基金依据基金合同、投资策略等进行细化分类，注重基础数据的采集处理，以使相同分类中各基金收益率的可比性。

2. 方法模型

在单因素模型的基础上，结合国内基金投资实践，开发出多因素模型，精确度量股票型基金因承担债券市场风险产生的超额收益或债券型基金因承担股票市场风险产生的超额收益。

3. 充分考虑公募基金相对收益的特征

基金评价方法体系中充分考虑公募基金相对收益的特征，评估每只基金长期超越自身基准的能力，目的是鞭策基金管理人遵照基金契约与投资业绩基准，为投资者创造长期超额收益。

4. 充分考虑信息有效性因素

在基金评价过程中，为体现最近期数据在评价过程中包括最新有效信息的重要性，较近期赋予较高权重，综合考察基金创造超额收益的能力。

5. 关注基金的下行风险

在考察基金"选股（证券）、择时和仓位控制（风险管理）"三大投资管理能力的同时，还要关注基金的下行风险，因为组合向下的风险才是投资者真正担心的。

为了便于投资者直观理解，多数基金业绩评价机构将基金在同类中的排名情况用"星级"表示。投资者既要理解星级背后代表的各家评级机构评价方法和逻辑，也要充分认识到基于历史数据和统计方法预测未来表现的不确定性问题。

下一章我们对上述特点展开具体分析与讨论。

二、全球投资业绩标准（GIPS）的作用、特点和相关规定

（一）全球投资业绩标准（GIPS）的作用

CFA协会在1995年开始筹备成立全球投资业绩标准（GIPS）委员会，负责发展并制定单一绩效的呈现标准。该标准的作用是通过制定业绩报告，确保投资表现结果获得充分的声明

与披露,并对实际情况做出完整的衡量与体现。

自 1999 年 CFA 协会正式批准 GIPS 为全球投资业绩标准以来,它已经逐渐为各国所接受。此后,GIPS 委员会随着行业的变化不定期对标准进行调整。

遵循 GIPS 可以提高业绩报告的透明度,确保在一致、可靠、公平且可比的基础上报告投资业绩数据,让不同投资管理机构的投资业绩具有可比性。

(二)GIPS 特点

(1)GIPS 非强制,属于自愿参与性质,并代表业绩报告的最低标准。

(2)GIPS 标准包含两套:一套为必须遵守的规定,投资管理机构必须在全体一致遵守所有规定的情况下,方可宣称已符合标准;另一套为推荐遵守的行业最高标准。为了实现 GIPS 的目标,公司在符合规定的同时,也应努力遵守最高标准。

(3)为了防止机构仅展示业绩良好的组合,GIPS 规定投资管理机构应将所有可自由支配预期投资策略及收取管理费的组合,根据相同策略或投资目标,纳入至少一个以上的组合群。

(4)除成立未满 5 年的投资管理机构外,所有机构必须汇报至少 5 年以上符合 GIPS 的业绩,并于此后每年更新业绩,一直汇报至 10 年以上的业绩。公司可关联 2000 年 1 月 1 日之前不符合标准的业绩,但自该日起的业绩必须遵守最新的 GIPS 标准。

(5)GIPS 依赖于输入数据的真实性与准确性。投资管理机构应遵守 GIPS 规定的计算方式和呈现模式,并对规定内容进行充分的声明与披露。

(三)GIPS 输入数据的相关规定

(1)自 2011 年 1 月 1 日起,组合必须以公允价值进行实际估值。对于交易不频繁或难以获取市价的证券,投资管理机构应采用受广泛认可的其他合理估值方式,并遵守 GIPS 估值原则。进行估值的日期应为月底或月内的最后一个交易日。

(2)自 2010 年 1 月 1 日起,组合须至少每月度进行一次实际估值,并在所有出现大额对外现金流的日子进行实际估值。

(3)自 2005 年 1 月 1 日起,投资管理机构必须采用交易日会计制。

(4)对固定收益类等应计利息的证券,必须采用权责发生制。

(四)GIPS 收益率计算的相关规定

(1)必须采用总收益率,即包括实现的和未实现的回报以及损失并加上收入。

(2)必须采用经现金流调整后的时间加权收益率。不同时期的回报率必须以几何平均方式相关联。最低要求为:自 2010 年 1 月 1 日起,必须在所有出现大额对外现金流的日子对投资组合进行实际估值。

(3)投资组合的收益必须以期初资产值加权计算,或采用其他能反映期初价值及对外现金流的方法。

此外,在投资组合中持有的现金及现金等价物的收益、扣除期内的实际买卖开支、计算组合群收益、直接买卖开支计提等都有具体规定。

(五)GIPS 的相关规定和 GIPS 信息披露与报告展示的相关规定

GIPS 组合群设定和关于信息披露与报告展示的条款众多,对于必须公开的具体信息以及必须在业绩报告里做出展示的内容做了详细的规定。

本章小结

1.投资基金业绩评价是指基金评价机构或评价人对基金的投资收益和风险及基金管理人的管理能力开展评级、评奖或单一指标排名等。基金业绩评价是促进基金行业健康发展的重要环节,建立一套完备的基金业绩评价体系,无论对基金管理人还是基金投资者都具有非常重要的意义。

2.基金业绩评价应遵循如下原则:长期性原则、公正性原则、全面性原则、客观性原则、一致性原则。

3.绝对收益是证券或投资组合在一定时间区间内所获得的回报。其计算方法有:①持有区间收益率;②时间加权收益率;③基金收益率。

4.基金的相对收益率,又叫超额收益率,代表一定时间区间内,基金收益率超出业绩比较基准的部分。广义来说,相对收益率的概念也涵盖了主动收益、阿尔法收益等。

5.α值是证券投资基金绩效评价中常用的一项指标,用于描述被投资证券或组合的非系统性风险,是基金的实际收益和按照β系数计算的期望收益之间的差额,期望收益是β系数和市场收益的乘积,反映基金由于市场整体变动而获得的收益。

6.风险调整后收益的主要指标:

(1)夏普比率(S_p)　　　　　$S_p = \dfrac{\overline{R_p} - \overline{R_f}}{\sigma_p}$

(2)特雷诺比率(T_p)　　　　　$T_p = \dfrac{\overline{R_p} - \overline{R_f}}{\beta_p}$

(3)詹森 α　　　　　$\alpha_p = \overline{R_p} - [\overline{R_f} + \beta_p(\overline{R_M} - \overline{R_f})]$

(4)信息比率(IR)　　　　　$\text{IR} = \dfrac{\overline{R_p} - \overline{R_b}}{\alpha_{p-b}}$

7.特雷诺比率与夏普比率相似,均假定风险与收益之间呈线性关系,两者的区别在于特雷诺比率使用的是系统性风险,夏普比率则对总体风险进行了衡量。对于一个充分分散化的基金组合,其总体风险等于系统性风险,因而特雷诺比率等于夏普比率。

8.特雷诺比率、詹森 α 与证券市场线的关系:我们使用 CAPM 将投资组合收益分解为与市场风险相关的 β 带来的收益以及超额的 α 收益。詹森 α 是投资组合收益扣除市场风险暴露部分剩余的收益。特雷诺比率是无风险收益到投资组合收益两点间直线的斜率,反映了承担单位市场风险所获得的超额收益。

9.在绝对收益归因中,我们考察在特定区间内,每个证券和每个行业如何贡献到组合的整体收益。

10.相对收益归因:①对于追求相对收益的基金,管理人和投资者更关心基金是如何跑赢或跑输其业绩比较基准的。②对股票投资组合进行相对收益归因分析,最常用的是 Brinson 模型。Brinson 模型分为 BHB 模型和 BF 模型。③投资经理在考虑如何战胜指数时,可以进行各种不同的资产配置或挑选不同的证券。在 Brinson 模型中,资产配置效应是指把资金配置在特定的行业子行业或其他投资组合子集带来的超额收益;选择效应是挑选证券带来的超额收益。

11.基金投资风格检验方法:①基于组合的风格分析;②基于收益率的风格分析。

12.国内外主流基金业绩评价体系的特点：基金分类、方法模型、充分考虑公募基金相对收益的特征、充分考虑信息有效性因素、关注基金的下行风险。

思考与练习

1.基金业绩评价的原则有哪些？

2.简述风险调整后收益的主要指标及其含义。

3.夏普比率、特雷诺比率、詹森 α 的关系是什么？

4.特雷诺比率、詹森 α 与证券市场线的关系是什么？

5.以 BHB 模型为例，推导资产配置效应、选择效应公式，并进行必要分析。

6.基金投资风格检验方法有几种？

7.简述国内外主流基金业绩评价体系的特点。

第十七章 晨星基金报告与评价案例

本章提要

为了全面把握基金报告的框架与内容，掌握投资基金评价的基本原理以及真实体验实际应用场景，晨星基金报告与评价案例具有很强的代表性，亦作为之前各章内容的收尾和总结。第一节介绍晨星公司及其规模、创新的投资研究、晨星品牌与领先的技术和方法；第二节进行晨星基金报告项目与评价解读，包括基金摘要、总回报、晨星星级评价、投资组合等；第三节是易方达中小盘混合基金的实际基金报告；第四节是开展课堂案例讨论的问题和思考方向。

第一节 晨星基金评价案例背景

晨星资讯(深圳)有限公司成立于 2003 年 2 月 20 日，是晨星公司在中国设立的子公司。位于美国芝加哥的晨星公司(Morningstar)由现任董事长乔·曼斯威托于 1984 年创立，为投资者提供专业的财经资讯、基金及股票的分析和评级，以及方便、实用、功能卓著的分析应用软件工具，是目前美国最主要的投资研究机构之一和国际基金评级的权威机构。

晨星公司是一个跨国公司，有 2900 名成员分布在美国、加拿大、欧洲、日本、韩国、澳大利亚、新西兰及中国，为全球的投资者提供关于 260000 多种基金、股票投资的数据和资讯以及分析工具。晨星自身并不进行基金和股票投资，这是凸显其评级和分析的独立性和客观性的首要保证。晨星专注于帮助个人投资者做出正确的投资决策，通过客观全面的分析和比较，帮助他们确定完整的、合乎个人需求与特点的投资方案。晨星拥有 20 年来被证明了的成功经验，拥有世界级的研究分析师队伍、数百名资深的软件开发和专业版面的设计人员。

晨星是投资研究的创新先锋，在某些方面晨星的产品和方法已经成为业内的行业标准，比如：晨星评级(Morningstar Rating)、投资风格箱(Investment Style Box)、分类评级(Category Rating)等，这些工具不但专业，而且简单易用，可以帮助投资者做出明智的投资决策。

晨星的品牌被广大机构和个人投资者认可和信任。据美国证券监会(SEC)的一份调查报告，美国有三分之一的投资人认识 Morningstar 的品牌，而《华尔街日报》的调查结果表明，在美国的基金研究和评价机构中，Morningstar 名列第一。投资者信任和依赖晨星的数据和资讯，而晨星则为投资者引导了投资机会。

晨星初入中国，已经引起广大投资人的关注。2004 年 3 月 15 日，晨星推出中国的基金业绩排名，在业内引起轰动；晨星相继推出 2003、2004、2005、2006 年度"晨星中国基金经理颁奖"，以独立客观性得到广大投资者的认可。晨星已逐渐成为中国基金行业内最值得信赖的品牌。

晨星坚持对证券和资产的基本面进行分析。对基金和保险产品的分析将追溯至其投资组合的具体证券品种。晨星并不预测股票价格等短期内的市场波动和走势,而是通过计算公司真正的内在价值,判定其市场价格是否背离了公司本身的价值。在投资理财计划方面,晨星认为,个人投资者应当了解投资的过程和原则,在投资组合层面考虑投资策略和行为。因为能否实现适合个人境况和要求的理财目标,是衡量投资成功与否的唯一标准。

多年来,晨星不断投入资源来发展技术,在全球有300多个IT工程师,专注于开发软件产品,提升现有的各种工具。在很多其他机构还在用DOS系统的时候,他们是第一家运用互联网工具来开发应用软件的。晨星的技术强调灵活性和实用性,让使用者得到更好的投资经验。

第二节 晨星基金报告项目与评价解读

一、基金摘要

简明给出基金的重要基本信息,包含基金的基本资料、基金管理、基金费率、申购须知等内容。

(一)基本资料

(1)单位资产净值:每一基金单位代表的基金资产的净值。单位资产净值计算的公式为

$$单位资产净值＝(总资产－总负债)/基金单位总数$$

(2)净值单日变动:记录基金单位净值的每日变化。

(3)净值单日变动(%):最近两个交易日净值变动比例。计算公式:

$$单日变动(\%)＝[(当前净值－上一交易日净值)/上一交易日净值]×100\%$$

(4)总净资产:基金资产净值。

(5)最低投资额:开户的最低投资额。

(6)申购/赎回状态:说明基金当前是否允许申购和赎回。

(二)基金管理

(1)基金成立日:基金正式设立的日期,一般以基金成立公告中公布的成立日期为准。

(2)基金经理:基金公开资料中列明直接管理基金的个人或团队。

(3)基金管理公司:负责管理基金运作的公司。

(4)销售机构:可以进行基金买卖的公司,一般为银行、证券公司、基金公司和第三方销售机构。

(三)基金费率

(1)管理费。管理费是给予基金管理公司作为管理投资组合的费用。

(2)托管费。托管费是基金应给付基金托管人的管理费,按基金前一工作日的基金资产净值与相应的托管费率计算。

(3)申购费。申购费可分为前端收费和后端收费,投资者可选择在申购本基金或赎回本基金时交纳申购费。投资者选择在申购时交纳的称为前端申购费,投资者选择在赎回时交纳的称为后端申购费。

(4)赎回费。投资者在赎回基金份额时,应交纳赎回费用。赎回费用由赎回人承担,在扣

除注册登记费和相关手续费后,余额归基金所有。赎回费率一般随赎回基金份额持有年份的增加而递减。

(四)申购须知

(1)申购额:申购基金时的最低申购额度。

(2)增购额:增购基金时的最低增购额度。

(3)联络资料:包括基金公司的名称、地址及电话,方便投资者联络有关公司获取基金相关信息。

二、总回报

(一)基金表现

1.每万元波动

每万元波动是指通过计算每万元初始投资额的变动,来体现基金过去的业绩。图 17-1中所显示的回报没有扣除认/申购费用。每万元的投资额变动(灰线),是以基金发行价或图中显示的第一年基金单位净值作为基价。图中还显示同类基金(中黑线)、基准指数(黑线)每万元升幅,以便投资人进行比较。

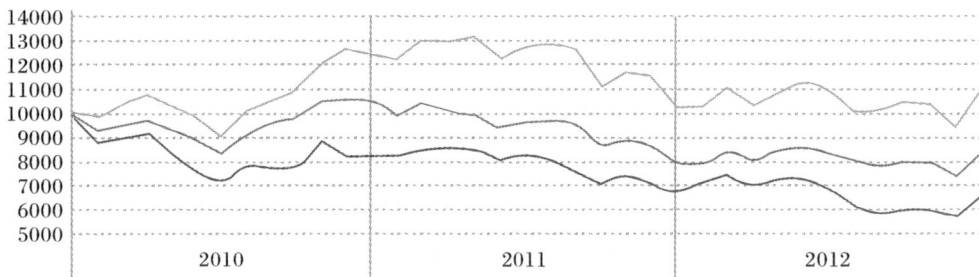

图 17-1　每万元投资额变动

2.总回报(%)

总回报是基金在一定时期内的收益,是衡量基金以往表现的最基本方法。总回报的来源有两部分:一是收入回报,即基金在一定时期内收到的分红和利息收入,例如股息、债券利息和银行存款利息等;二是资本回报,反映基金所持有的股票与债券价格涨跌的幅度。计算总回报的假设前提是投资人在期初购买了基金单位;投资人将所得分红均用于再投资;不考虑税收、交易费用。总回报的计算结果可能与其他资料来源(例如基金公司印发的基金资料)有一定的差异,原因主要为各机构采用不同的计算方法或数据来源。

3.年度总回报(%)

年度总回报是以上年末为期初,本年末为期末,计算的总回报。

4.历史总回报(%)

晨星提供的总回报计算周期包括最近一个月,最近三个月,最近六个月,最近一年,最近两年,最近三年,最近五年,最近十年,今年以来,基金设立以来。上述计算周期以日历为参照,其中计算周期大于一年的总回报进行年度化计算:

$$\text{AnnTR} = (1+\text{TR})^{1/k} - 1, k \text{ 为年份数。}$$

5.最差三个月回报(%)

最差三个月回报是指基金自成立以来,三个月回报中最差者。该指标每月末更新。

6.最差六个月回报(%)

最差六个月回报是指基金自成立以来,六个月回报中最差者。该指标每月末更新。

(二)相对表现

(1)+/-同类平均。这是投资者评定基金表现的另一个参考指标。数据前的"+"或"-"号,显示基金在某段时期内的表现高于或低于同类基金平均回报。

(2)+/-基准指数。投资者在评定基金表现时,会以相关指数作为基本参考指标。数据前的"+"或"-"号,显示基金于某段时期内的表现高于或低于相关指数的表现。

(3)同类排名。同类排名是指在同类基金中,每只基金的回报率排名。

三、晨星星级评价

(一)星级评价

晨星把每只具备 3 年以上业绩数据的基金归类。在同类基金中,基金按照"晨星风险调整后收益"指标(Morningstar Risk-Adjusted Return)由大到小进行排序:前 10% 被评为 5 星;接下来 22.5% 被评为 4 星;中间 35% 被评为 3 星;随后 22.5% 被评为 2 星;最后 10% 被评为 1 星。在具体确定每个星级的基金数量时,采用四舍五入的方法(见图 17-2)。

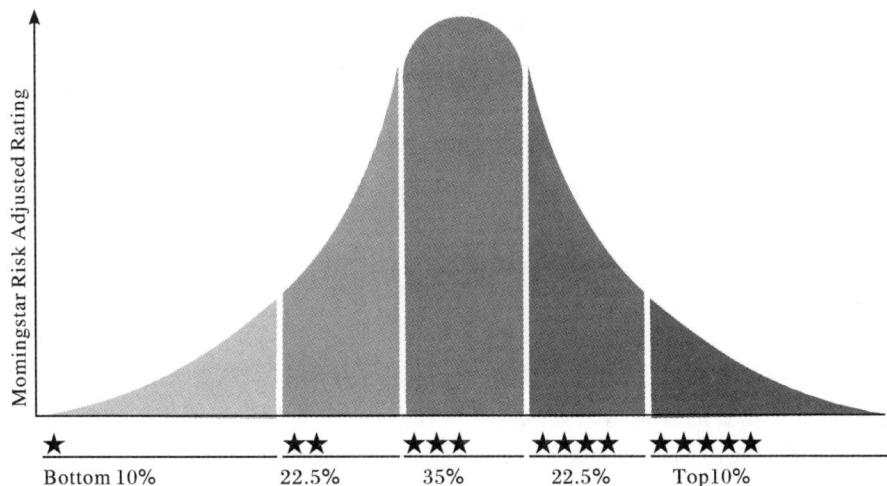

图 17-2　晨星星级评价

晨星提供基金三年、五年和十年评级,并将在下阶段推出综合评级。网站默认提供三年评级。

(二)如何使用晨星评级

晨星星级评价以基金的过往业绩为基础,进行客观分析,旨在帮助投资人找出值得进一步研究的基金,而并非代表买卖基金的建议。

基金具有高的星级,并不等于该基金未来就能继续取得良好的业绩,基金未来表现仍然受到多项因素如基金经理更换、投资组合变动等影响。基金具有高的星级,也不等于其就适用于每个投资人的基金组合,因为由于每个投资人的投资目标、投资周期和风险承受能力有所不同。

投资人在挑选基金的时候,应注意以下事项:

(1)如果基金经理有变动,晨星星级评价不会随之改变。因此,评级结果可能只反映了前任基金经理管理该基金的业绩。

(2)晨星星级评价是把同类基金进行比较。每类基金中,有10%具有三年及三年以上业绩表现的基金会获得5星级。但投资人需要注意的是,如果某类基金在计算期内的风险调整后收益均为负数,则该类基金中的5星级基金风险调整后收益也可能是负数。

(3)晨星星级评价结果每月定期更新(普通用户只能看到季度评级,网站注册会员可看到月度评级)。投资人不应以星级下降作为抛售基金的指引。晨星星级评价结果的变化,并不一定表示基金业绩表现的回落,也可能只是其他同类基金表现转好所致。

(三)基金风险

1.平均回报

平均回报为年度化的平均月几何回报,得出数据未必与过去一年实际年度回报相等。

2.标准差

标准差反映计算期内总回报率的波动幅度,即基金每月的总回报率相对于平均月回报率的偏差程度,波动越大,标准差也越大。

3.夏普比率

夏普比率是衡量基金风险调整后收益的指标之一,反映了基金承担单位风险所获得的超额回报率,即基金总回报率高于同期无风险收益率的部分,一般情况下,该比率越高,基金承担单位风险得到的超额回报率越高。

4.晨星风险系数

晨星风险系数反映计算期内相对于同类基金,基金收益向下波动的风险。其计算方法为:相对无风险收益率的基金平均损失除以同类别平均损失。一般情况下,该指标越大,下行风险越高。

(四)相对表现

1.阿尔法系数(α)

阿尔法系数(α)是基金的实际收益和按照β系数计算的期望收益之间的差额。其计算方法如下:超额收益是基金的收益减去无风险投资收益(在中国为1年期银行定期存款收益);期望收益是贝塔系数β和市场收益的乘积,反映基金由于市场整体变动而获得的收益;超额收益和期望收益的差额即α系数。

2.贝塔系数(β)

贝塔系数衡量基金收益相对于业绩评价基准收益的总体波动性,是一个相对指标。β越高,意味着基金相对于业绩评价基准的波动性越大。β大于1,则基金的波动性大于业绩评价基准的波动性。反之亦然。如果β为1,则市场上涨10%,基金上涨10%;市场下滑10%,基金相应下滑10%。如果β为1.1,市场上涨10%时,基金上涨11%,市场下滑10%时,基金下滑11%。如果β为0.9,市场上涨10%时,基金上涨9%;市场下滑10%时,基金下滑9%。

3. R^2

R^2(R-squared)是反映业绩基准的变动对基金表现的影响,影响程度以 0 至 100 计。如果 R^2 等于 100,表示基金回报的变动完全由业绩基准的变动所致;若 R^2 等于 35,即 35% 的基金回报可归因于业绩基准的变动。简言之,R^2 愈低,由业绩基准变动导致的基金业绩的变动便愈少。此外,R^2 也可用来确定贝塔系数(β)或阿尔法系数(α)的准确性。一般而言,基金的 R^2 愈高,其两个系数的准确性便愈高。

四、投资组合

(一)资产分布

(1)现金比例:基金净资产中现金所占的比例。

(2)股票比例:基金净资产中股票所占的比例。

(3)债券比例:基金净资产中债券所占的比例。

(4)其他比例:基金净资产中,除现金、债券和股票外的其他资产所占的比例。(注:其他为负值,说明该基金使用了杠杆。)

(二)股票投资风格箱

晨星投资风格箱方法创立于 1992 年,旨在帮助投资人分析基金的投资风格。晨星投资风格箱是一个正方形,划分为九个网格。纵轴描绘股票市值规模的大小,分为大盘、中盘、小盘;横轴描绘股票的价值-成长定位,分为价值型、平衡型、成长型。该图所显示的基金投资风格即为"大盘价值型"(见图 17-3)。

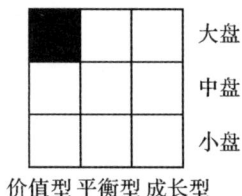

图 17-3　晨星投资风格箱

(三)投资分布

(1)行业分布:投资的股票所属行业分布情况。

(2)债券品种分布:投资的债券所属品种分布情况。

(四)重仓情况

(1)十大股票持仓:基金投资组合中,前十大股票市值总和占基金净值的比例。

(2)五大债券持仓:基金投资组合中,前五大债券市值总和占基金净值的比例。

第三节　　晨星易方达中小盘混合基金报告摘要

图 17-4 是晨星易方达中小盘混合基金的实际报告摘要。

110011 易方达中小盘混合 ★★★★★ ＋加入自选基金

净值	净值单日变动	晨星分类	成立日期	开放日期	上市日期	申购状态	赎回状态
¥3.9399	-0.0602 -1.50%	激进配置型基金	2008-06-19	-	-	开放	开放
净值日期: 2019-02-26		股票投资风格箱	总净资产（亿元）	最低投资额（元）	上市交易所	前端申购费	后端收费
		大盘成长	85.76	10		1.50%	-

▶业绩&回报 ▶风险&评价 ▶投资组合 ▶购买信息 ▶基金经理 ▶基金管理 ▶分红&拆分 ▶基金报告 ▶销售渠道　　hxdp 或 000011 或 华夏大盘　　查询

万元波动图　　2019-01-31

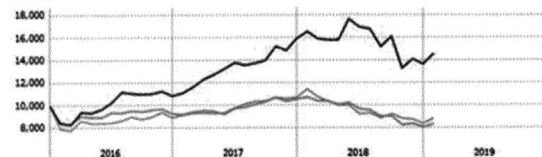

◆易方达中小盘混合　◆激进配置型基金　◆晨星大盘指数

敬请关注晨星的
最新消息
在微信关注晨星▶

历史业绩（%）　　2019-02-26

	今年以来	2019	2018	2017	2016	2015	2014	2013
总回报	19.40	-	-14.30	46.82	8.30	25.79	31.43	9.61
+/-基准指数	-	-	7.43	26.79	19.40	23.53	-22.31	19.19
+/-同类平均	1.46	-	9.66	32.51	22.42	-20.89	10.96	-2.99

季度回报（%）　　2019-02-26

	一季度	二季度	三季度	四季度
2019 总回报	-	-	-	-
+/- 同类平均	-	-	-	-
2018 总回报	-0.85	7.42	-5.08	-15.23
+/- 同类平均	0.78	14.17	1.64	-4.42
2017 总回报	13.62	11.97	1.42	13.79
+/- 同类平均	10.43	9.98	-4.66	11.60
2016 总回报	-6.15	9.44	6.83	-1.30
+/- 同类平均	4.00	5.71	6.23	0.68

历史回报（%）　　2019-02-26

［当前历史回报］［上月历史回报］

	总回报	+/-基准指数	+/-同类平均	同类排名
一个月回报	13.06	-	-0.37	-
三个月回报	17.58	-	2.91	-
六个月回报	6.49	-	1.34	-
今年以来回报	19.40	-	1.46	-
一年回报	-0.56	-	9.32	-
二年回报（年化）	17.61	-	17.71	-
三年回报（年化）	24.10	-	20.19	-
五年回报（年化）	23.70	-	14.72	-
十年回报（年化）	15.04	-	7.62	-

历史最差回报（%）　　2019-01-31

最差三个月回报	-20.80
最差六个月回报	-23.48

晨星评级　　2018-12-31

	三年评级	五年评级	十年评级
晨星评级方法论	★★★★★	★★★★★	★★★★★

风险评估　　2018-12-31

	三年	三年评价	五年	五年评价	十年	十年评价
平均回报（%）	-	-	2.86	-	-	-
标准差（%）	22.40		22.60		22.63	
晨星风险系数	15.56		13.65		14.17	
夏普比率	0.53		0.77		0.62	

风险统计　　2018-12-31

	+/-基准指数	+/-同类平均
阿尔法系数（%）	-	20.80
贝塔系数	-	1.25
R平方	-	69.84

基金报告

同类基金	更多>>
基金	净值
海富通聚优精选混合型基金中基金（FOF）	0.9234
大成景阳领先混合	0.7320
大成竞争优势混合	1.1540
万家和谐增长混合	0.7745
万家瑞隆混合	1.0384

费用信息

管理费	1.50%
托管费	0.25%

最小投资额度

申购	10.00元
增购	10.00元

申购费

前端收费	费率
A<100.0万元	1.50%
100.0≤A<500.0万元	1.20%
500.0≤A<1,000.0万元	0.30%
A≥1,000.0万元	1,000.00元

后端收费	费率

赎回费

分层标准	费率
A<7.0天	1.50%
7.0≤A<365.0天	0.50%
1.0≤A<2.0年	0.25%
A≥2.0年	0.00%

基金经理

张坤 2012-09-28 -
管理时间：6年153天
硕士研究生，曾任易方达基金管理有限公司行业研究员、基金经理助理、研究部总经理助理。

何云峰［离任］2008-06-19 - 2012-09-28
管理时间：4年102天

基金管理

投资目标　通过投资具有竞争优势和较高成长性的中小盘股票，力求在有效控制风险的前提下，谋求基金资产的长期增值。

▶行业分布 历史分布>>　　　　　　　　　　　　　　　2018-12-31

代码	行业	占净资产(%)	+/-同类平均	
A	农、林、牧、渔业	-	-1.18	
B	采矿业	0.77	-0.58	
C	制造业	72.63	29.25	
D	电力、热力、燃气及水生产和供应业	-	-1.28	
E	建筑业	-	-1.04	
F	批发和零售业	-	-2.62	
G	交通运输、仓储和邮政业	8.88	7.09	
H	住宿和餐饮业	-	-0.05	
I	信息传输、软件和信息技术服务业	0.01	-6.36	
J	金融业	0.01	-8.30	
K	房地产业	1.27	-3.88	
L	租赁和商务服务业	3.67	2.13	
M	科学研究和技术服务业	-	-0.71	
N	水利、环境和公共设施管理业	-	-0.23	
O	居民服务、修理和其他服务业	-	-	
P	教育	-	-0.05	
Q	卫生和社会工作	3.62	2.30	
R	文化、体育和娱乐业	-	-1.77	
S	综合	-	-0.03	

南充市商业银行
宁波银行
农业银行
攀枝花市商业银行
平安银行
浦发银行
齐商银行
青岛银行
日照银行
上海农商银行

0 10 20 30 40 50 60 70

▶债券品种 历史分布>>　　　　　　　　　　　　　　　2018-12-31

序号	债券品种	占净资产(%)	+/-同类平均	
1	国家债券	-	-0.60	
2	央行票据	-	-	
3	金融债券	4.09	1.26	
4	企业债券	-	-0.06	
5	企业短期融资券	-	-	
6	中期票据	-	-0.05	
7	可转债（可交换债）	0.21	-0.31	
8	公司债券	-	-	
9	资产支持证券	-	-	
10	同业存单	-	-	
11	地方政府债	-	-	
12	其他	-	-	

0 10 20 30 40 50 60 70

持仓分析　　　　　　　　　　　　　　　　　　　　2018-12-31

十大股票持仓（比重70.65%）　　五大债券持仓（比重4.19%）

代码	股票名称	市值(百万)	占净资产(%)
600519.SHA	贵州茅台	855.51	9.98
000568.SHE	泸州老窖	830.32	9.68
000858.SHE	五粮液	818.44	9.54
600009.SHA	上海机场	761.40	8.88
002007.SHE	华兰生物	656.00	7.65
002415.SHE	海康威视	618.24	7.21
600690.SHA	青岛海尔	484.75	5.65
002032.SHE	苏泊尔	409.50	4.78
002027.SHE	分众传媒	314.40	3.67
300015.SHE	爱尔眼科	310.34	3.62

分红拆分

分红　拆分

除息日	再投资日	分红(元/10份)	再投资日净值(元)
2017-06-09	2017-06-09	3.5000	3.2981
2009-04-14	2009-04-14	0.4000	1.2421

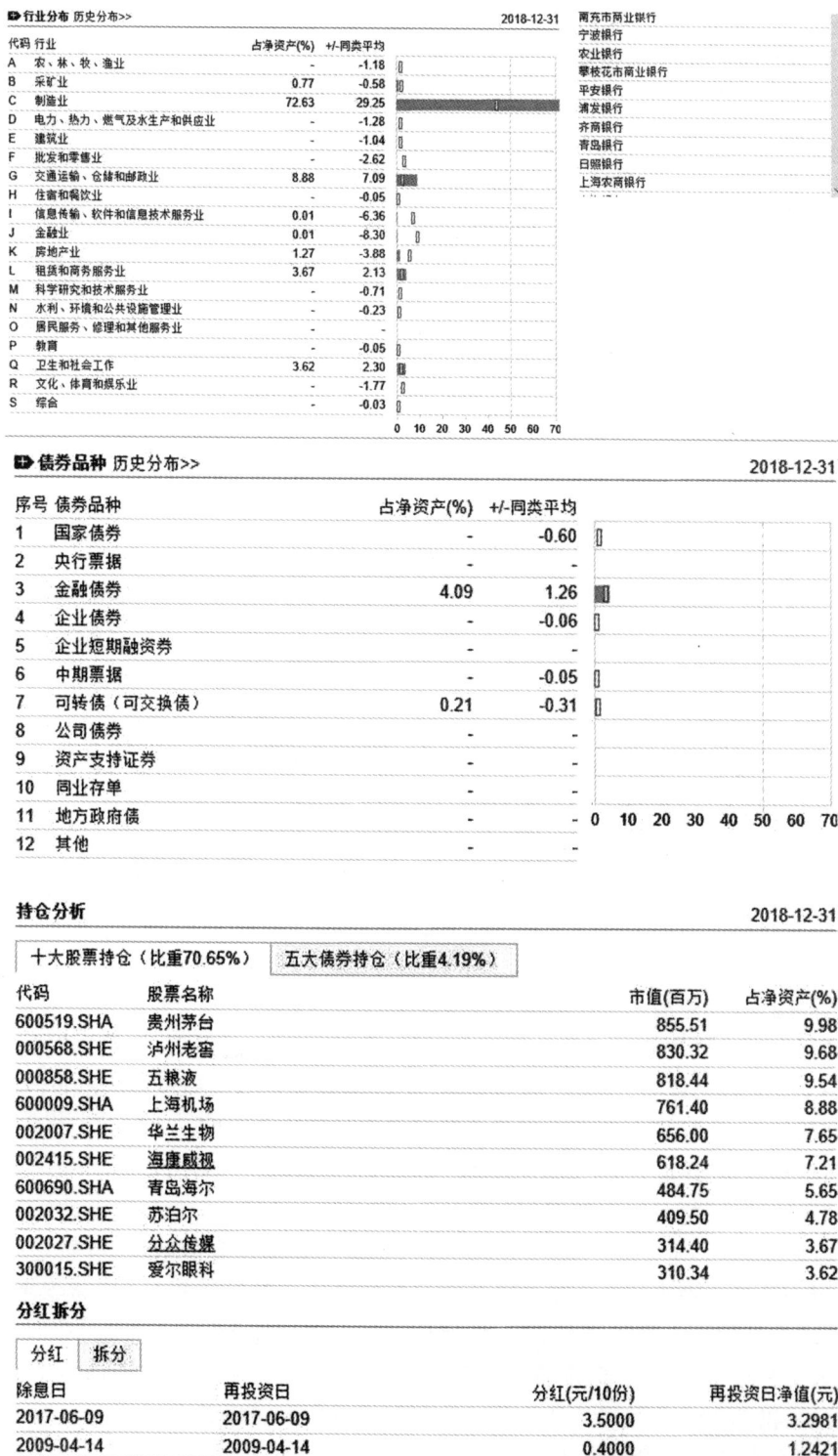

图 17-4　晨星易方达中小盘混合基金报告摘要

第四节　案例讨论问题及参考要点

1.晨星的阿尔法系数(α)、贝塔系数(β)的含义是什么？如何计算阿尔法系数(α)？

参考：阿尔法系数(α)是基金的实际收益和按照 β 系数计算的期望收益之间的差额。其计算方法如下：超额收益是基金的收益减去无风险投资收益（在中国为 1 年期银行定期存款收益）；期望收益是贝塔系数 β 和市场收益的乘积，反映基金由于市场整体变动而获得的收益；超额收益和期望收益的差额即 α 系数。

贝塔系数(β)用来衡量基金收益相对于业绩评价基准收益的总体波动性，是一个相对指标。β 越高，意味着基金相对于业绩评价基准的波动性越大。β 大于 1，基金的波动性大于业绩评价基准的波动性。反之亦然。

2.根据过去的评级选择基金，能否就一定能赢？

参考：首先需要强调的是，所有评级系统都是基于基金的过往表现，而历史不一定会重演，尤其是当基金遇到更换经理人等重大事件时，历史的记录不能说明什么。

3.晨星是以什么标准来进行评级的？"如果有两只基金回报率相近，晨星对其中回报波动较大者给予更多的风险惩罚。"这样的评分策略对于那些一次购入长期持有的基金投资者和对那些采用定期定额买入基金的投资者来说而言是否都合适？

参考：晨星是以"风险调整后收益"来进行评级，"如果有两只基金回报率相近，晨星对其中回报波动较大者给予更多的风险惩罚。"这样的评分策略对于那些一次购入长期持有的基金投资者而言是合适的，但对那些采用定期定额买入基金的投资者来说，在回报率相近的情况下，波动比较大的基金反而是更佳的选择。

4.如何根据晨星"投资组合"栏的信息来选择不同的基金来分散投资风险？

参考：如果投资者考虑买入多个基金以分散风险的话，那么"投资组合"栏目就要仔细看看了。要明白，并非买入多个投资品种就一定可以分散风险，一定要这些投资品种之间关联度较小，走势各异才行。虽然晨星的免费信息中并不能告诉我们两个基金过往走势的相关程度，以及以怎样的比率持有可以获得最佳的风险收益，但是我们可以通过"投资组合"栏目下的信息大致参考一下。总体思路是尽量买"投资风格"不同的基金，最好是行业比重和十大股票持仓也较为不同的基金，这样才可以真正起到分散投资降低风险的目的。

5.如何根据晨星"风险评估"栏的信息来选择不同的基金？

参考："风险评估"栏目下面的那些统计指标更加重要。反映收益和风险的"平均回报"及"标准差"这两个指标一定要看。如果你是准备一次买入长期持有的话，那自然是回报越高越好，标准差越小越好。而把这两个指标糅合在一起的夏普比率就是重要的直接参考。

6.如果现在是股市大周期的底部区域，宜购买什么样的基金产品？

参考：如果是行情接近底部，准备抄底的时候，我们一般是希望能够选择一个进攻性的基金，那么晨星提供的与指数和同类基金比较的阿尔法系数和贝塔系数就要重点参考了。贝塔系数大于 1，反映的就是基金波动大于比较对象，反之则是小于。既然我们希望选择攻击型基金，那么自然就要选贝塔系数尽量大的基金。阿尔法系数自然是以正值为佳，代表实际回报比理论回报更高，而且数值越大越好。

第十八章　股权投资基金

本章提要

　　股权投资基金是投资基金的一种投资类别，对我国科技进步和经济发展有重要推动作用。第一节介绍股权投资基金概念和特点及分类；第二节介绍我国股权投资基金行业现状和未来发展；第三节介绍股权投资的3个典型中国实践案例。

第一节　股权投资基金概述

一、股权投资基金的概念和特点

　　股权投资基金全称为"私募股权基金"（private equity fund），主要投资于私人股权。私人股权即未公开发行和交易的股权，包括未上市企业和上市企业非公开发行和交易的普通股、优先股和可转换债券。

　　股权投资基金具有投资期限长、流动性较差，投后管理投入的资源多，风险高、期望收益高，专业性强等特点。

二、股权投资基金的分类

　　股权投资基金的运作周期可以分为募集、投资、管理、退出等四个阶段。

　　股权投资基金按照标的企业的投资阶段划分，股权投资基金可投资于种子期、初创期、发展期、扩展期、成熟期和 pre-IPO 等各个时期企业。从投资轮次上，可分为种子轮、天使轮、pre-A 轮、A 轮、A＋轮、B 轮、C 轮、D 轮、pre-IPO、IPO 等。

　　股权投资基金的退出渠道有 IPO、企业并购、管理层回购、其他机构投资者购买、破产清算等，其中 IPO 退出方式最灵活、收益最高，是股权基金理想的退出方式。

第二节　我国股权投资基金行业现状和未来发展

　　1985 年 3 月，中共中央发布《中共中央关于科学技术体制改革的决定》，明确了高风险的技术开发工作，可以设立创业投资基金给予支持。1985 年 9 月，在国务院的批准下，原国家科委出资 10 亿元人民币成立了中国新技术创业投资公司。

　　我国的股权基金行业在过去 35 年经历了探索与起步（1985—2004 年）、快速发展（2005—2012 年）和统一监管下的规范发展（2013 年至今）三个阶段，市场规模增长迅速，已经成长为全球第二大股权投资市场。行业投资主体也从政府主导过渡到企业主导阶段。

股权投资基金对我国高新技术的发展和经济发展方式转变,尤其对互联网、生物医药、半导体等新兴行业的崛起和发展提供了强大的资本支持,发挥了重大作用。

我国股权投资基金的发展动力不断加强。从来源渠道看,随着我国人均国内生产总值的增加,居民可支配收入提高,高净值投资群体数量不断增多,机构投资人数量迅速增长,促进了股权投资基金的快速发展。从退出渠道看,随着新三板改革(精选层、创新层、基础层的分层措施以及转板措施),科创板和创业板注册制的推出(从审批制转变为注册制),并购市场的成熟化,股权投资退出方式的多样化也有利于股权投资基金的进一步发展。

第三节　我国股权投资典型案例

案例一　喜马拉雅——新经济行业

喜马拉雅成立于 2012 年,是国内在线音频平台龙头,且是国内的新经济龙头企业、独角兽企业,其手机用户超过 6 亿,还拥有 5000 万海外用户。

喜马拉雅的发展离不开多轮融资的资本支持。A 轮融资 1150 万美元,为持续快速发展奠定了资金基础。B 轮融资 5000 万美元,创造当时国内行业最高融资额,它帮助喜马拉雅在 2015 年 9 月注册用户超过 2 亿,成为国内最大的移动音频分享平台。2017 年 6 月,发布国内首款音频 AI 音箱"小雅",当日销量突破 50000 台。2019 年 3 月,注册用户达 5.3 亿,市场占有率为 73%,呈现寡头格局。喜马拉雅融资历程如表 18-1 所示。

表 18-1　喜马拉雅融资历程

序号	公开日期	交易金额	融资轮次	投资方
1	2014.05.01	1150 万美元	A 轮	西瑞雅(Sierra Ventures)、凯鹏华盈中国(KPCB)、海纳亚洲创投基金(SIG)
2	2015.07.21	未披露	战略融资	头头是道投资基金、阅文集团
3	2015.12.01	5000 万美元	B 轮	汉景家族办公室、华山资本、创世伙伴资本、证大集团、璀璨资本、CBC 宽带资本、赜方步
4	2016.05.06	未披露	B+轮	普华资本、兴旺投资、兆韧投资、高达投资(Pagoda)、小米集团
5	2016.06.14	600 万元人民币	C 轮	城市传媒
6	2016.11.18	亿元及以上人民币	战略融资	中视资本、普华资本、歌斐资产、张江浩成、京东数科、兴旺投资、复鼎资本、好未来战略投资部、高达投资、小米集团
7	2017.09.22	亿元人民币	D 轮	雨汇投资、合鲸资本
8	2018.08.13	4.6 亿美元(15%)	E 轮	华泰证券、腾讯投资、新天域资本、春华资本、泛大西洋投资(General Atlantic)、高盛集团(Goldman Sachs)

来源:天眼查。

案例二　顺络电子——传统行业

顺络电子成立于 2000 年,2007 年在 A 股上市。

顺络电子主要从事高端被动电子元器件的研发、生产和销售。公司主要产品包括叠层片式电感器、绕线片式电感器、压敏电阻器、LC 滤波器、各类天线、无线充电线圈组件、电子变压器、精密陶瓷器件等。产品广泛应用于通信、消费类电子、LED 照明、安防、智能电网、医疗设备以及汽车电子等领域。经过 20 年发展,公司目前已经成长为国内电感行业龙头,全球领先的电感器供应商。

顺络电子在成立后获得了国有法人持股,其中广风投公司(SLS,国有法人股股东)在上市前持有顺络电子 20% 的股份。

为促进业务发展,顺络电子在上市后进行了多次面向特定投资者的定向增发(private placement),如表 18 - 2 所示。定向增发的资金精进了公司业务技术,拓宽了公司业务范围,在电感领域、压敏电阻领域、电子变压器领域、微波器件和汽车电子产业化等,帮助公司成为国内第一的电感供应商,是国内众多知名消费电子企业的供应商,公司有望成为和村田并驾齐驱的被动元器件龙头。

表 18 - 2　顺络电子定向增发历程

序号	公告日期	融资方式	融资价格/(元/股)	融资金额/万元	募集资金用途/万元
1	2007.05.24	首发上市	13.60	30776.00	叠层片式电感扩产项目(16740) 片式压敏电阻扩产项目(15117)
2	2011.03.22	定向增发	23.80	41208.80	片式电感扩产项目(30629.90) 低温共烧陶瓷(LTCC)扩产项目(8017.80) 研发中心扩建项目(3052.00)
3	2014.06.12	定向增发	15.50	63690.34	片式电感扩产项目(60770.00) 电子变压器产业化项目(2930.00)
4	2017.08.18	定向增发	18.50	111387.50	新型片式电感扩产项目(65207.50) 新型电子变压器扩产项目(13580.00) 微波器件产业向项目(17080.00) 精细陶瓷产品化项目(15520.00)
5	尚待证监会审核	定向增发	17.94	不超过148000.00	片式电感扩产项目(53000) 微波器件扩产项目(35000) 汽车电子产业化项目(30000) 精细陶瓷扩产项目(30000)

来源:巨潮资讯网。

案例三 微芯生物——生物医药

微芯生物是由资深留美归国团队于2001年创立的现代生物医药企业。微芯生物专长于原创新分子实体药物研发,具备完整的从药物作用靶点发现与确证、先导分子发现与评价搭配新药临床开发、产业化及商业化的能力。微芯生物是首个在科创板上市的生物医药公司。

生物医药公司的研发投入巨大,风险高,且药物从研发到上市时间长,需要雄厚的资金支持。而股权投资基金为生物医药领域的发展提供了强大的资金支持和资源支持,让更多改善人类生命质量的药物早日研发成功。微芯生物融资历程如表18-3所示。

表 18-3 微芯生物融资历程

序号	时间	交易金额	融资轮次	投资方
1	2000.01.01	500万元人民币	天使轮	海达投资
2	2001.03.01	600万美元	A轮	祥峰投资、北京科技风投、泰达科投
3	2009.11.01	500万美元	B轮	礼来亚洲基金
4	2013.08.01	1000万元人民币	C轮	富坤投资
5	2014.09.01	1亿元人民币	D轮	倚锋资本、上海建信资本、德同资本
6	2015.05.29	未披露	E轮	同创伟业、深创投
7	2017.03.13	未披露	F轮	合江投资、招银国际
8	2019.08.12	10.22亿元人民币	IPO上市	公开发行

来源:天眼查。

附　录

中华人民共和国证券投资基金法

（2003 年 10 月 28 日第十届全国人民代表大会常务委员会第五次会议通过　2012 年 12 月 28 日第十一届全国人民代表大会常务委员会第三十次会议修订　根据 2015 年 4 月 24 日第十二届全国人民代表大会常务委员会第十四次会议《关于修改〈中华人民共和国港口法〉等七部法律的决定》修正）

目　录

第一章　总　则

　　第一条　为了规范证券投资基金活动，保护投资人及相关当事人的合法权益，促进证券投资基金和资本市场的健康发展，制定本法。

　　第二条　在中华人民共和国境内，公开或者非公开募集资金设立证券投资基金（以下简称基金），由基金管理人管理，基金托管人托管，为基金份额持有人的利益，进行证券投资活动，适用本法;本法未规定的,适用《中华人民共和国信托法》、《中华人民共和国证券法》和其他有关法律、行政法规的规定。

第三条　基金管理人、基金托管人和基金份额持有人的权利、义务,依照本法在基金合同中约定。

基金管理人、基金托管人依照本法和基金合同的约定,履行受托职责。

通过公开募集方式设立的基金(以下简称公开募集基金)的基金份额持有人按其所持基金份额享受收益和承担风险,通过非公开募集方式设立的基金(以下简称非公开募集基金)的收益分配和风险承担由基金合同约定。

第四条　从事证券投资基金活动,应当遵循自愿、公平、诚实信用的原则,不得损害国家利益和社会公共利益。

第五条　基金财产的债务由基金财产本身承担,基金份额持有人以其出资为限对基金财产的债务承担责任。但基金合同依照本法另有约定的,从其约定。

基金财产独立于基金管理人、基金托管人的固有财产。基金管理人、基金托管人不得将基金财产归入其固有财产。

基金管理人、基金托管人因基金财产的管理、运用或者其他情形而取得的财产和收益,归入基金财产。

基金管理人、基金托管人因依法解散、被依法撤销或者被依法宣告破产等原因进行清算的,基金财产不属于其清算财产。

第六条　基金财产的债权,不得与基金管理人、基金托管人固有财产的债务相抵销;不同基金财产的债权债务,不得相互抵销。

第七条　非因基金财产本身承担的债务,不得对基金财产强制执行。

第八条　基金财产投资的相关税收,由基金份额持有人承担,基金管理人或者其他扣缴义务人按照国家有关税收征收的规定代扣代缴。

第九条　基金管理人、基金托管人管理、运用基金财产,基金服务机构从事基金服务活动,应当恪尽职守,履行诚实信用、谨慎勤勉的义务。

基金管理人运用基金财产进行证券投资,应当遵守审慎经营规则,制定科学合理的投资策略和风险管理制度,有效防范和控制风险。

基金从业人员应当具备基金从业资格,遵守法律、行政法规,恪守职业道德和行为规范。

第十条　基金管理人、基金托管人和基金服务机构,应当依照本法成立证券投资基金行业协会(以下简称基金行业协会),进行行业自律,协调行业关系,提供行业服务,促进行业发展。

第十一条　国务院证券监督管理机构依法对证券投资基金活动实施监督管理;其派出机构依照授权履行职责。

第二章　基金管理人

第十二条　基金管理人由依法设立的公司或者合伙企业担任。

公开募集基金的基金管理人,由基金管理公司或者经国务院证券监督管理机构按照规定核准的其他机构担任。

第十三条　设立管理公开募集基金的基金管理公司,应当具备下列条件,并经国务院证券监督管理机构批准:

（一）有符合本法和《中华人民共和国公司法》规定的章程；

（二）注册资本不低于一亿元人民币，且必须为实缴货币资本；

（三）主要股东应当具有经营金融业务或者管理金融机构的良好业绩、良好的财务状况和社会信誉，资产规模达到国务院规定的标准，最近三年没有违法记录；

（四）取得基金从业资格的人员达到法定人数；

（五）董事、监事、高级管理人员具备相应的任职条件；

（六）有符合要求的营业场所、安全防范设施和与基金管理业务有关的其他设施；

（七）有良好的内部治理结构、完善的内部稽核监控制度、风险控制制度；

（八）法律、行政法规规定的和经国务院批准的国务院证券监督管理机构规定的其他条件。

第十四条　国务院证券监督管理机构应当自受理基金管理公司设立申请之日起六个月内依照本法第十三条规定的条件和审慎监管原则进行审查，作出批准或者不予批准的决定，并通知申请人；不予批准的，应当说明理由。

基金管理公司变更持有百分之五以上股权的股东，变更公司的实际控制人，或者变更其他重大事项，应当报经国务院证券监督管理机构批准。国务院证券监督管理机构应当自受理申请之日起六十日内作出批准或者不予批准的决定，并通知申请人；不予批准的，应当说明理由。

第十五条　有下列情形之一的，不得担任公开募集基金的基金管理人的董事、监事、高级管理人员和其他从业人员：

（一）因犯有贪污贿赂、渎职、侵犯财产罪或者破坏社会主义市场经济秩序罪，被判处刑罚的；

（二）对所任职的公司、企业因经营不善破产清算或者因违法被吊销营业执照负有个人责任的董事、监事、厂长、高级管理人员，自该公司、企业破产清算终结或者被吊销营业执照之日起未逾五年的；

（三）个人所负债务数额较大，到期未清偿的；

（四）因违法行为被开除的基金管理人、基金托管人、证券交易所、证券公司、证券登记结算机构、期货交易所、期货公司及其他机构的从业人员和国家机关工作人员；

（五）因违法行为被吊销执业证书或者被取消资格的律师、注册会计师和资产评估机构、验证机构的从业人员、投资咨询从业人员；

（六）法律、行政法规规定不得从事基金业务的其他人员。

第十六条　公开募集基金的基金管理人的董事、监事和高级管理人员，应当熟悉证券投资方面的法律、行政法规，具有三年以上与其所任职务相关的工作经历；高级管理人员还应当具备基金从业资格。

第十七条　公开募集基金的基金管理人的董事、监事、高级管理人员和其他从业人员，其本人、配偶、利害关系人进行证券投资，应当事先向基金管理人申报，并不得与基金份额持有人发生利益冲突。

公开募集基金的基金管理人应当建立前款规定人员进行证券投资的申报、登记、审查、处置等管理制度，并报国务院证券监督管理机构备案。

第十八条　公开募集基金的基金管理人的董事、监事、高级管理人员和其他从业人员，不得担任基金托管人或者其他基金管理人的任何职务，不得从事损害基金财产和基金份额持有人利益的证券交易及其他活动。

第十九条　公开募集基金的基金管理人应当履行下列职责：

（一）依法募集资金，办理基金份额的发售和登记事宜；

（二）办理基金备案手续；

（三）对所管理的不同基金财产分别管理、分别记账，进行证券投资；

（四）按照基金合同的约定确定基金收益分配方案，及时向基金份额持有人分配收益；

（五）进行基金会计核算并编制基金财务会计报告；

（六）编制中期和年度基金报告；

（七）计算并公告基金资产净值，确定基金份额申购、赎回价格；

（八）办理与基金财产管理业务活动有关的信息披露事项；

（九）按照规定召集基金份额持有人大会；

（十）保存基金财产管理业务活动的记录、账册、报表和其他相关资料；

（十一）以基金管理人名义，代表基金份额持有人利益行使诉讼权利或者实施其他法律行为；

（十二）国务院证券监督管理机构规定的其他职责。

第二十条　公开募集基金的基金管理人及其董事、监事、高级管理人员和其他从业人员不得有下列行为：

（一）将其固有财产或者他人财产混同于基金财产从事证券投资；

（二）不公平地对待其管理的不同基金财产；

（三）利用基金财产或者职务之便为基金份额持有人以外的人牟取利益；

（四）向基金份额持有人违规承诺收益或者承担损失；

（五）侵占、挪用基金财产；

（六）泄露因职务便利获取的未公开信息、利用该信息从事或者明示、暗示他人从事相关的交易活动；

（七）玩忽职守，不按照规定履行职责；

（八）法律、行政法规和国务院证券监督管理机构规定禁止的其他行为。

第二十一条　公开募集基金的基金管理人应当建立良好的内部治理结构，明确股东会、董事会、监事会和高级管理人员的职责权限，确保基金管理人独立运作。

公开募集基金的基金管理人可以实行专业人士持股计划，建立长效激励约束机制。

公开募集基金的基金管理人的股东、董事、监事和高级管理人员在行使权利或者履行职责时，应当遵循基金份额持有人利益优先的原则。

第二十二条　公开募集基金的基金管理人应当从管理基金的报酬中计提风险准备金。

公开募集基金的基金管理人因违法违规、违反基金合同等原因给基金财产或者基金份额持有人合法权益造成损失，应当承担赔偿责任的，可以优先使用风险准备金予以赔偿。

第二十三条　公开募集基金的基金管理人的股东、实际控制人应当按照国务院证券监督管理机构的规定及时履行重大事项报告义务，并不得有下列行为：

（一）虚假出资或者抽逃出资；

（二）未依法经股东会或者董事会决议擅自干预基金管理人的基金经营活动；

（三）要求基金管理人利用基金财产为自己或者他人牟取利益，损害基金份额持有人利益；

（四）国务院证券监督管理机构规定禁止的其他行为。

　　公开募集基金的基金管理人的股东、实际控制人有前款行为或者股东不再符合法定条件的,国务院证券监督管理机构应当责令其限期改正,并可视情节责令其转让所持有或者控制的基金管理人的股权。

　　在前款规定的股东、实际控制人按照要求改正违法行为、转让所持有或者控制的基金管理人的股权前,国务院证券监督管理机构可以限制有关股东行使股东权利。

　　第二十四条　公开募集基金的基金管理人违法违规,或者其内部治理结构、稽核监控和风险控制管理不符合规定的,国务院证券监督管理机构应当责令其限期改正;逾期未改正,或者其行为严重危及该基金管理人的稳健运行、损害基金份额持有人合法权益的,国务院证券监督管理机构可以区别情形,对其采取下列措施:

　　(一)限制业务活动,责令暂停部分或者全部业务;

　　(二)限制分配红利,限制向董事、监事、高级管理人员支付报酬、提供福利;

　　(三)限制转让固有财产或者在固有财产上设定其他权利;

　　(四)责令更换董事、监事、高级管理人员或者限制其权利;

　　(五)责令有关股东转让股权或者限制有关股东行使股东权利。

　　公开募集基金的基金管理人整改后,应当向国务院证券监督管理机构提交报告。国务院证券监督管理机构经验收,符合有关要求的,应当自验收完毕之日起三日内解除对其采取的有关措施。

　　第二十五条　公开募集基金的基金管理人的董事、监事、高级管理人员未能勤勉尽责,致使基金管理人存在重大违法违规行为或者重大风险的,国务院证券监督管理机构可以责令更换。

　　第二十六条　公开募集基金的基金管理人违法经营或者出现重大风险,严重危害证券市场秩序、损害基金份额持有人利益的,国务院证券监督管理机构可以对该基金管理人采取责令停业整顿、指定其他机构托管、接管、取消基金管理资格或者撤销等监管措施。

　　第二十七条　在公开募集基金的基金管理人被责令停业整顿、被依法指定托管、接管或者清算期间,或者出现重大风险时,经国务院证券监督管理机构批准,可以对该基金管理人直接负责的董事、监事、高级管理人员和其他直接责任人员采取下列措施:

　　(一)通知出境管理机关依法阻止其出境;

　　(二)申请司法机关禁止其转移、转让或者以其他方式处分财产,或者在财产上设定其他权利。

　　第二十八条　有下列情形之一的,公开募集基金的基金管理人职责终止:

　　(一)被依法取消基金管理资格;

　　(二)被基金份额持有人大会解任;

　　(三)依法解散、被依法撤销或者被依法宣告破产;

　　(四)基金合同约定的其他情形。

　　第二十九条　公开募集基金的基金管理人职责终止的,基金份额持有人大会应当在六个月内选任新基金管理人;新基金管理人产生前,由国务院证券监督管理机构指定临时基金管理人。

　　公开募集基金的基金管理人职责终止的,应当妥善保管基金管理业务资料,及时办理基金管理业务的移交手续,新基金管理人或者临时基金管理人应当及时接收。

第三十条 公开募集基金的基金管理人职责终止的,应当按照规定聘请会计师事务所对基金财产进行审计,并将审计结果予以公告,同时报国务院证券监督管理机构备案。

第三十一条 对非公开募集基金的基金管理人进行规范的具体办法,由国务院金融监督管理机构依照本章的原则制定。

第三章 基金托管人

第三十二条 基金托管人由依法设立的商业银行或者其他金融机构担任。

商业银行担任基金托管人的,由国务院证券监督管理机构会同国务院银行业监督管理机构核准;其他金融机构担任基金托管人的,由国务院证券监督管理机构核准。

第三十三条 担任基金托管人,应当具备下列条件:

(一)净资产和风险控制指标符合有关规定;

(二)设有专门的基金托管部门;

(三)取得基金从业资格的专职人员达到法定人数;

(四)有安全保管基金财产的条件;

(五)有安全高效的清算、交割系统;

(六)有符合要求的营业场所、安全防范设施和与基金托管业务有关的其他设施;

(七)有完善的内部稽核监控制度和风险控制制度;

(八)法律、行政法规规定的和经国务院批准的国务院证券监督管理机构、国务院银行业监督管理机构规定的其他条件。

第三十四条 本法第十五条、第十七条、第十八条的规定,适用于基金托管人的专门基金托管部门的高级管理人员和其他从业人员。

本法第十六条的规定,适用于基金托管人的专门基金托管部门的高级管理人员。

第三十五条 基金托管人与基金管理人不得为同一机构,不得相互出资或者持有股份。

第三十六条 基金托管人应当履行下列职责:

(一)安全保管基金财产;

(二)按照规定开设基金财产的资金账户和证券账户;

(三)对所托管的不同基金财产分别设置账户,确保基金财产的完整与独立;

(四)保存基金托管业务活动的记录、账册、报表和其他相关资料;

(五)按照基金合同的约定,根据基金管理人的投资指令,及时办理清算、交割事宜;

(六)办理与基金托管业务活动有关的信息披露事项;

(七)对基金财务会计报告、中期和年度基金报告出具意见;

(八)复核、审查基金管理人计算的基金资产净值和基金份额申购、赎回价格;

(九)按照规定召集基金份额持有人大会;

(十)按照规定监督基金管理人的投资运作;

(十一)国务院证券监督管理机构规定的其他职责。

第三十七条 基金托管人发现基金管理人的投资指令违反法律、行政法规和其他有关规定,或者违反基金合同约定的,应当拒绝执行,立即通知基金管理人,并及时向国务院证券监督管理机构报告。

基金托管人发现基金管理人依据交易程序已经生效的投资指令违反法律、行政法规和其他有关规定,或者违反基金合同约定的,应当立即通知基金管理人,并及时向国务院证券监督管理机构报告。

第三十八条　本法第二十条、第二十二条的规定,适用于基金托管人。

第三十九条　基金托管人不再具备本法规定的条件,或者未能勤勉尽责,在履行本法规定的职责时存在重大失误的,国务院证券监督管理机构、国务院银行业监督管理机构应当责令其改正;逾期未改正,或者其行为严重影响所托管基金的稳健运行、损害基金份额持有人利益的,国务院证券监督管理机构、国务院银行业监督管理机构可以区别情形,对其采取下列措施:

(一)限制业务活动,责令暂停办理新的基金托管业务;

(二)责令更换负有责任的专门基金托管部门的高级管理人员。

基金托管人整改后,应当向国务院证券监督管理机构、国务院银行业监督管理机构提交报告;经验收,符合有关要求的,应当自验收完毕之日起三日内解除对其采取的有关措施。

第四十条　国务院证券监督管理机构、国务院银行业监督管理机构对有下列情形之一的基金托管人,可以取消其基金托管资格:

(一)连续三年没有开展基金托管业务的;

(二)违反本法规定,情节严重的;

(三)法律、行政法规规定的其他情形。

第四十一条　有下列情形之一的,基金托管人职责终止:

(一)被依法取消基金托管资格;

(二)被基金份额持有人大会解任;

(三)依法解散、被依法撤销或者被依法宣告破产;

(四)基金合同约定的其他情形。

第四十二条　基金托管人职责终止的,基金份额持有人大会应当在六个月内选任新基金托管人;新基金托管人产生前,由国务院证券监督管理机构指定临时基金托管人。

基金托管人职责终止的,应当妥善保管基金财产和基金托管业务资料,及时办理基金财产和基金托管业务的移交手续,新基金托管人或者临时基金托管人应当及时接收。

第四十三条　基金托管人职责终止的,应当按照规定聘请会计师事务所对基金财产进行审计,并将审计结果予以公告,同时报国务院证券监督管理机构备案。

第四章　基金的运作方式和组织

第四十四条　基金合同应当约定基金的运作方式。

第四十五条　基金的运作方式可以采用封闭式、开放或者其他方式。

采用封闭式运作方式的基金(以下简称封闭式基金),是指基金份额总额在基金合同期限内固定不变,基金份额持有人不得申请赎回的基金;采用开放式运作方式的基金(以下简称开放式基金),是指基金份额总额不固定,基金份额可以在基金合同约定的时间和场所申购或者赎回的基金。

采用其他运作方式的基金的基金份额发售、交易、申购、赎回的办法,由国务院证券监督管理机构另行规定。

第四十六条　基金份额持有人享有下列权利:

(一)分享基金财产收益;

（二）参与分配清算后的剩余基金财产；

（三）依法转让或者申请赎回其持有的基金份额；

（四）按照规定要求召开基金份额持有人大会或者召集基金份额持有人大会；

（五）对基金份额持有人大会审议事项行使表决权；

（六）对基金管理人、基金托管人、基金服务机构损害其合法权益的行为依法提起诉讼；

（七）基金合同约定的其他权利。

公开募集基金的基金份额持有人有权查阅或者复制公开披露的基金信息资料；非公开募集基金的基金份额持有人对涉及自身利益的情况，有权查阅基金的财务会计账簿等财务资料。

第四十七条　基金份额持有人大会由全体基金份额持有人组成，行使下列职权：

（一）决定基金扩募或者延长基金合同期限；

（二）决定修改基金合同的重要内容或者提前终止基金合同；

（三）决定更换基金管理人、基金托管人；

（四）决定调整基金管理人、基金托管人的报酬标准；

（五）基金合同约定的其他职权。

第四十八条　按照基金合同约定，基金份额持有人大会可以设立日常机构，行使下列职权：

（一）召集基金份额持有人大会；

（二）提请更换基金管理人、基金托管人；

（三）监督基金管理人的投资运作、基金托管人的托管活动；

（四）提请调整基金管理人、基金托管人的报酬标准；

（五）基金合同约定的其他职权。

前款规定的日常机构，由基金份额持有人大会选举产生的人员组成；其议事规则，由基金合同约定。

第四十九条　基金份额持有人大会及其日常机构不得直接参与或者干涉基金的投资管理活动。

第五章　基金的公开募集

第五十条　公开募集基金，应当经国务院证券监督管理机构注册。未经注册，不得公开或者变相公开募集基金。

前款所称公开募集基金，包括向不特定对象募集资金、向特定对象募集资金累计超过二百人，以及法律、行政法规规定的其他情形。

公开募集基金应当由基金管理人管理，基金托管人托管。

第五十一条　注册公开募集基金，由拟任基金管理人向国务院证券监督管理机构提交下列文件：

（一）申请报告；

（二）基金合同草案；

（三）基金托管协议草案；

（四）招募说明书草案；

（五）律师事务所出具的法律意见书；

（六）国务院证券监督管理机构规定提交的其他文件。

第五十二条　公开募集基金的基金合同应当包括下列内容：

（一）募集基金的目的和基金名称；

（二）基金管理人、基金托管人的名称和住所；

（三）基金的运作方式；

（四）封闭式基金的基金份额总额和基金合同期限，或者开放式基金的最低募集份额总额；

（五）确定基金份额发售日期、价格和费用的原则；

（六）基金份额持有人、基金管理人和基金托管人的权利、义务；

（七）基金份额持有人大会召集、议事及表决的程序和规则；

（八）基金份额发售、交易、申购、赎回的程序、时间、地点、费用计算方式，以及给付赎回款项的时间和方式；

（九）基金收益分配原则、执行方式；

（十）基金管理人、基金托管人报酬的提取、支付方式与比例；

（十一）与基金财产管理、运用有关的其他费用的提取、支付方式；

（十二）基金财产的投资方向和投资限制；

（十三）基金资产净值的计算方法和公告方式；

（十四）基金募集未达到法定要求的处理方式；

（十五）基金合同解除和终止的事由、程序以及基金财产清算方式；

（十六）争议解决方式；

（十七）当事人约定的其他事项。

第五十三条　公开募集基金的基金招募说明书应当包括下列内容：

（一）基金募集申请的准予注册文件名称和注册日期；

（二）基金管理人、基金托管人的基本情况；

（三）基金合同和基金托管协议的内容摘要；

（四）基金份额的发售日期、价格、费用和期限；

（五）基金份额的发售方式、发售机构及登记机构名称；

（六）出具法律意见书的律师事务所和审计基金财产的会计师事务所的名称和住所；

（七）基金管理人、基金托管人报酬及其他有关费用的提取、支付方式与比例；

（八）风险警示内容；

（九）国务院证券监督管理机构规定的其他内容。

第五十四条　国务院证券监督管理机构应当自受理公开募集基金的募集注册申请之日起六个月内依照法律、行政法规及国务院证券监督管理机构的规定进行审查，作出注册或者不予注册的决定，并通知申请人；不予注册的，应当说明理由。

第五十五条　基金募集申请经注册后，方可发售基金份额。

基金份额的发售，由基金管理人或者其委托的基金销售机构办理。

第五十六条　基金管理人应当在基金份额发售的三日前公布招募说明书、基金合同及其他有关文件。

前款规定的文件应当真实、准确、完整。

对基金募集所进行的宣传推介活动，应当符合有关法律、行政法规的规定，不得有本法第七十七条所列行为。

第五十七条　基金管理人应当自收到准予注册文件之日起六个月内进行基金募集。超过六个月开始募集,原注册的事项未发生实质性变化的,应当报国务院证券监督管理机构备案;发生实质性变化的,应当向国务院证券监督管理机构重新提交注册申请。

基金募集不得超过国务院证券监督管理机构准予注册的基金募集期限。基金募集期限自基金份额发售之日起计算。

第五十八条　基金募集期限届满,封闭式基金募集的基金份额总额达到准予注册规模的百分之八十以上,开放式基金募集的基金份额总额超过准予注册的最低募集份额总额,并且基金份额持有人人数符合国务院证券监督管理机构规定的,基金管理人应当自募集期限届满之日起十日内聘请法定验资机构验资,自收到验资报告之日起十日内,向国务院证券监督管理机构提交验资报告,办理基金备案手续,并予以公告。

第五十九条　基金募集期间募集的资金应当存入专门账户,在基金募集行为结束前,任何人不得动用。

第六十条　投资人交纳认购的基金份额的款项时,基金合同成立;基金管理人依照本法第五十八条的规定向国务院证券监督管理机构办理基金备案手续,基金合同生效。

基金募集期限届满,不能满足本法第五十八条规定的条件的,基金管理人应当承担下列责任:

(一)以其固有财产承担因募集行为而产生的债务和费用;

(二)在基金募集期限届满后三十日内返还投资人已交纳的款项,并加计银行同期存款利息。

第六章　公开募集基金的基金份额的交易、申购与赎回

第六十一条　申请基金份额上市交易,基金管理人应当向证券交易所提出申请,证券交易所依法审核同意的,双方应当签订上市协议。

第六十二条　基金份额上市交易,应当符合下列条件:

(一)基金的募集符合本法规定;

(二)基金合同期限为五年以上;

(三)基金募集金额不低于二亿元人民币;

(四)基金份额持有人不少于一千人;

(五)基金份额上市交易规则规定的其他条件。

第六十三条　基金份额上市交易规则由证券交易所制定,报国务院证券监督管理机构批准。

第六十四条　基金份额上市交易后,有下列情形之一的,由证券交易所终止其上市交易,并报国务院证券监督管理机构备案:

(一)不再具备本法第六十二条规定的上市交易条件;

(二)基金合同期限届满;

(三)基金份额持有人大会决定提前终止上市交易;

(四)基金合同约定的或者基金份额上市交易规则规定的终止上市交易的其他情形。

第六十五条　开放式基金的基金份额的申购、赎回、登记,由基金管理人或者其委托的基

金服务机构办理。

第六十六条　基金管理人应当在每个工作日办理基金份额的申购、赎回业务;基金合同另有约定的,从其约定。

投资人交付申购款项,申购成立;基金份额登记机构确认基金份额时,申购生效。

基金份额持有人递交赎回申请,赎回成立;基金份额登记机构确认赎回时,赎回生效。

第六十七条　基金管理人应当按时支付赎回款项,但是下列情形除外:

(一)因不可抗力导致基金管理人不能支付赎回款项;

(二)证券交易场所依法决定临时停市,导致基金管理人无法计算当日基金资产净值;

(三)基金合同约定的其他特殊情形。

发生上述情形之一的,基金管理人应当在当日报国务院证券监督管理机构备案。

本条第一款规定的情形消失后,基金管理人应当及时支付赎回款项。

第六十八条　开放式基金应当保持足够的现金或者政府债券,以备支付基金份额持有人的赎回款项。基金财产中应当保持的现金或者政府债券的具体比例,由国务院证券监督管理机构规定。

第六十九条　基金份额的申购、赎回价格,依据申购、赎回日基金份额净值加、减有关费用计算。

第七十条　基金份额净值计价出现错误时,基金管理人应当立即纠正,并采取合理的措施防止损失进一步扩大。计价错误达到基金份额净值百分之零点五时,基金管理人应当公告,并报国务院证券监督管理机构备案。

因基金份额净值计价错误造成基金份额持有人损失的,基金份额持有人有权要求基金管理人、基金托管人予以赔偿。

第七章　公开募集基金的投资与信息披露

第七十一条　基金管理人运用基金财产进行证券投资,除国务院证券监督管理机构另有规定外,应当采用资产组合的方式。

资产组合的具体方式和投资比例,依照本法和国务院证券监督管理机构的规定在基金合同中约定。

第七十二条　基金财产应当用于下列投资:

(一)上市交易的股票、债券;

(二)国务院证券监督管理机构规定的其他证券及其衍生品种。

第七十三条　基金财产不得用于下列投资或者活动:

(一)承销证券;

(二)违反规定向他人贷款或者提供担保;

(三)从事承担无限责任的投资;

(四)买卖其他基金份额,但是国务院证券监督管理机构另有规定的除外;

(五)向基金管理人、基金托管人出资;

(六)从事内幕交易、操纵证券交易价格及其他不正当的证券交易活动;

(七)法律、行政法规和国务院证券监督管理机构规定禁止的其他活动。

运用基金财产买卖基金管理人、基金托管人及其控股股东、实际控制人或者与其有其他重大利害关系的公司发行的证券或承销期内承销的证券,或者从事其他重大关联交易的,应当遵循基金份额持有人利益优先的原则,防范利益冲突,符合国务院证券监督管理机构的规定,并履行信息披露义务。

第七十四条　基金管理人、基金托管人和其他基金信息披露义务人应当依法披露基金信息,并保证所披露信息的真实性、准确性和完整性。

第七十五条　基金信息披露义务人应当确保应予披露的基金信息在国务院证券监督管理机构规定时间内披露,并保证投资人能够按照基金合同约定的时间和方式查阅或者复制公开披露的信息资料。

第七十六条　公开披露的基金信息包括:

(一)基金招募说明书、基金合同、基金托管协议;

(二)基金募集情况;

(三)基金份额上市交易公告书;

(四)基金资产净值、基金份额净值;

(五)基金份额申购、赎回价格;

(六)基金财产的资产组合季度报告、财务会计报告及中期和年度基金报告;

(七)临时报告;

(八)基金份额持有人大会决议;

(九)基金管理人、基金托管人的专门基金托管部门的重大人事变动;

(十)涉及基金财产、基金管理业务、基金托管业务的诉讼或者仲裁;

(十一)国务院证券监督管理机构规定应予披露的其他信息。

第七十七条　公开披露基金信息,不得有下列行为:

(一)虚假记载、误导性陈述或者重大遗漏;

(二)对证券投资业绩进行预测;

(三)违规承诺收益或者承担损失;

(四)诋毁其他基金管理人、基金托管人或者基金销售机构;

(五)法律、行政法规和国务院证券监督管理机构规定禁止的其他行为。

第八章　公开募集基金的基金合同的变更、终止与基金财产清算

第七十八条　按照基金合同的约定或者基金份额持有人大会的决议,基金可以转换运作方式或者与其他基金合并。

第七十九条　封闭式基金扩募或者延长基金合同期限,应当符合下列条件,并报国务院证券监督管理机构备案:

(一)基金运营业绩良好;

(二)基金管理人最近二年内没有因违法违规行为受到行政处罚或者刑事处罚;

(三)基金份额持有人大会决议通过;

(四)本法规定的其他条件。

第八十条　有下列情形之一的,基金合同终止:

(一)基金合同期限届满而未延期;

(二)基金份额持有人大会决定终止;

（三）基金管理人、基金托管人职责终止，在六个月内没有新基金管理人、新基金托管人承接；

（四）基金合同约定的其他情形。

第八十一条　基金合同终止时，基金管理人应当组织清算组对基金财产进行清算。

清算组由基金管理人、基金托管人以及相关的中介服务机构组成。

清算组作出的清算报告经会计师事务所审计，律师事务所出具法律意见书后，报国务院证券监督管理机构备案并公告。

第八十二条　清算后的剩余基金财产，应当按照基金份额持有人所持份额比例进行分配。

第九章　公开募集基金的基金份额持有人权利行使

第八十三条　基金份额持有人大会由基金管理人召集。基金份额持有人大会设立日常机构的，由该日常机构召集；该日常机构未召集的，由基金管理人召集。基金管理人未按规定召集或者不能召集的，由基金托管人召集。

代表基金份额百分之十以上的基金份额持有人就同一事项要求召开基金份额持有人大会，而基金份额持有人大会的日常机构、基金管理人、基金托管人都不召集的，代表基金份额百分之十以上的基金份额持有人有权自行召集，并报国务院证券监督管理机构备案。

第八十四条　召开基金份额持有人大会，召集人应当至少提前三十日公告基金份额持有人大会的召开时间、会议形式、审议事项、议事程序和表决方式等事项。

基金份额持有人大会不得就未经公告的事项进行表决。

第八十五条　基金份额持有人大会可以采取现场方式召开，也可以采取通讯等方式召开。

每一基金份额具有一票表决权，基金份额持有人可以委托代理人出席基金份额持有人大会并行使表决权。

第八十六条　基金份额持有人大会应当有代表二分之一以上基金份额的持有人参加，方可召开。

参加基金份额持有人大会的持有人的基金份额低于前款规定比例的，召集人可以在原公告的基金份额持有人大会召开时间的三个月以后、六个月以内，就原定审议事项重新召集基金份额持有人大会。重新召集的基金份额持有人大会应当有代表三分之一以上基金份额的持有人参加，方可召开。

基金份额持有人大会就审议事项作出决定，应当经参加大会的基金份额持有人所持表决权的二分之一以上通过；但是，转换基金的运作方式、更换基金管理人或者基金托管人、提前终止基金合同、与其他基金合并，应当经参加大会的基金份额持有人所持表决权的三分之二以上通过。

基金份额持有人大会决定的事项，应当依法报国务院证券监督管理机构备案，并予以公告。

第十章　非公开募集基金

第八十七条　非公开募集基金应当向合格投资者募集，合格投资者累计不得超过二百人。

前款所称合格投资者，是指达到规定资产规模或者收入水平，并且具备相应的风险识别能力和风险承担能力、其基金份额认购金额不低于规定限额的单位和个人。

合格投资者的具体标准由国务院证券监督管理机构规定。

第八十八条　除基金合同另有约定外,非公开募集基金应当由基金托管人托管。

第八十九条　担任非公开募集基金的基金管理人,应当按照规定向基金行业协会履行登记手续,报送基本情况。

第九十条　未经登记,任何单位或者个人不得使用"基金"或者"基金管理"字样或者近似名称进行证券投资活动;但是,法律、行政法规另有规定的除外。

第九十一条　非公开募集基金,不得向合格投资者之外的单位和个人募集资金,不得通过报刊、电台、电视台、互联网等公众传播媒体或者讲座、报告会、分析会等方式向不特定对象宣传推介。

第九十二条　非公开募集基金,应当制定并签订基金合同。基金合同应当包括下列内容:

(一)基金份额持有人、基金管理人、基金托管人的权利、义务;

(二)基金的运作方式;

(三)基金的出资方式、数额和认缴期限;

(四)基金的投资范围、投资策略和投资限制;

(五)基金收益分配原则、执行方式;

(六)基金承担的有关费用;

(七)基金信息提供的内容、方式;

(八)基金份额的认购、赎回或者转让的程序和方式;

(九)基金合同变更、解除和终止的事由、程序;

(十)基金财产清算方式;

(十一)当事人约定的其他事项。

基金份额持有人转让基金份额的,应当符合本法第八十七条、第九十一条的规定。

第九十三条　按照基金合同约定,非公开募集基金可以由部分基金份额持有人作为基金管理人负责基金的投资管理活动,并在基金财产不足以清偿其债务时对基金财产的债务承担无限连带责任。

前款规定的非公开募集基金,其基金合同还应载明:

(一)承担无限连带责任的基金份额持有人和其他基金份额持有人的姓名或者名称、住所;

(二)承担无限连带责任的基金份额持有人的除名条件和更换程序;

(三)基金份额持有人增加、退出的条件、程序以及相关责任;

(四)承担无限连带责任的基金份额持有人和其他基金份额持有人的转换程序。

第九十四条　非公开募集基金募集完毕,基金管理人应当向基金行业协会备案。对募集的资金总额或者基金份额持有人的人数达到规定标准的基金,基金行业协会应当向国务院证券监督管理机构报告。

非公开募集基金财产的证券投资,包括买卖公开发行的股份有限公司股票、债券、基金份额,以及国务院证券监督管理机构规定的其他证券及其衍生品种。

第九十五条　基金管理人、基金托管人应当按照基金合同的约定,向基金份额持有人提供基金信息。

第九十六条　专门从事非公开募集基金管理业务的基金管理人,其股东、高级管理人员、经营期限、管理的基金资产规模等符合规定条件的,经国务院证券监督管理机构核准,可以从事公开募集基金管理业务。

第十一章　基金服务机构

第九十七条　从事公开募集基金的销售、销售支付、份额登记、估值、投资顾问、评价、信息技术系统服务等基金服务业务的机构,应当按照国务院证券监督管理机构的规定进行注册或者备案。

第九十八条　基金销售机构应当向投资人充分揭示投资风险,并根据投资人的风险承担能力销售不同风险等级的基金产品。

第九十九条　基金销售支付机构应当按照规定办理基金销售结算资金的划付,确保基金销售结算资金安全、及时划付。

第一百条　基金销售结算资金、基金份额独立于基金销售机构、基金销售支付机构或者基金份额登记机构的自有财产。基金销售机构、基金销售支付机构或者基金份额登记机构破产或者清算时,基金销售结算资金、基金份额不属于其破产财产或者清算财产。非因投资人本身的债务或者法律规定的其他情形,不得查封、冻结、扣划或者强制执行基金销售结算资金、基金份额。

基金销售机构、基金销售支付机构、基金份额登记机构应当确保基金销售结算资金、基金份额的安全、独立,禁止任何单位或者个人以任何形式挪用基金销售结算资金、基金份额。

第一百零一条　基金管理人可以委托基金服务机构代为办理基金的份额登记、核算、估值、投资顾问等事项,基金托管人可以委托基金服务机构代为办理基金的核算、估值、复核等事项,但基金管理人、基金托管人依法应当承担的责任不因委托而免除。

第一百零二条　基金份额登记机构以电子介质登记的数据,是基金份额持有人权利归属的根据。基金份额持有人以基金份额出质的,质权自基金份额登记机构办理出质登记时设立。

基金份额登记机构应当妥善保存登记数据,并将基金份额持有人名称、身份信息及基金份额明细等数据备份至国务院证券监督管理机构认定的机构。其保存期限自基金账户销户之日起不得少于二十年。

基金份额登记机构应当保证登记数据的真实、准确、完整,不得隐匿、伪造、篡改或者毁损。

第一百零三条　基金投资顾问机构及其从业人员提供基金投资顾问服务,应当具有合理的依据,对其服务能力和经营业绩进行如实陈述,不得以任何方式承诺或者保证投资收益,不得损害服务对象的合法权益。

第一百零四条　基金评价机构及其从业人员应当客观公正,按照依法制定的业务规则开展基金评价业务,禁止误导投资人,防范可能发生的利益冲突。

第一百零五条　基金管理人、基金托管人、基金服务机构的信息技术系统,应当符合规定的要求。国务院证券监督管理机构可以要求信息技术系统服务机构提供该信息技术系统的相关资料。

第一百零六条　律师事务所、会计师事务所接受基金管理人、基金托管人的委托,为有关基金业务活动出具法律意见书、审计报告、内部控制评价报告等文件,应当勤勉尽责,对所依据的文件资料内容的真实性、准确性、完整性进行核查和验证。其制作、出具的文件有虚假记载、误导性陈述或者重大遗漏,给他人财产造成损失的,应当与委托人承担连带赔偿责任。

第一百零七条　基金服务机构应当勤勉尽责、恪尽职守,建立应急等风险管理制度和灾难备份系统，不得泄露与基金份额持有人、基金投资运作相关的非公开信息。

第十二章　基金行业协会

第一百零八条　基金行业协会是证券投资基金行业的自律性组织，是社会团体法人。

基金管理人、基金托管人应当加入基金行业协会，基金服务机构可以加入基金行业协会。

第一百零九条　基金行业协会的权力机构为全体会员组成的会员大会。

基金行业协会设理事会。理事会成员依章程的规定由选举产生。

第一百一十条　基金行业协会章程由会员大会制定，并报国务院证券监督管理机构备案。

第一百一十一条　基金行业协会履行下列职责：

（一）教育和组织会员遵守有关证券投资的法律、行政法规，维护投资人合法权益；

（二）依法维护会员的合法权益，反映会员的建议和要求；

（三）制定和实施行业自律规则，监督、检查会员及其从业人员的执业行为，对违反自律规则和协会章程的，按照规定给予纪律处分；

（四）制定行业执业标准和业务规范，组织基金从业人员的从业考试、资质管理和业务培训；

（五）提供会员服务，组织行业交流，推动行业创新，开展行业宣传和投资人教育活动；

（六）对会员之间、会员与客户之间发生的基金业务纠纷进行调解；

（七）依法办理非公开募集基金的登记、备案；

（八）协会章程规定的其他职责。

第十三章　监督管理

第一百一十二条　国务院证券监督管理机构依法履行下列职责：

（一）制定有关证券投资基金活动监督管理的规章、规则，并行使审批、核准或者注册权；

（二）办理基金备案；

（三）对基金管理人、基金托管人及其他机构从事证券投资基金活动进行监督管理，对违法行为进行查处，并予以公告；

（四）制定基金从业人员的资格标准和行为准则，并监督实施；

（五）监督检查基金信息的披露情况；

（六）指导和监督基金行业协会的活动；

（七）法律、行政法规规定的其他职责。

第一百一十三条　国务院证券监督管理机构依法履行职责，有权采取下列措施：

（一）对基金管理人、基金托管人、基金服务机构进行现场检查，并要求其报送有关的业务资料。

（二）进入涉嫌违法行为发生场所调查取证。

（三）询问当事人和与被调查事件有关的单位和个人，要求其对与被调查事件有关的事项作出说明。

（四）查阅、复制与被调查事件有关的财产权登记、通讯记录等资料。

（五）查阅、复制当事人和与被调查事件有关的单位和个人的证券交易记录、登记过户记录、财务会计资料及其他相关文件和资料；对可能被转移、隐匿或者毁损的文件和资料，可以予以封存。

（六）查询当事人和与被调查事件有关的单位和个人的资金账户、证券账户和银行账户；对有证据证明已经或者可能转移或者隐匿违法资金、证券等涉案财产或者隐匿、伪造、毁损重要证据的，经国务院证券监督管理机构主要负责人批准，可以冻结或者查封。

（七）在调查操纵证券市场、内幕交易等重大证券违法行为时，经国务院证券监督管理机构主要负责人批准，可以限制被调查事件当事人的证券买卖，但限制的期限不得超过十五个交易日；案情复杂的，可以延长十五个交易日。

第一百一十四条　国务院证券监督管理机构工作人员依法履行职责，进行调查或者检查时，不得少于二人，并应当出示合法证件；对调查或者检查中知悉的商业秘密负有保密的义务。

第一百一十五条　国务院证券监督管理机构工作人员应当忠于职守，依法办事，公正廉洁，接受监督，不得利用职务牟取私利。

第一百一十六条　国务院证券监督管理机构依法履行职责时，被调查、检查的单位和个人应当配合，如实提供有关文件和资料，不得拒绝、阻碍和隐瞒。

第一百一十七条　国务院证券监督管理机构依法履行职责，发现违法行为涉嫌犯罪的，应当将案件移送司法机关处理。

第一百一十八条　国务院证券监督管理机构工作人员在任职期间，或者离职后在《中华人民共和国公务员法》规定的期限内，不得在被监管的机构中担任职务。

第十四章　法律责任

第一百一十九条　违反本法规定，未经批准擅自设立基金管理公司或者未经核准从事公开募集基金管理业务的，由证券监督管理机构予以取缔或者责令改正，没收违法所得，并处违法所得一倍以上五倍以下罚款；没有违法所得或者违法所得不足一百万元的，并处十万元以上一百万元以下罚款。对直接负责的主管人员和其他直接责任人员给予警告，并处三万元以上三十万元以下罚款。

基金管理公司违反本法规定，擅自变更持有百分之五以上股权的股东、实际控制人或者其他重大事项的，责令改正，没收违法所得，并处违法所得一倍以上五倍以下罚款；没有违法所得或者违法所得不足五十万元的，并处五万元以上五十万元以下罚款。对直接负责的主管人员给予警告，并处三万元以上十万元以下罚款。

第一百二十条　基金管理人的董事、监事、高级管理人员和其他从业人员，基金托管人的专门基金托管部门的高级管理人员和其他从业人员，未按照本法第十七条第一款规定申报的，责令改正，处三万元以上十万元以下罚款。

基金管理人、基金托管人违反本法第十七条第二款规定的，责令改正，处十万元以上一百万元以下罚款；对直接负责的主管人员和其他直接责任人员给予警告，暂停或者撤销基金从业资格，并处三万元以上三十万元以下罚款。

第一百二十一条　基金管理人的董事、监事、高级管理人员和其他从业人员，基金托管人的专门基金托管部门的高级管理人员和其他从业人员违反本法第十八条规定的，责令改正，没收违法所得，并处违法所得一倍以上五倍以下罚款；没有违法所得或者违法所得不足一百万元的，并处十万元以上一百万元以下罚款；情节严重的，撤销基金从业资格。

第一百二十二条　基金管理人、基金托管人违反本法规定，未对基金财产实行分别管理或者分账保管,责令改正,处五万元以上五十万元以下罚款;对直接负责的主管人员和其他直接责任人员给予警告,暂停或者撤销基金从业资格,并处三万元以上三十万元以下罚款。

第一百二十三条　基金管理人、基金托管人及其董事、监事、高级管理人员和其他从业人员有本法第二十条所列行为之一的,责令改正,没收违法所得,并处违法所得一倍以上五倍以下罚款;没有违法所得或者违法所得不足一百万元的,并处十万元以上一百万元以下罚款;基金管理人、基金托管人有上述行为的,还应当对其直接负责的主管人员和其他直接责任人员给予警告,暂停或者撤销基金从业资格,并处三万元以上三十万元以下罚款。

基金管理人、基金托管人及其董事、监事、高级管理人员和其他从业人员侵占、挪用基金财产而取得的财产和收益,归入基金财产。但是,法律、行政法规另有规定的,依照其规定。

第一百二十四条　基金管理人的股东、实际控制人违反本法第二十三条规定的,责令改正,没收违法所得,并处违法所得一倍以上五倍以下罚款;没有违法所得或者违法所得不足一百万元的,并处十万元以上一百万元以下罚款;对直接负责的主管人员和其他直接责任人员给予警告,暂停或者撤销基金或证券从业资格,并处三万元以上三十万元以下罚款。

第一百二十五条　未经核准,擅自从事基金托管业务的,责令停止,没收违法所得,并处违法所得一倍以上五倍以下罚款;没有违法所得或者违法所得不足一百万元的,并处十万元以上一百万元以下罚款;对直接负责的主管人员和其他直接责任人员给予警告,并处三万元以上三十万元以下罚款。

第一百二十六条　基金管理人、基金托管人违反本法规定,相互出资或者持有股份的,责令改正,可以处十万元以下罚款。

第一百二十七条　违反本法规定,擅自公开或者变相公开募集基金的,责令停止,返还所募资金和加计的银行同期存款利息,没收违法所得,并处所募资金金额百分之一以上百分之五以下罚款。对直接负责的主管人员和其他直接责任人员给予警告,并处五万元以上五十万元以下罚款。

第一百二十八条　违反本法第五十九条规定,动用募集的资金的,责令返还,没收违法所得,并处违法所得一倍以上五倍以下罚款;没有违法所得或者违法所得不足五十万元的,并处五万元以上五十万元以下罚款;对直接负责的主管人员和其他直接责任人员给予警告,并处三万元以上三十万元以下罚款。

第一百二十九条　基金管理人、基金托管人有本法第七十三条第一款第一项至第五项和第七项所列行为之一,或者违反本法第七十三条第二款规定的,责令改正,处十万元以上一百万元以下罚款;对直接负责的主管人员和其他直接责任人员给予警告,暂停或者撤销基金从业资格,并处三万元以上三十万元以下罚款。

基金管理人、基金托管人有前款行为,运用基金财产而取得的财产和收益,归入基金财产。但是,法律、行政法规另有规定的,依照其规定。

第一百三十条　基金管理人、基金托管人有本法第七十三条第一款第六项规定行为的,除依照《中华人民共和国证券法》的有关规定处罚外,对直接负责的主管人员和其他直接责任人员暂停或者撤销基金从业资格。

第一百三十一条　基金信息披露义务人不依法披露基金信息或者披露的信息有虚假记载、误导性陈述或者重大遗漏的,责令改正,没收违法所得,并处十万元以上一百万元以下罚款;对直接负责的主管人员和其他直接责任人员给予警告,暂停或者撤销基金从业资格,并处三万元以上三十万元以下罚款。

第一百三十二条　基金管理人或者基金托管人不按照规定召集基金份额持有人大会的，责令改正，可以处五万元以下罚款；对直接负责的主管人员和其他直接责任人员给予警告，暂停或者撤销基金从业资格。

第一百三十三条　违反本法规定，未经登记，使用"基金"或者"基金管理"字样或者近似名称进行证券投资活动的，没收违法所得，并处违法所得一倍以上五倍以下罚款；没有违法所得或者违法所得不足一百万元的，并处十万元以上一百万元以下罚款。对直接负责的主管人员和其他直接责任人员给予警告，并处三万元以上三十万元以下罚款。

第一百三十四条　违反本法规定，非公开募集基金募集完毕，基金管理人未备案的，处十万元以上三十万元以下罚款。对直接负责的主管人员和其他直接责任人员给予警告，并处三万元以上十万元以下罚款。

第一百三十五条　违反本法规定，向合格投资者之外的单位或者个人非公开募集资金或者转让基金份额的，没收违法所得，并处违法所得一倍以上五倍以下罚款；没有违法所得或者违法所得不足一百万元的，并处十万元以上一百万元以下罚款。对直接负责的主管人员和其他直接责任人员给予警告，并处三万元以上三十万元以下罚款。

第一百三十六条　违反本法规定，擅自从事公开募集基金的基金服务业务的，责令改正，没收违法所得，并处违法所得一倍以上五倍以下罚款；没有违法所得或者违法所得不足三十万元的，并处十万元以上三十万元以下罚款。对直接负责的主管人员和其他直接责任人员给予警告，并处三万元以上十万元以下罚款。

第一百三十七条　基金销售机构未向投资人充分揭示投资风险并误导其购买与其风险承担能力不相当的基金产品的，处十万元以上三十万元以下罚款；情节严重的，责令其停止基金服务业务。对直接负责的主管人员和其他直接责任人员给予警告，撤销基金从业资格，并处三万元以上十万元以下罚款。

第一百三十八条　基金销售支付机构未按照规定划付基金销售结算资金的，处十万元以上三十万元以下罚款；情节严重的，责令其停止基金服务业务。对直接负责的主管人员和其他直接责任人员给予警告，撤销基金从业资格，并处三万元以上十万元以下罚款。

第一百三十九条　挪用基金销售结算资金或者基金份额的，责令改正，没收违法所得，并处违法所得一倍以上五倍以下罚款；没有违法所得或者违法所得不足一百万元的，并处十万元以上一百万元以下罚款。对直接负责的主管人员和其他直接责任人员给予警告，并处三万元以上三十万元以下罚款。

第一百四十条　基金份额登记机构未妥善保存或者备份基金份额登记数据的，责令改正，给予警告，并处十万元以上三十万元以下罚款；情节严重的，责令其停止基金服务业务。对直接负责的主管人员和其他直接责任人员给予警告，撤销基金从业资格，并处三万元以上十万元以下罚款。

基金份额登记机构隐匿、伪造、篡改、毁损基金份额登记数据的，责令改正，处十万元以上一百万元以下罚款，并责令其停止基金服务业务。对直接负责的主管人员和其他直接责任人员给予警告，撤销基金从业资格，并处三万元以上三十万元以下罚款。

第一百四十一条　基金投资顾问机构、基金评价机构及其从业人员违反本法规定开展投资顾问、基金评价服务的，处十万元以上三十万元以下罚款；情节严重的，责令其停止基金服务业务。对直接负责的主管人员和其他直接责任人员给予警告,撤销基金从业资格,并处三万元以上十万元以下罚款。

第一百四十二条　信息技术系统服务机构未按照规定向国务院证券监督管理机构提供相关信息技术系统资料,或者提供的信息技术系统资料虚假、有重大遗漏的,责令改正,处三万元以上十万元以下罚款。对直接负责的主管人员和其他直接责任人员给予警告,并处一万元以上三万元以下罚款。

第一百四十三条　会计师事务所、律师事务所未勤勉尽责,所出具的文件有虚假记载、误导性陈述或者重大遗漏的,责令改正,没收业务收入,暂停或者撤销相关业务许可,并处业务收入一倍以上五倍以下罚款。对直接负责的主管人员和其他直接责任人员给予警告,并处三万元以上十万元以下罚款。

第一百四十四条　基金服务机构未建立应急等风险管理制度和灾难备份系统,或者泄露与基金份额持有人、基金投资运作相关的非公开信息的,处十万元以上三十万元以下罚款;情节严重的,责令其停止基金服务业务。对直接负责的主管人员和其他直接责任人员给予警告,撤销基金从业资格,并处三万元以上十万元以下罚款。

第一百四十五条　违反本法规定,给基金财产、基金份额持有人或者投资人造成损害的,依法承担赔偿责任。

基金管理人、基金托管人在履行各自职责的过程中,违反本法规定或者基金合同约定,给基金财产或者基金份额持有人造成损害的,应当分别对各自的行为依法承担赔偿责任;因共同行为给基金财产或者基金份额持有人造成损害的,应当承担连带赔偿责任。

第一百四十六条　证券监督管理机构工作人员玩忽职守、滥用职权、徇私舞弊或者利用职务上的便利索取或者收受他人财物的,依法给予行政处分。

第一百四十七条　拒绝、阻碍证券监督管理机构及其工作人员依法行使监督检查、调查职权未使用暴力、威胁方法的,依法给予治安管理处罚。

第一百四十八条　违反法律、行政法规或者国务院证券监督管理机构的有关规定,情节严重的,国务院证券监督管理机构可以对有关责任人员采取证券市场禁入的措施。

第一百四十九条　违反本法规定,构成犯罪的,依法追究刑事责任。

第一百五十条　违反本法规定,应当承担民事赔偿责任和缴纳罚款、罚金,其财产不足以同时支付时,先承担民事赔偿责任。

第一百五十一条　依照本法规定,基金管理人、基金托管人、基金服务机构应当承担的民事赔偿责任和缴纳的罚款、罚金,由基金管理人、基金托管人、基金服务机构以其固有财产承担。

依法收缴的罚款、罚金和没收的违法所得,应当全部上缴国库。

第十五章　附　则

第一百五十二条　在中华人民共和国境内募集投资境外证券的基金,以及合格境外投资者在境内进行证券投资,应当经国务院证券监督管理机构批准,具体办法由国务院证券监督管理机构会同国务院有关部门规定,报国务院批准。

第一百五十三条　公开或者非公开募集资金,以进行证券投资活动为目的设立的公司或者合伙企业,资产由基金管理人或者普通合伙人管理的,其证券投资活动适用本法。

第一百五十四条　本法自2013年6月1日起施行。

参考文献

[1]李曜,游搁嘉.证券投资基金学[M].4 版.北京:清华大学出版社,2014.

[2]史文森.机构投资与基金管理的创新[M].张磊,王宏欣,何良桥,译.北京:中国人民大学出版社,2002.

[3]基金从业资格考试命题研究中心.证券投资基金基础知识[M].上海:复旦大学出版社,2020.

[4]基金从业资格考试命题研究中心.基金法律法规职业道德与业务规范[M].上海:复旦大学出版社,2020.

[5]中国证券投资基金业协会.证券投资基金[M].2 版.北京:高等教育出版社,2020.

[6]王国林.金融学同步辅导与习题集[M].4 版.西安:西北工业大学出版社,2019.

[7]陈卫东.投资基金管理[M].北京:科学出版社,2004.